中国民间艺术的产业化研究

张中波　著

山东大学出版社

图书在版编目（CIP）数据

中国民间艺术的产业化研究／张中波著. —济南：山东大学出版社，2019. 3

ISBN 978-7-5607-6311-8

Ⅰ. ①中… Ⅱ. ①张… Ⅲ. ①民间艺术—文化产业—研究—中国 Ⅳ. ①G124

中国版本图书馆 CIP 数据核字（2019）第 055194 号

责任编辑： 尹凤桐

封面设计： 张　荔

出版发行：山东大学出版社

社　址　山东省济南市山大南路 20 号

邮　编　250100

电　话　市场部（0531）88363008

经销：新华书店

印刷：济南新科印务有限公司

规格：720 毫米×1000 毫米　1/16

14. 25 印张　　215 千字

版次：2019 年 3 月第 1 版

印次：2019 年 3 月第 1 次印刷

定价：36. 00 元

目　录

目　录

{绪 论}

一、研究价值

（一）应用价值：指导民间艺术产业化实践

民间艺术作为原始艺术的延续，保持着人类文化的最初形态。千百年来，在民间艺术的基础上生发出各种艺术门类，民间艺术成为各种艺术发展的基础和母体。民间艺术以其生活的原发性、艺术的纯真性、审美的广泛性成为中国传统艺术的基础，具有“母体艺术”“本元文化”的特质。

随着我国由传统农耕社会向现代工业社会的转型，人们的生产生活方式发生了巨大变化，民间艺术源发的农耕文化土壤逐渐流失，面临着日益严峻的生存危机，民间艺术的保护、传承与发展问题日受重视。政府、学界通过非遗申报、文化普查、田野调查等方式，采取文字记录、摄影、录音、录像、博物馆收藏等手段，挖掘、抢救了一大批优秀的民间艺术。在严峻的生存危机面前，民间艺术这种文物留存式的静态保护方式非常必要，也颇有成效。但民间艺术与民众的日常生活紧密关联，是一种生活性艺术，而“生活的艺术依赖着生活的应用，许多民间文化就是在它失去了应用功能时立即消亡的”①。可以说，民间艺术当前生存危机的根源，就在于其原有的物质或精神功用与当代民众需求的脱节。因此，作为生活性艺术，民间艺术的静态保护固然重要，但根本还是在于通过民间艺术在当代民众生活中的合理应用来实现其活态保护。

① 冯骥才：《传统民间美术的时代转型——在杭州“中国艺人节”上的演讲》，《广西师范学院学报》（哲学社会科学版）2008 年第 2 期，第 4 页。

民间艺术产业化作为民间艺术当代应用的重要方式，是民间艺术自身发展和外部产业化力量共同作用的结果。它使民间艺术走向市场，重新融入民众的日常生活之中，拓展了民间艺术的当代生存空间。民间艺术产业化既是对民间艺术的一种活态保护，也是对应用民间艺术发展文化产业时代要求的积极响应。但在我国民间艺术产业化过程中，有些民间艺术通过产业化运作，获得了新的生机与活力；而有些民间艺术则在走向市场与产业"联姻"之后失去了本真和自我，迷失在市场的浪潮之中。这些问题的产生原因何在、如何解决，亟待理论的诠释和解答。笔者希望通过对民间艺术产业化问题的系统研究，探析民间艺术产业的运行规律，从而为我国民间艺术产业的可持续运营提供科学指导。

（二）学术价值：促进艺术学学科的建设与发展

艺术学在重视理论艺术学研究的同时，亦应关注艺术学的应用研究，发挥艺术学促进社会经济发展的重要作用。凌继尧认为："艺术学的学科体系应该适应艺术学的研究现状和发展趋势。由于近年来艺术学的应用研究出现了良好的势头……建议把应用艺术学纳入到艺术学的学科体系中。艺术学包括理论艺术学和应用艺术学两个分支，理论艺术学包括艺术原理、艺术史、艺术批评及艺术学与相邻学科交叉形成的一组学科群；应用艺术学指艺术学在实践领域里的具体应用。应用艺术学最现实的研究领域就是正在我国蓬勃发展的创意产业。"①

王廷信认为："艺术学从书斋、从文字、从纯粹的理论象牙塔中走出来是时代的呼唤，也是艺术学发挥更大作用的根本出路。因此，应用艺术学研究势在必行……应用艺术学把艺术理论应用于国家战略及区域社会和经济发展的实践中去……应当从艺术创意产业方面入手……率先介入艺术创意产业的研究，在此过

---

① 凌继尧：《中国艺术学科建设的若干问题》，《艺术百家》2009 年第 4 期，第 51 页。

程中与其他学科相交融，产生新的亮点。”①

陶思炎提出：“作为艺术学的分支学科，民俗艺术学理论的构建是十分急迫的任务……民俗艺术学的研究体系包括民俗艺术志、民俗艺术史、民俗艺术论、民俗艺术应用研究、民俗艺术专题研究等基本范畴……民俗艺术应用研究主要进行民俗艺术的市场研究，以及相关文化产业的研究，同时也包括保护、展示、培训、创研等领域的研究……在当今城市化、全球化的背景下，民俗艺术已成为特色鲜明的民族文化资源，获得了新的应用空间。应用研究包括应用源、应用者、应用场的规律研究，就民俗艺术而言，就是扩大或改变其自然传承的定势，走向市场，走向新的空间和新的功用。”② 民间艺术产业化是民间艺术当代应用的一种重要方式，民间艺术产业化研究所取得的理论成果有助于促进民俗艺术应用研究的展开，从而推动民俗艺术学学科的构建与发展。

总之，民间艺术产业作为文化创意产业的新兴领域，其理论研究具有跨学科研究的特色，涉及艺术学、民俗学、管理学、经济学、人类学、传播学等多学科领域的理论知识。笔者旨在从艺术学视角出发，融合相关学科理论知识，围绕“民间艺术何以能产业化”“民间艺术如何产业化”“民间艺术产业化对民间艺术的变迁与传播有何影响”等民间艺术产业化实践关涉的核心命题，对民间艺术产业化的类型、价值、历程、理论依据、系统要素、路径及影响等内容进行系统论述，探析民间艺术产业化的内在规律。本研究一方面可为我国民间艺术产业的可持续运营提供科学的理论指导；另一方面，有助于丰富民间艺术产业化研究的理论成果，促进应用艺术学、民俗艺术学的发展，进而推动艺术学学科的建设与发展。

---

① 王廷信：《构建艺术学的新体系——国家“211工程”“艺术学理论创新与应用研究”项目分析》，《艺术百家》2009年第4期，第59页。

② 陶思炎：《论民俗艺术学的研究》，《东南大学学报》（哲学社会科学版）2008年第1期，第75~76页。

二、文献综述

（一）国外民间艺术产业化研究现状

在“Elsevier 电子期刊”“Wiley – Blackwell 电子期刊”等国际权威电子期刊服务平台，输入关键词“tourism （tourist） handicraft （craft）”“handicraft （craft） industry （industries）”“tourist art （arts）”等，检索到民间艺术产业化的相关文章。概括而言，国外学者关于民间艺术产业化的相关理论研究成果主要集中在以下几个方面：

1. 民间艺术产业化的社会、经济影响研究

德布拉·康奈利·科克（Debra Connelly – Kirch，1982）通过对汤加的流动性工艺品售卖者的经济选择与活动的研究表明，工艺品销售是其获取急需经济收入的直接来源，对于生产者而言成本低廉，并且为其提供了参加其他社会经济和村庄活动的自由。[①] 罗伯特·达顿（R. W. Dutton，1983）分析了阿曼的手工业在乡村社区发展中的作用，认为手工艺人及其手艺在创造社区赖以建立的具有依赖关系的复杂网络方面发挥了重要作用。此外，民间艺术产业化有助于为地方提供就业机会，增加社区居民收入，促进地方社会经济发展。[②] 吉恩·霍尔德（Jean Holder，1989）认为，旅游者乐意购买加勒比的工艺品作为其假期的纪念品，鼓励工艺品生产可以增加外汇收入。[③] 约瑟夫·姆贝瓦（Joseph E. Mbaiwa，2004）分析了篮子生产在促进博茨瓦纳的奥卡万戈三角洲农村生计方面的前景，认为作为文化旅游产品的篮子生产可以提供就业机会，增加农民收入，改善农民

① Debra Connelly – Kirch，“Economic and social correlates of handicraft selling in Tonga，” *Annals of Tourism Research*，Vol. 9，No. 3（1982），pp. 383 – 402.

② R. W. Dutton，“Handicrafts in Oman and their role in rural community development，” *Geoforum*，Vol. 14，No. 3（1983），pp. 341 – 352.

③ Jean Holder，“Tourism and the future of Caribbean handicraft，” *Tourism Management*，Vol. 10，No. 4（1989），pp. 310 – 314.

生活。①

2. 民间艺术产业化对民间艺术的影响研究

民间艺术产业很重要的一个分支是民间艺术旅游业。民间艺术产业化对民间艺术的影响研究也主要集中在旅游业对民间艺术的影响研究方面。旅游对旅游目的地的社会文化影响作为国外学者研究的一大热点问题，相关研究成果丰富。其中，民间艺术作为旅游目的地社会文化因子的一部分，许多研究成果涉及或以民间艺术为主，分析了旅游对民间艺术的影响。

概括而言，国外学者就旅游业对民间艺术的影响认知存在两种观点：其一，一些学者如纳尔逊·格雷本（Graburn，N，1976）②、刘易斯·戴奇（Deitch，L，1989）③ 认为，旅游有助于民间艺术的复兴，旅游带来的市场有助于保护传统艺术形式，使文化得以“活生生”的存在，并有所发展。其二，一些学者如威廉·巴斯科姆（Bascom，W，1976）④、罗纳德·梅（May，R，1977）⑤ 则认为，手工艺品的质量和深刻含义在商品化的过程中降低了，与传统艺术品相比，它们的文化含量和审美价值都大大降低。

此外，学界还就旅游业作用下民间艺术的变迁进行了研究。谢里尔·安·波佩尔卡、玛丽·安·利特尔（Cheryl Ann Popelka，Mary Ann Littrell，1991）以开

---

① Joseph E. Mbaiwa, “Prospects of basket production in promoting sustainable rural livelihoods in the Okavango Delta, Botswana,” *International Journal of Tourism Research*, Vol. 6, No. 4 (2004), pp. 221 – 235.

② Graburn, N (eds), *Ethnic and Tourist Arts: Cultural Expressions From the Fourth World*, Berkeley and Los Angeles: University of California Press, 1976.

③ Deitch, L, “The Impact of Tourism upon the arts and Crafts of the Indians of the Southwestern Unites States,” in V. Smith (eds.), *Hosts an Gusts: The Anthropology of Tourism*, Philadelphia: University of Pennsylvania Press, 1989, pp. 223 – 236.

④ Bascom, W, “Changing African art,” in Graburn, N (eds), *Ethnic and Tourist Arts: Cultural Expressions From the Fourth World*, Berkeley and Los Angeles: University of California Press, 1976, pp. 303 – 319.

⑤ May, R, “Tourism and the artifact in Papua New Guinea,” in Finney, B. and Watson, K. (eds), *A New Kind of Sugar: Tourism in the Pacific*, Honolulu: East – West Center, 1977, pp. 125 – 133.

普敦的乡村纺织技艺为例，探讨了旅游对手工艺演变的影响。乡村手工艺人编织的纺织品原本在本地社区内部使用或者用于当地贸易，但随着旅游和出口市场的开发，纺织产品在不断变化的市场体系中呈现出三个演变阶段。[①] 斯坦利·图普斯（Stanley Toops，1993）研究了新疆的手工产业，探讨了工艺品在新疆旅游业发展中的作用，提出国际旅游使新疆的工艺品演变为两种类型，即旅游工艺品（touristic crafts）和民族工艺品（ethnic crafts）。[②] 埃里克·科恩（Erik Cohen，1993）以泰国丹奎安（Dan Kwien）的陶器生产为例，研究了其从一种简单手工艺品向高度多元化的旅游艺术品的转化过程。研究发现，丹奎安这一外来者是当地陶器创新和多元化的主要动因。尽管针对传统内部市场的陶器生产并未中断，但当创新者竞相招揽外部顾客时，新的类型和风格的陶器产品被引入了。结果，本地陶器产品从传统风格向更加多元复合的产品演变。[③]

3. 民间艺术产业化过程中民间艺术的真实性研究

民间艺术产业化过程中民间艺术的真实性研究主要从旅游者与民间艺术家两个角度进行。首先，玛丽·利特尔、卢埃拉·安德森、帕梅拉·布朗（Mary Ann Littrell，Luella F. Anderson，Pamela J. Brown，1993）从游客角度出发，通过对美国中西部385名游客关于工艺品真实性的描述分析，探讨了工艺纪念品的真实性问题。研究表明，游客界定真实性的标准包括工艺品的独特性、工艺水平、美感和实用、文化和历史的完整性和真实性。手工艺人的特色和购物体验同样涉及真实性的界定标准。游客对于真实性的定义因其年龄、旅游生涯的阶段以及旅游方式的不同而异，但与游客性别无关。[④] 其次，丸山奈穗等（Naho U. Maruyama，

---

① Cheryl Ann Popelka, Mary Ann Littrell, "The Influence of Tourism on Handcraft Evolution," *Annals of Tourism Research*, Vol. 18, No. 3 (1991), pp. 392－413.

② Stanley Toops, "Xinjiang's handicraft industry," *Annals of Tourism Research*, Vol. 20, No. 1 (1993), pp. 88－106.

③ Erik Cohen, "The heterogeneization of a tourist art," *Annals of Tourism Research*, Vol. 20, No. 1 (1993), pp. 138－163.

④ Mary Ann Littrell, Luella F. Anderson, Pamela J. Brown, "What makes a craft souvenir authentic?" *Annals of Tourism Research*, Vol. 20, No. 1 (1993), pp. 197－215.

Tsu－Hong Yen，Amanda Stronza，2008）从新墨西哥州圣达菲的美国本土艺术家的角度，研究了旅游艺术的真实性。通过对九位艺术家的深度采访发现，对艺术家而言，艺术的真实性同传统的生产工艺密切相关。事实上，艺术家为吸引游客改变了其艺术作品的外观，但也秉承了传统的生产工艺。他们将此视为文化的拓展，而非意味着真实性的损失。艺术家面临的挑战在于提高游客和年轻艺术家对于生产工艺重要性的认识。[①]

（二）我国民间艺术产业化研究现状

民间艺术作为非物质文化遗产的重要组成部分和民俗文化的艺术载体[②]，非物质文化遗产及民俗文化产业化的理论研究成果内在地含有民间艺术产业化的理论成分。因此，对我国民间艺术产业化理论研究成果的回顾与梳理理应涉及非物质文化遗产及民俗文化产业化研究的相关理论成果。

民间艺术产业化内含着一种文化悖论，艺术与经济的二元对立使得民间艺术的保护与产业化关系纠缠不清。正因如此，包括民间艺术在内的非物质文化遗产产业化的理论与实践问题在学术界是一个备受争议的问题。刘锡诚（2010）回顾总结了我国“非遗”产业化的实践及理论研究成果，提出赞成和反对两种观点的对立格局业已形成。他认为，“非遗”产业化是一柄“双刃剑”，它既可能把“非遗”引入市场，引入现代生活，实现对“非遗”的产业化保护，也可能把“非遗”的本真技艺破坏殆尽。“产业化”模式仅仅是“非遗”保护可供选择的方式之一，而非唯一模式。“非遗”切忌一窝蜂地走产业化的道路，而应根据“非遗”的性质和类别选择适宜的保护模式。“非遗”产业化须以“非遗”项目的核心技艺（而不仅是技术）和核心价值（原本的文

---

① Naho U. Maruyama，Tsu－Hong Yen，Amanda Stronza，“Perception of authenticity of tourist art among Native American artists in Santa Fe，New Mexico，” *International Journal of Tourism Research*，Vol. 10，No. 5（2008），pp. 453－466.

② 关于民间艺术与民俗文化、民俗艺术、民艺、非物质文化遗产等相关概念的区别与联系，详见“第一章　民间艺术产业化的类型及价值”中“民间艺术与相关概念辨析”部分内容。

化蕴涵）得到完整性的保护为前提，而不应以牺牲其技艺的本真性、完整性和固有的文化蕴涵为代价。①

具体而言，我国民间艺术产业化的理论研究成果主要集中在以下几个方面：

1. 民间艺术产业化的基础理论研究

民间艺术产业化的基础理论研究，主要探讨了民间艺术（非物质文化遗产、民俗文化、民俗艺术等）产业化的内涵、主要链接、基本要素、必要性、可行性、标准、原则、路径、评估指标体系、存在矛盾及发展对策等问题。

卢爱华（2009）在其博士论文《中国民俗艺术的应用研究》中，从应用背景、应用体系构建、应用场域探寻、应用方向剖析等方面，就中国民俗艺术的应用进行了系统性的研究。② 陶思炎（2010）提出民俗艺术产业化发展的主要链接包括民俗艺术资源、民俗艺术创意、民俗艺术生产、民俗艺术产品、民俗艺术市场等基本部分。民俗艺术创意产业作为民俗艺术当代应用的新方向，具有三个基本要素，即民俗艺术创意人、民俗艺术创意源、民俗艺术创意场，并就民俗艺术产业群建设中存在的矛盾问题及对策进行了分析。③ 民间艺术产业化作为民间艺术当代应用的重要方式之一，上述两篇文章为笔者研究提供了有益的理论借鉴与启示。

王伟（2010）就民俗艺术产业化的路径进行了研究，提出在民俗艺术产业化的路径选择上可分为直接产业化和间接产业化。民俗艺术直接产业化，指原生态的民俗艺术品的直接传承与开发，使民俗艺术品在转化为商品时形成规模，同时注重培植品牌，提升价值，使之形成一定规模的产业。民俗艺术间接产业化，即做长产业链，指将民俗文化、民俗思维和民俗艺术的元素应用到艺术设计领域，开发衍生类产品，提高产品的文化价值和民族特色，从而形成规模经济，探讨了

① 参见刘锡诚：《“非遗”产业化：一个备受争议的问题》，《河南教育学院学报》2010年第4期，第1~7页。

② 参见卢爱华：《中国民俗艺术的应用研究》，东南大学博士学位论文，2009年。

③ 参见陶思炎、聂楠：《论民俗艺术的产业化》，《江苏行政学院学报》2010年第5期，第28~33页。

我国民俗艺术产业化路径实施过程中存在的问题及对策。①

上述文章对笔者从学理层面系统性地总结归纳我国民间艺术产业化的系统要素与路径等规律具有重要的理论启示与借鉴意义。

此外，张来芳（2000）提出了民俗文化产业化的总体思路。李昕（2007）从非物质文化遗产自身的符号性和独特性出发，探讨了非物质文化遗产产业化运作的可能性与可行性，并建立了非物质文化遗产产业化运作的评估指标体系。王焯（2010）就非物质文化遗产产业化的内涵、标准、原则及模式进行了研究，等等。②

总之，学界关于（非物质文化遗产、民俗文化）民俗艺术产业化的相关理论研究成果作为民间艺术产业化研究的重要理论源泉，为笔者研究奠定了坚实的理论基础。

2. 区域民间艺术或具体民间艺术品类的产业化研究

区域民间艺术或具体民间艺术品类的产业化研究文献材料，主要集中在报纸、政府工作报告、民间艺术（产业）调研报告、期刊论文及硕博论文等方面。研究内容主要集中在以下方面：民间艺术的现实境遇，民间艺术产业的发展现状（生产经营组织形式、生产工艺、传承情况、市场销售等），产业化困境及对策建议等。

---

① 参见王伟：《民俗艺术产业化的路径研究》，《学术论坛》2010 年第 8 期，第 161 ~ 164 页。

② 学界关于非物质文化遗产及民俗文化产业化的理论研究成果很多，如张来芳：《民俗文化产业化的构想》，《江西社会科学》2000 年第 5 期，第 32 ~ 34 页；李昕：《非物质文化遗产的保护及其现代产业化运作》，中国人民大学博士学位论文，2007 年；王松华、廖嵘：《产业化视角下的非物质文化遗产保护》，《同济大学学报》2008 年第 1 期，第 107 ~ 112 页；李琦：《非物质文化遗产保护及其产业化经营探索》，《商业时代》2008 年第 24 期，第 85 ~ 86 页；苑利、顾军：《非物质文化遗产的产业化开发与商业化经营》，《河南社会科学》2009 年第 4 期，第 20 ~ 21 页；梁君：《非物质文化遗产产业化探析》，《江苏商论》2009 年第 6 期，第 129 ~ 131 页；王焯：《非物质文化遗产产业化原则的界定与模式构建》，《江西社会科学》2010 年第 8 期，第 214 ~ 218 页；卢爱华：《民俗艺术产业化发展探析》，《东南大学学报》（哲学社会科学版）2011 年第 4 期，第 96 ~ 101 页等。这些研究成果围绕（非物质文化遗产、民俗文化）民俗艺术产业化的内涵、必要性、可行性、标准、原则、模式、评估、矛盾问题及对策等进行了较为系统的研究。

刘昂在其《民间艺术产业开发研究》一书中，以山东民间艺术产业开发为研究对象，从民间艺术资源的分类、名称、传承地、传承人、历史价值、留存状态、非物质文化遗产等级等7个方面，对山东民间艺术资源赋存进行了专题式归纳。构建了由民间艺术资源品相要素、文化价值、经济效用和产业开发要素4个一级指标、20个二级指标、29个指标指示因子组成的山东民间艺术资源评估指标体系，进而对山东民间艺术资源进行了综合评估。基于山东民间艺术产业开发的优势、劣势、机遇及挑战的分析，阐述了山东民间艺术产业开发的战略目标、发展模式及战略重点，并从创意研发、品牌建设、市场营销、人力资源保护与培育、政府规制等方面，探讨了山东民间艺术产业的可持续运营问题。[①] 该书从产业经济学角度，以山东民间艺术为个案，对民间艺术产业化问题进行了较为系统的研究，为笔者从艺术学角度出发，探究我国民间艺术产业化的内在规律提供了有益的借鉴与参照。

在参与山东工艺美术学院院长潘鲁生领衔的《山东农村文化产业调查报告》课题研究中，笔者重点选取了山东省有代表性的三个农村地区——革命老区临沂、经济相对欠发达地区菏泽及经济文化相对发达地区潍坊的9个手工文化产业项目（临沂柳编工艺产业、红花乡中国结工艺产业、莒南石雕工艺产业、巨野农民工笔绘画产业、曹县桐杨木工艺产业、鄄城民间土布工艺产业、杨家埠风筝工艺产业、杨家埠年画工艺产业、高密毛绒玩具工艺产业）作为农村文化产业的个案案例进行分析。通过对九个案例的发展条件、发展定位、生产模式、产品创新、市场机制、组织结构、外部环境等方面的具体研究，分析了我国农村文化产业目前存在的共性问题，并为我国农村文化产业政策的制定及产业的可持续发展提出了参考建议和对策。[②]

此外，其他学者以区域民间艺术或具体民间艺术品类为研究对象，分析了民间艺术产业化的现状及存在的问题，并从产品创意研发、品牌建设、市场营销、

① 参见刘昂《民间艺术产业开发研究》（首都经济贸易大学出版社2012年版）一书。

② 参见潘鲁生、赵屹《手艺农村——山东农村文化产业调查报告》（山东人民出版社2008年版）一书。

人才保护与培养、产业集群建设、知识产权保护、政府宏观调控等方面入手，论述了民间艺术产业化发展的措施与对策。[①]

3. 民间艺术产业化对民间艺术的影响研究

民间艺术产业化对民间艺术的影响研究主要集中在对民间艺术变迁的影响研究方面。相关研究文献主要来源于以下三个方面：

其一，民间艺术的传承与变迁研究中，涉及文化产业对民间艺术变迁的影响分析。民间艺术的传承与变迁研究，多以个案研究方式，运用艺术学、民俗学、社会学、人类学、民族学等学科方法，对民间艺术的传承与变迁进行研究。

李炎（2009）以滇西北地区传统民族民间工艺的当下发展现状为考察对象，从传统民族民间工艺的形式、内容、功能及意义等方面入手，重点分析了自20世纪80年代以来生存境遇的变化（尤其是旅游业发展）对滇西北地区传统民族民间工艺的影响。[②] 方李莉（2010）主编的《从遗产到资源——西部人文资源研究报告》，围绕我国西部地区的文化变迁和人文资源的保护与开发利用主题，对西部地区的民间音乐、民间工艺、民间戏曲、民间舞蹈等人文资源的历史源流与生存现状，进行了大量的田野考察与个案研究。[③] 其中诸多的个案研究涉及西部地区民间艺术产业的发展状况及文化产业对西部地区民间艺术变迁的影响分析，从而为笔者研究提供了丰富、翔实、生动、鲜活的实证案例资料，所提出的系列观点对笔者研究亦具有重要的理论启示价值。

吕屏（2009）在其博士论文《传统民艺的文化再生产——靖西旧州壮族绣

① 相关研究成果如：刘道广：《中国蓝染艺术及其产业化研究》，东南大学出版社2010年版；吴琼：《以现代工业设计理念振兴常州梳篦传统手工艺产业》，南京林业大学博士学位论文，2006年；马树春：《广西民歌产业化发展策略论——以〈印象·刘三姐〉和南宁国际民歌艺术节为例》，《广西民族研究》2006年第4期，第198~203页；吴倩、宋维山：《艺术与市场整合：河北民间艺术产业化的发展路径》，《河北学刊》2009年第1期，第227~229页；田丽萍：《河北民间舞蹈文化产业现状及发展对策研究》，《河北师范大学学报》（哲学社会科学版）2010年第5期，第147~150页；党岱：《河南南阳民间音乐产业化经营初探》，《重庆科技学院学报》（社会科学版）2011年第3期，第137~138页；等等。

② 参见李炎：《再显与重构——传统民族民间工艺的当下性》，云南大学出版社2009年版。

③ 参见方李莉：《从遗产到资源——西部人文资源研究报告》，学苑出版社2010年版。

球的传承研究》中，借鉴布迪厄的文化再生产理论，将旧州绣球文化的传承视为一个动态的文化再生产过程，研究了旧州壮族绣球从传统到现代的传承历程。将绣球产业化与展演化看成一个文化生产场，从绣球社会功能的改变、艺术形式的变迁、传承方式的改变、传承主体的变化等方面，着重对产业化过程中的绣球文化变迁现象进行了分析。探讨了位于绣球文化生产场中的各种社会力量（政府、市场、大众传媒、旧州民众）对于绣球传承的影响，最后总结了绣球传承的动力机制。①

此外，一些学者将文化产业作为民间艺术当代变迁的重要动因之一，分析了民间艺术产业发展对民间艺术当代变迁的影响。②

其二，区域民间艺术或具体民间艺术品类的产业化研究中（参见前述相关研究成果），亦涉及民间艺术产业发展对民间艺术当代变迁的影响分析。

其三，旅游开发与民族文化变迁研究中，涉及或专门就旅游开发对民间艺术变迁的影响进行分析。

宗晓莲（2006）运用人类学的研究方法，分析了旅游开发对丽江纳西族东巴文化、纳西古乐、民间音乐、歌舞、传统手工技艺的影响，阐述了旅游开发过程中，政府、当地民众、旅游市场、外来文化等因素在纳西文化变迁过程中的作用。③ 徐赣丽（2006）运用民俗学的研究方法，以广西桂林市龙胜各族自治县龙脊地区的三个民俗旅游村为个案，分析了旅游开发对当地民俗传统变迁的影响。其中，涉及旅游开发所带来的商品化、表演化对地方民间工艺、民间表演艺术的影响分析。④

---

① 参见吕屏：《传统民艺的文化再生产——靖西旧州壮族绣球的传承研究》，中央民族大学博士学位论文，2009 年。

② 参见王秦：《从“原生态”到“市场态”：对中国传统女红技艺转型的探讨》，《上海工艺美术》2007 年第 4 期，第 48 ~ 49 页。

③ 参见宗晓莲《旅游开发与文化变迁——以云南省丽江县纳西族文化为例》（中国旅游出版社 2006 年版）一书。

④ 参见徐赣丽《民俗旅游与民族文化变迁——桂北壮瑶三村考察》（民族出版社 2006 年版）一书。

此外，一些学者从民间艺术的传承与传播、功能、形式、内涵等方面入手，就旅游开发对民间艺术变迁的影响进行了专门研究。①

概括而言，民间艺术产业化对民间艺术变迁的影响研究内容主要集中在以下几个方面：民间艺术生发的自然人文环境分析；农耕社会环境中民间艺术的艺术特征、功能与意义的描述分析；从民间艺术的传承人、传承机制，民间艺术的题材、内容、形式、功能等方面，分析产业语境中民间艺术变迁的表现；针对民间艺术传承、变迁过程中的生存困境及负面问题，提出民间艺术保护与发展的对策和建议。

（三）国内外民间艺术产业化研究述评

近年来，在文化产业勃兴和强调非物质文化遗产保护的时代背景下，面对民间艺术产业化实践的蓬勃发展及出现的各种问题，国内外艺术学、民俗学、人类学、社会学、管理学、经济学等学科的专家学者积极参与到民间艺术产业化的理论研究中来，与之相关的一系列学术专著、论文、会议论坛不断出版、发表或举办，反映了政府、业界及学术界对民间艺术产业化问题的日渐关注，所取得的理论研究成果极大地推动了我国民间艺术产业化的实践进程。

民间艺术产业化的既有理论研究成果一方面开阔了笔者的研究视野，有助于笔者从宏观层面对民间艺术产业化问题有一个整体性的理论把握；另一方面也为笔者研究提供了丰富、翔实、生动、鲜活的个案及实证资料，为笔者从共性层面，总结归纳民间艺术产业化发展的内在规律奠定了坚实的理论及实践基础。

但问题在于，既有理论研究成果散见于各类文献资料，缺乏对民间艺术产业化问题系统深入的理论思考与总结。比照民间艺术产业化的实践状况，民间艺术

① 如：徐乐娜：《广西文化旅游之兴起对当地壮族民歌的影响》，《人民音乐》2007 年第 2 期，第 63 ~ 65 页；光映炯：《旅游人类学视野中的民间艺术变异研究——以丽江大研镇纳西族东巴艺术为例》，《广西民族研究》2008 年第 3 期，第 168 ~ 174 页；吴晓：《乡村旅游语境中民间艺术的在场与形变——基于湘西德夯苗寨的个案研究》，《广西民族研究》2010 年第 1 期，第 189 – 193 页；等等。

产业化理论研究相对滞后，民间艺术产业化关涉的一些关键问题尚未得到清晰合理的理论诠释与解答，如：

（1）我国民间艺术产业化的历程如何？

（2）我国民间艺术产业化实践的理论依据何在？

（3）民间艺术是如何产业化的，亦即民间艺术产业化的内在系统要素与外在发展路径如何？民间艺术产业化实践千头万绪，纷繁复杂，问题众多，对民间艺术产业化实践的内在系统要素与外在发展路径等规律进行理论归纳与总结，有助于我们清晰地认知民间艺术产业化的规律和各种问题产生的原因。

（4）民间艺术产业化对民间艺术的影响如何，存在何种问题，如何解决？目前，国内外学界就民间艺术产业化对民间艺术影响的相关理论研究成果，基本以个案研究为主，在为笔者研究提供方法借鉴、理论启示及实证案例资料的同时，尚缺乏从宏观、共性层面，就民间艺术产业化对民间艺术影响所进行的专门系统的理论归纳与总结。

总之，上述问题是我国民间艺术产业化实践及理论研究中亟待解决的问题，也是笔者研究将要着力探讨的问题。因此，笔者基于对既有研究成果的梳理分析，结合对我国民间艺术产业化实践发展的理论思考，提出“中国民间艺术的产业化研究”论题，试图就上述问题给出相应的理论诠释与解答，丰富民间艺术产业化的理论研究成果，以期能为我国民间艺术产业化实践提供一些有益的启示与借鉴。

三、研究思路与方法

（一）研究思路

本课题运用艺术学、民俗学、管理学、经济学、人类学、传播学等学科理论知识，在论证民间艺术产业化的类型、价值、历程及理论依据的基础上，厘清民间艺术产业化的系统要素，结合案例提出民间艺术的直接产业化与间接产业化两条产业化路径，进而探讨产业化语境中民间艺术的市场形态转型与符号化生存问题，从而对“民间艺术何以能产业化”“民间艺术如何产业化”“民间艺术产业化对民间艺术的变迁与传播有何影响”等命题作出理论解答。主要研究内容如下：

1. 民间艺术产业化的类型及价值

对民间艺术的概念及分类、文化产业的概念及分类、民间艺术产业化的内涵、类型及价值等民间艺术产业化研究的基本范畴进行阐释与界定。

2. 我国民间艺术产业化的历程

按照民间艺术产业发展所处时代经济体制的不同，将我国民间艺术产业化的历程大致分为三个阶段，即新中国成立前的农耕经济时期、新中国成立至改革开放前的计划经济时期及改革开放至今的市场经济时期，梳理分析每一阶段民间艺术产业的发展状况。

3. 民间艺术产业化的符号消费理论阐释

从符号消费理论角度，探究当今消费社会背景下“民间艺术何以能产业化”的理论依据，为我国民间艺术产业的良性发展提供科学指导。

4. 民间艺术产业化的系统要素

从系统论角度，界定了民间艺术产业化系统的主体、客体、中介与环境四大构成要素，探讨了客体要素（民间艺术资源）的分类、产业化适宜度评估与层次开发模式；从生产经营主体与消费主体两方面分析了民间艺术产业化的主体要素，阐释了中介要素（民间艺术市场）的功能及划分；从政府、教育培训及科研机构、大众传媒等方面，探讨了环境要素的构成及作用，辨析了民间艺术产业化系统四大构成要素间的关系。

5. 民间艺术产业化的路径

文化产业背景下，民间艺术产业化存在两条路径，即民间艺术直接产业化与民间艺术间接产业化。阐释了民间艺术直接产业化与间接产业化的内涵，辨析了两条产业化路径间的关系，并就民间艺术在旅游商品业、工艺品业、会展业、主题公园业、设计业、动漫业、演艺业等产业域中的应用进行了理论阐释。

6. 民间艺术产业化的影响

从文化的传承与传播角度入手，探讨了民间艺术产业化对民间艺术变迁与传播的影响。一方面是直接产业化语境中民间艺术的市场形态转型，探讨了市场形态民间艺术的内涵、特征及发展过程中面临的困境；另一方面是间接产业化语境中民间艺术的符号化生存，探讨了民间艺术符号化生存的内涵、价值、模式及“双刃剑”效用。

具体的研究框架见图 1。

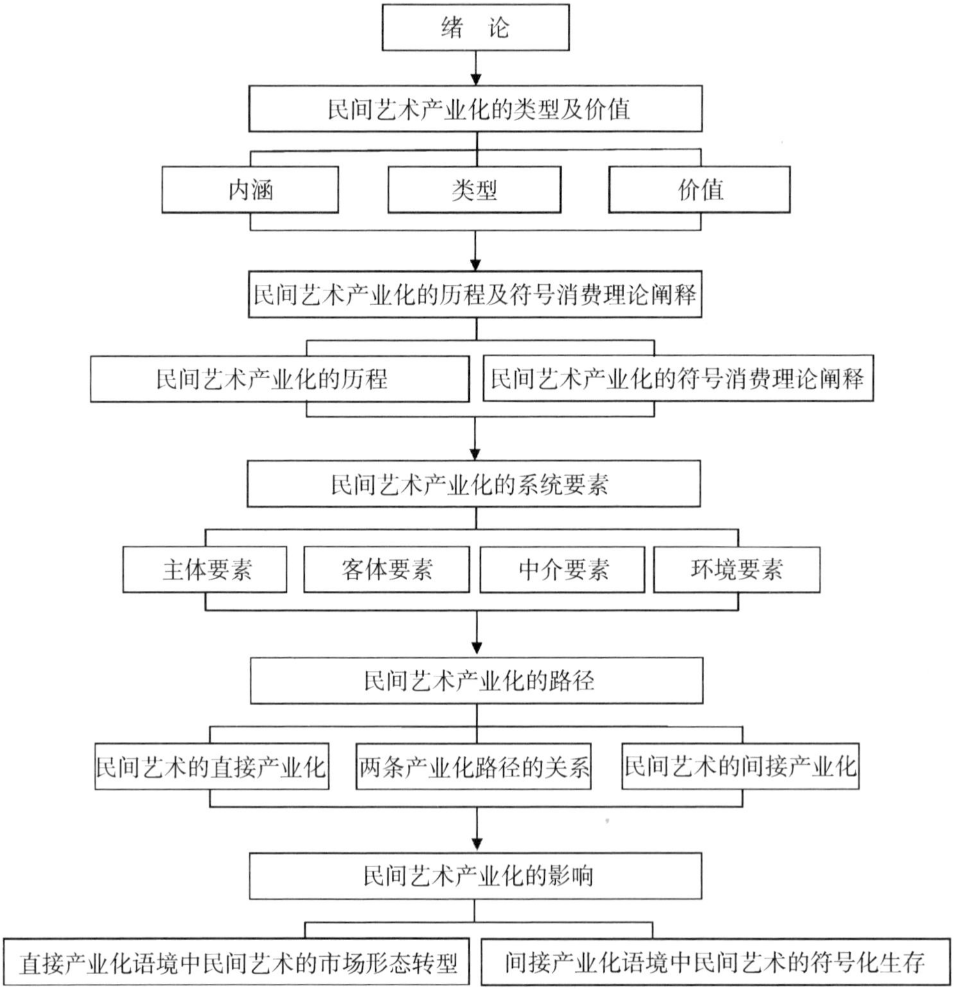

绪　论

民间艺术产业化的类型及价值

内涵　类型　价值

民间艺术产业化的历程及符号消费理论阐释

民间艺术产业化的历程　民间艺术产业化的符号消费理论阐释

民间艺术产业化的系统要素

主体要素　客体要素　中介要素　环境要素

民间艺术产业化的路径

民间艺术的直接产业化　两条产业化路径的关系　民间艺术的间接产业化

民间艺术产业化的影响

直接产业化语境中民间艺术的市场形态转型　间接产业化语境中民间艺术的符号化生存

图 1　民间艺术产业化的研究框架

（二）研究方法

1. 文献分析法

搜集、整理国内外相关文献资料，如著作、期刊（学位）论文、新闻报道、政府工作报告、产业调研报告、政策法规文件等，掌握我国民间艺术产业化实践与理论研究的历史与现状，积累案例资料，明确研究内容与思路，为调研访谈提供方向性指导。

2. 调研访谈法

根据便利性和典型性的原则，有针对性地选取与民间艺术产业开发相关的乡村、古镇、城市历史街区、文化产业园区、文化主题公园、博物馆、工艺美术馆、民间艺术（相关）企业、民间艺术类展会、民间艺术展销市场等产业载体进行实地考察。运用观察法、访谈法、问卷调查法等调研方法，借助笔记、录音、摄影、摄像等技术手段，对专家学者、民间艺人、行业从业者、行业管理者、消费者等利益相关群体进行调研，获取研究所需的一手资料。

3. 实证研究法

通过对民间艺术产业化实践的调研分析，从个别到一般，对民间艺术产业化的系统要素、路径及影响等核心命题做出规律性阐释。

四、主要创新点

（一）民间艺术产业化系统要素的提炼总结

民间艺术产业化系统主要包括主体、客体、中介与环境四大构成要素。作为客体要素，并非所有的民间艺术资源都可以进行产业化运作，须做好其评估与分类工作，形成民间艺术资源的层次开发模式。企业化的生产经营主体与外来化、大众化的消费主体构成主体要素，他们既是民间艺术资源的开发者与享用者，也是民间艺术市场的选择者与开拓者。民间艺术市场作为中介要素，联结着主体与

客体，发挥着推动民间艺术生产与引导民间艺术消费的功能，应以工艺品市场、演艺市场、旅游市场、会展市场为主体市场，带动设计市场、影视市场、出版市场等周边市场的整体发展。环境要素是民间艺术产业化其他三要素赖以存在的外部环境。四要素间的相互作用，决定着民间艺术产业化的路径实施与功能发挥。

（二）民间艺术产业化两条路径的理论抽绎

文化产业语境中，民间艺术产业化呈现出两路径（民间艺术直接产业化与民间艺术间接产业化）协同发展的态势。民间艺术直接产业化，是将民间艺术自身作为文化产品进行产业化运作，形成传统的民间艺术产业。民间艺术间接产业化，则是将民间艺术的造型、色彩、图案纹样、音乐、舞蹈等艺术符号提炼出来，创意性地应用到设计业、动漫业、演艺业等产业域的产品开发中，提升其文化附加值，形成民间艺术创意产业。民间艺术的直接产业化和间接产业化互促互进，两者联合衔接，构建起民间艺术产业化完整的产业链条。

（三）产业化语境中民间艺术市场形态转型及符号化生存态势的理论阐发

民间艺术产业化对民间艺术的变迁与传播产生了巨大影响。直接产业化语境中，民间艺术主要存在两种表现形态，即原生形态民间艺术与市场形态民间艺术，且呈现出由原生形态民间艺术向市场形态民间艺术转型的发展态势。间接产业化语境中，民间艺术呈现出符号化生存的传播态势，即通过将民间艺术符号创意性地附加到设计业、动漫业、演艺业等产业域的产品之上，民间艺术符号借助现代文化创意产品得以广泛传播。

第一章

民间艺术产业化的类型及价值

当前，设计业、演艺业、影视业、动漫业、会展业等文化创意产业的迅猛发展，为民间艺术的保护传承与产业开发提供了新的思路与空间。笔者针对文化创意产业背景下民间艺术产业化出现的新态势，在民间艺术产业化内涵界定的基础上，着重探讨文化创意产业背景下民间艺术产业化的类型及价值，探明民间艺术产业化两种不同类型的发展方向，彰显民间艺术产业化所具有的时代价值，为我国民间艺术产业的可持续运营提供科学依据。

第一节　民间艺术产业化的内涵

文化产业勃兴背景下，我国丰富多彩的民间艺术资源为文化产业发展提供了优质的特色文化资源。简言之，民间艺术产业化就是运用民间艺术资源从事与民间艺术相关的产品和服务的生产经营活动，即利用民间艺术资源发展民间艺术产业。

一、民间艺术

（一）民间艺术的概念

1. 民间艺术的内涵

“民间，顾名思义，是指民众中间。它对应官方而言。概而言之，除统治集团机构之外，都可称作民间。它的主要组成部分，是直接创作物质财富和精神财富的广大中、下层民众。”① 据此，钟敬文认为：“民间艺术是在社会中、下层民众中广泛流行的音乐、舞蹈、美术、戏曲等艺术创造活动。”② 此外，其他学者也对民间艺术的概念从不同的角度进行了分析，虽然理解各有差异，但综合而言学界对民间艺术内涵的以下几个要点基本达成共识：

其一，民间艺术的创生与传承主体是广大中下层民众。民间艺术在古代是相对于宫廷艺术、文人士大夫艺术及宗教艺术而言，在现代则是相对于专业艺术工作者的艺术创作而言。

其二，民间艺术以城乡的庶民百姓为创作、生产及消费主体。民间艺术以广大的农民为主体，包括各民族的农、牧、渔民以及市民、手工业劳动者在内。

其三，民间艺术与民众的日常生活紧密相连，很多民间艺术承载了浓厚的民俗文化观念，是民俗观念的艺术载体，具有集体性、传承性等特征。

其四，民间艺术涵盖了多种艺术形式，既包括手工艺、建筑、绘画、雕塑等造型类艺术形式，也包括音乐、舞蹈、戏曲、曲艺等表演类艺术形式。

民间艺术与民俗有着千丝万缕的关系。“民俗是在一定的社会氛围中世代传习的行为模式。它体现在物质的、社群的、精神的、语言的等诸多层面，构成了民间文化的基础。”③ 民俗的表现形式与载体多种多样，或语言、行为，或文学、艺术。其中，民间艺术便是孕育、成长、绽开于民俗文化沃土之中的一支绚丽花朵。张紫晨认为：“民间艺术是民俗的直接需要，它来源于民俗，是民俗的组成部分，它的内容和形式大多受民俗活动或民俗心理的制约。民间艺术是民俗观念的载体。”④ 从某种意义上说，民俗活动是民间艺术赖以生存和发展的基础。民间艺术的丰富品类，如年画、门笺、剪纸、面花、花灯、民居建筑、生活器具、

---

① 钟敬文主编：《民俗学概论》，上海文艺出版社 1998 年版，第 2 页。

② 钟敬文主编：《民俗学概论》，上海文艺出版社 1998 年版，第 327 页。

③ 陶思炎：《应用民俗学》，江苏教育出版社 2001 年版，第 1 页。

④ 张紫晨：《民俗学与民间美术》，陈瑞林编：《民俗与民间美术》，湖南美术出版社 1990 年版，第 16 页。

民歌、傩戏、秧歌等，无不与民众的生产生活、岁时节令、人生仪礼、游艺活动及民间信仰等密切相关，其内容与形式承载着浓厚的民俗观念，民间艺术本身就是纷繁复杂的民俗事象。因此，一些学者将那些饱含浓厚民俗文化内涵的民间艺术称为民俗艺术。

民间艺术不是孤立的艺术存在，它是民众日常生活的产物，是一种生活性艺术，大多承载着特定的民俗文化观念，体现着民众集体性的文化观念与审美情趣。因此，民间艺术研究应有整体性的文化语境观，要将民间艺术置于其生发的民俗文化背景中，同民众生产、生活相联系，而不应仅仅滞留于“艺”的层面。唯有如此，我们才能正确认知民间艺术的性质、价值及其文化意义。民间艺术作为民间艺术产业发展的基础，对民间艺术的开发利用，应结合其赖以生存的民俗文化环境，尊重其形式和内涵，任何以歪曲、贬损等方式对民间艺术的滥用必将给民间艺术造成不同程度的破坏乃至毁灭性的打击，民间艺术产业的可持续发展也就无从谈起。

2. 民间艺术与相关概念辨析

在民间艺术的相关研究文献中，存在着“民俗艺术”“民艺”“非物质文化遗产”等诸多相关概念。民间艺术与这些相关概念，既有密切的内在联系，也存在不同之处。在借鉴、引用前人有关民间艺术的研究成果时，为避免概念的混用，审慎地甄别、厘清民间艺术与这些相关概念的关联和区别是十分必要的。

（1）民俗艺术

民间艺术和民俗艺术虽仅有一字之差，但两者的内涵在指向侧重方面存在着一定的差异。民俗艺术“系传承性的民间艺术，或指民间艺术中融入传统风俗的部分。它往往作为文化传统的艺术符号，在岁时节令、人生礼俗、民间信仰、日常生活等方面广泛应用。‘传承’、‘传统’和‘群体性’作为民俗艺术的特征，使其具有深厚的文化背景和坚实的社会基础”①。由此可见，民俗艺术是民间艺

① 陶思炎：《论民俗艺术学的研究》，《东南大学学报》（哲学社会科学版）2008 年第 1 期，第 75 页。

术中生发于民俗活动，承载了民俗观念，带有集体性、传承性特征的部分，即“属于民俗的民间艺术也就是‘民俗艺术’”①，其内涵指向侧重于传承性和群体性的民俗特征。

民间艺术“系相对于宫廷艺术、官府艺术等上层而言的下层艺术，作为一种空间性的概括，它强调创作与应用视域的下层性，而不强调艺术活动和艺术作品本身的传承因素。其类型与作品既包括来自传统的成分，又包括各种民间的新创，甚至还包括庶民中非群体的个人创作，诸如邮票剪贴、种子拼贴、包装带编结、易拉罐饰物，等等”②。因此，民间艺术的内涵指向侧重于空间性和层次性，强调创作与享用主体的下层性。同时，民间艺术包容了与民俗文化传统无甚关联的民间个体性的艺术创新与个人的散杂创作行为，而民俗艺术作为民俗观念的艺术载体，强调艺术创作的集体性模式行为，蕴含着历史积淀下来的集体性的文化观念与审美情趣，不包容那些与民俗文化活动无关的个体求新、求异的艺术创作。

（2）民艺

“民艺”一词，系由日本传入的外来词语。日本民艺学家、“民艺运动”的倡导者柳宗悦在其《工艺文化》一书中，将民艺与贵族工艺、个人工艺相对照，阐述了民艺的性质和界限，认为：“‘民众的工艺’的简称就是‘民艺’。”他概括了民艺的五个显著特点：①是为了一般民众的生活而制作的器物；②迄今为止，是以实用为第一目的而制作的；③是为了满足众多的需要而大量准备的；④生产的宗旨是价廉物美；⑤作者都是匠人。③“现代日本的辞书中常把‘民艺’作为‘民众艺术’（Folk art）的略称，或称作‘民间工艺’（Folk craft）、‘民间手工艺’（Folk handicraft）。”④ 由此可见，日本所讲的“民艺”主要指我国所称的“民间工艺”。

---

① 张道一：《中国民艺的现状与未来》，《美术观察》1997 年第 2 期，第 11 页。

② 陶思炎：《论民俗艺术学的研究》，《东南大学学报》（哲学社会科学版）2008 年第 1 期，第 75 页。

③ 参见［日］柳宗悦：《工艺文化》，徐艺乙译，广西师范大学出版社 2006 年版，第 59 页。

④ 张道一：《张道一论民艺》，山东美术出版社 2008 年版，第 23 页。

近年来，经由以张道一先生为代表的我国民艺学者的使用和倡导，“民艺”一词已被较多的人所使用。但“民艺”的内涵和外延在学界尚不甚明确，相关研究著述对“民艺”一词的使用基本上涵盖在民间美术的范围之内。总之，民艺“不是‘民间艺术’或‘民俗艺术’的简称，而是从创作者与享用者的身份所做出的文化判断。如果一定要说简称的话，它倒是有‘民众艺术’、‘庶民艺术’的含义”①。

（3）非物质文化遗产

非物质文化遗产并非原生性的汉语概念，它是一个外来词汇，联合国教科文组织通过的《保护非物质文化遗产公约》（2003）对其内涵和外延作出了界定。《保护非物质文化遗产公约》对“非物质文化遗产”的界定如下：

“非物质文化遗产”指被各群体、团体，有时为个人视为其文化遗产的各种实践、表演、表现形式、知识和技能及其有关的工具、实物、工艺品和文化场所。各个群体和团体随着其所处环境、与自然界的相互关系和历史条件的变化，不断使这种代代相传的非物质文化遗产得到创新，同时也使他们自己具有了一种认同感和历史感，从而促进了文化多样性和人类的创造力。

从外延上看，《保护非物质文化遗产公约》把非物质文化遗产分为五个方面：①口头传说和表述，包括作为非物质文化遗产媒介的语言；②表演艺术；③社会风俗、礼仪、节庆；④有关自然界和宇宙的知识和实践；⑤传统的手工艺技能。②

依据《保护非物质文化遗产公约》，结合我国实际，《中华人民共和国非物质文化遗产法》（2011）将非物质文化遗产界定为：各族人民世代相传并视为其文化遗产组成部分的各种传统文化表现形式，以及与传统文化表现形式相关的实物和场所。其中包括：①传统口头文学以及作为其载体的语言；②传统美术、书

① 陶思炎：《论民俗艺术学的研究》，《东南大学学报》（哲学社会科学版）2008年第1期，第75页。

② 参见牟延林、谭宏、刘壮主编：《非物质文化遗产概论》，北京师范大学出版社2010年版，第22、28页。

法、音乐、舞蹈、戏剧、曲艺和杂技；③传统技艺、医药和历法；④传统礼仪、节庆等民俗；⑤传统体育和游艺；⑥其他非物质文化遗产。

由此可见，非物质文化遗产与民间艺术的内涵和外延互有交叠，绝大部分的民间艺术都涵盖在非物质文化遗产的范围之内。国务院公布的第三批国家级非物质文化遗产名录（共计 191 项）和国家级非物质文化遗产名录扩展项目名录（共计 164 项），包括了民间文学，传统音乐，传统舞蹈，传统戏剧，曲艺，传统体育、游艺与杂技，传统美术，传统技艺，传统医药，民俗等 10 个分项。这些项目中，除了传统医药与民间艺术关系不大外，其他各项均与民间艺术密切相关。因此，民间艺术与非物质文化遗产具有诸多交合之处，非物质文化遗产的保护、开发利用实践及理论研究成果，为民间艺术的保护与开发利用提供了有益的借鉴与启示。

（二）民间艺术的分类

就民间艺术的分类而言，民间艺术可根据不同的标准进行不同的划分。从存在形态看，民间艺术有静态与动态之分。静态的民间艺术指有形立体的、可感可触的、静态存在的民间艺术，如年画、剪纸、面塑、泥塑、砖玉石雕、陶瓷等；动态的民间艺术指如民歌、傩戏、狮舞、秧歌、木偶戏等通过动态表演来展示的民间艺术，也包括诸如剪纸、年画、泥塑、风筝等民间艺术制作过程的技艺展示。从艺术属种看，民间艺术有造型艺术①、表演艺术的类分。民间造型艺术包括剪纸、年画、面塑、泥玩、风筝、布老虎等（如图 1－1）；民间表演艺术包括民歌、锣鼓表演、狮舞、秧歌、花鼓、皮影戏、木偶戏、杂技等（如图 1－2），以动态展演为特征。从创作主体看，民间艺术既有不同民族的族种区分，也有乡民与市民的身份不同，等等。

---

① 造型艺术是指运用颜料、纸、布、绢、木、泥、石等物质材料，在空间塑造静态的视觉艺术形象，用来反映社会生活，表现艺术家审美情感的艺术形式。其分为绘画、雕塑、书法、建筑、工艺美术等主要门类，亦称“美术”“空间艺术”或“视觉艺术”。（参见李心峰主编：《艺术类型学》，文化艺术出版社 1998 年版，第 289～304 页）

图1-1 潍坊高密聂家庄泥塑

图1-2 舞狮

“广义的艺术分类包括美术、音乐、戏剧、舞蹈、曲艺、电影等，狭义的艺术指美术，包括绘画、雕塑、建筑、工艺和书法。”[①] 张道一指出：“‘民间艺术’有广义和狭义之分。广义的民间艺术可泛指民间的美术、音乐、戏曲、舞蹈等的总合，狭义的民间艺术则主要专指民间美术。”[②] 分类是学科研究的根本，但学界关于民间美术的分类却众说纷纭、莫衷一是。虽然学界提出了一些分类方案，但没有得到普遍的认可。2005年，“中国民间美术分类研讨会”在天津召开，就民间美术的分类问题进行了专门研讨，会后结集出版了《鉴别草根：中国民间美术分类研究》一书。冯骥才在为该书的代序《一次成果硕大的研究》中总结该研讨会所取得的理论成果时说道：“出色地走出了一大步，即在各抒己见的基础上，摸索出一种具有应用性的可行性的分类法，即从张道一先生的‘二分法’入手，进而多级分类的方法”[③]，从而从理论上给民间美术提供了一个相对标准、规范、通用的分类方法。

其中，张道一所讲的“二分法”，不是将民间美术一分为二地切成两块，而是两种不同的分类方法。

其一，从艺术分类学角度所进行的“民间美术一般分类”，即将民间美术分

① 潘鲁生：《民艺学论纲》，北京工艺美术出版社1998年版，第6页。
② 张道一：《中国民艺的现状与未来》，《美术观察》1997年第2期，第11页。
③ 冯骥才主编：《鉴别草根：中国民间美术分类研究》，中州古籍出版社2006年版，代序。

为民间绘画、民间雕塑、民间建筑、民间工艺、民间书艺及民间杂艺六大类。具体包括：

（1）民间绘画，包括民间木版年画、扑灰画、灶头画、神像与纸马、版刻插图、布画、唐卡、农民画等；

（2）民间雕塑，包括石雕、木雕、砖雕、竹刻、泥塑、面塑等；

（3）民间建筑，包括民居、小庙、桥等；

（4）民间工艺，包括染织、陶瓷、编织、木工、漆工、金工、纸扎、装潢、玩具等；

（5）民间书艺，包括花鸟字、组合字等；

（6）民间杂艺，包括面馍、糖人、撒米画、冰雕、根艺、微雕、沙雕、盆景、奇石、插花等。

其二，从功能应用角度所进行的“民间美术应用分类”，即将民间美术分为岁时节令、人生仪礼、祀神祭祖、日常起居、工具用具、文化娱乐、儿童玩具七大类。①

笔者所指的民间艺术指广义层面的民间艺术。在借鉴民间艺术分类研究成果的基础上，笔者将民间艺术分为两大类，即民间造型艺术与民间表演艺术。民间造型艺术主要包括民间绘画、民间雕塑、民间建筑、民间工艺、民间书艺、民间杂艺（参见上述张道一关于民间美术的分类内容）；民间表演艺术主要包括民间音乐、民间舞蹈、民间戏曲、民间曲艺及民间杂技等。② 当然，这种分类也并非绝对，相互之间亦存在交叉之处，分类之目的是为了更为规范地了解民间艺术的类型。

---

① 参见张道一：《张道一论民艺》，山东美术出版社 2008 年版，第 142 ~ 149 页。

② 李心峰在其主编的《艺术类型学》一书中，提出了“演出艺术”的概念，认为其包括音乐、舞蹈、戏剧、戏曲、曲艺、杂技等艺术门类（李心峰主编：《艺术类型学》，文化艺术出版社 1998 年版，第 318 页）。结合民间艺术自身特性，笔者将民间艺术中那些通过表演来展示的动态艺术称为民间表演艺术。

二、文化产业

（一）文化产业的概念

1. 文化资源的产业化

（1）文化资源

“文化”的内涵丰富，自古以来，不同学科的学者从不同的角度赋予了文化以不同的内涵。概括而言，人们对文化的理解可以归为广义与狭义两个层面。狭义的“文化”强调精神方面的文化。典型者如英国文化学家爱德华·泰勒在其1871年出版的著作《原始文化》中提出：文化“乃是包括知识、信仰、艺术、道德、法律、习俗和任何人作为一名社会成员而获得的能力和习惯在内的复杂整体”①。广义的“文化”则认为文化既包括物质方面的文化也包括精神方面的文化。典型者如英国文化功能学派创始人马林诺夫斯基提出：“文化是指那一群传统的器物、货品、技术、思想、习惯及价值而言的，这概念实包容着及调节着一切社会科学。”②

资源，是人类从事一切生产活动的必要条件，经济的发展离不开资源，任何产业的发展都与之密不可分。资源按照其属性可分为自然资源和人文资源（亦即文化资源）。自然资源泛指来源于自然界并对人类具有利用价值的自然物，如土地、矿藏、森林、生物、河流等。费孝通认为：“所谓的人文资源就是人工的制品，包括人类活动所产生的物质产品和精神产品，它和自然资源一样，只是自然资源是天然的，而人文资源却是人工制造的，是人类从最早的文明开始一点一点地积累、不断地延续和建造起来的。它是人类的历史、人类的文化、人类的艺术，是我们老祖宗留给我们的财富。人文资源虽然包括很广，但概括起来可以这

① 参见朱希祥：《当代文化的哲学阐释》，华东师范大学出版社2006年版，第240页。

② ［英］马林诺夫斯基：《文化论》，费孝通等译，中国民间文艺出版社1987年版，第2页。

么说：人类通过文化的创造，留下来的、可以供人类继续发展的文化基础，就叫人文资源。”①

当今世界，“文化经济化、经济文化化”的文化经济一体化趋势日益增强，文化被作为资源要素投入到经济发展之中，文化资源所蕴含的巨大经济价值得以挖掘、开发和利用，对经济发展的影响愈加广泛而深刻。在此背景下，以文化资源为基础的文化产业在全球范围内得以兴盛发展。

（2）产业化

“产业化”的概念是从“产业”的概念发展而来的。按照产业经济学的观点，“‘产业’是介于微观经济组织和宏观经济组织（国民经济）之间的‘集合概念’。它既是具有某种同一属性的企业的集合，又是国民经济以某一标准划分的部门”②。“化”表示转变成某种性质或状态，“‘产业化’即是指要使具有同一属性的企业或组织集合成社会承认的规模程度，以完成从量的集合到质的激变，真正成为国民经济中以某一标准划分的重要组成部分”③。因此，“产业化”就是指产业形成和发展的动态过程。它主要包括以下几个方面的要素：“市场化经济的运作形式；达到一定的规模程度；与资金有密切关系；以盈利为目的。”④

目前，学界尚未就“产业化”的概念及标准达成一致的观点。“联合国经济委员会给产业化（Industrialization）下的定义包括以下6个方面：（1）生产的连续性（Continuity）；（2）生产物的标准化（Standardization）；（3）生产过程各阶段的集成化（Integration）；（4）工程高度组织化（Organization）；（5）尽可能用机械代替人的手工劳动（Mechanization）；（6）生产与组织一体化的研究与实验

① 费孝通、方李莉：《关于西部人文资源研究的对话》，《民族艺术》2001年第1期，第9页。

② 刘志彪、王国生、安国良编著：《现代产业经济分析》，南京大学出版社2001年版，第1页。

③ 黄寰：《自主创新与区域产业结构优化升级》，中国经济出版社2006年版，第3页。

④ 郭新茹：《文化遗产产业化的战略选择与运营模式》，顾江主编：《文化产业研究——文化软实力与产业竞争力》第2辑，东南大学出版社2009年版，第213页。

（Research & Development）。”① 综合学界研究成果，概括而言，“产业化”的特点主要包括以下几个方面，即生产的规模化、标准化、批量化、专业化、连续性及一体化。

（3）文化资源的产业化

文化资源是文化产业发展的基础，文化产业是文化资源产业化的重要载体，文化资源的产业化形成现实的文化产业。因此，“文化资源产业化开发是将文化资源作为资源配置的主体要素，与其他经济发展要素充分结合，进而催生文化产业形成和发展的经济活动”②。

当然，并非所有的文化资源都可以转变为文化资本，进行产业化经营。“发展文化产业要从资源禀赋和市场潜力两个方面对文化资源进行评估，可以分为以下层次：（1）属于文化事业范围的文化资源。（2）介于文化事业和文化产业之间的文化资源。（3）不属于文化事业，但文化特色不强，市场潜力小的文化资源。（4）文化特色强，市场潜力大的文化资源。其中，第一种文化资源不允许进行产业化经营，第三种文化资源不具备产业化经营的条件，第二种文化资源要在保护的基础上进行适度产业化经营，第四种文化资源要作为产业化运作的重心。因此，只有第二、四种文化资源才可以选择文化资源产业化运作这条路径。”③

2. 文化产业的内涵

“文化产业”（culture industries）概念的提出源于对“大众文化”的争议。法兰克福学派的阿多诺和霍克海默在其1947年出版的《启蒙的辩证法》一书中首次使用了单数意义上的“文化工业”（Culture Industry）一词。④ 他们从维护精

① 刘志民：《农业高新技术产业化导论》，中国农业出版社2004年版，第17～18页。

② 严荔：《四川文化资源产业化开发研究》，经济科学出版社2010年版，第27～28页。

③ 贾松青：《文化资源转变为文化资本的现实途径》，侯水平主编：《四川文化产业发展报告（2006）》，社会科学文献出版社2006年版，第34页。

④ 文化产业的概念经历了一个变迁过程，1947年阿多诺与霍克海默提出的是文化工业，20世纪80年代之后称为文化产业。进入21世纪之后，人们强调创意在文化产业中的核心作用，又称为“文化创意产业”。其实三者之间并不等同，但人们并没有严格区分。因此，理论界将1947年视为文化产业概念首次提出的时间。（焦斌龙：《文化产业研究述评》，于平、傅才武主编：《中国文化创新报告（2010）》，社会科学文献出版社2009年版，第176页）

英文化的角度出发，从艺术和哲学价值批判的双重角度对源起于大众文化的“文化工业”进行了否定性的批判，将其视为工具理性的代表、异化大众的工具。但随着文化产业在世界范围内的迅速发展，文化产业对经济发展的贡献日益突出，文化产业一跃成为美、英、法、德、日、韩等许多发达国家的支柱产业，被阿多诺等赋予否定性色彩的“文化产业”一词逐渐被置换为一个中性概念，并被赋予新的、积极的意义。联合国教科文组织在1980年6月蒙特利尔召开的会议上正式采用了复数意义上的“文化产业”（culture industries）的概念，并逐渐被人们所采用。从“文化工业（culture industry）”到“文化产业（culture industries)”，从表面看是文化产业概念演变的过程，而其深层含义则是文化产业自身发展以及人们对文化的产业属性的认识不断深化的过程，而且正是后者从实践层面支撑了前者演变过程的完成。

国际上，“文化产业”这一概念尚无统一、权威的界定，由于国情和文化背景等方面的差异，各国官方、学术界及相关国际组织对文化产业的内涵与外延有着不同的理解和认识。学界研究方面，澳大利亚经济学家、前国际文化经济学会主席大卫·索斯比（David Throsby）的观点较具代表性。在《经济与文化》一书中，他用一个同心圆来界定文化产业的行业范围。按照索斯比的划分，“音乐、舞蹈、戏剧、文学、视觉艺术、工艺等创造性艺术处于这一同心圆的核心，并向外辐射；环绕这一核心的是那些既具有上述文化产业的特征同时也生产其他非文化性商品与服务的行业，包括电影、电视、广播、报刊和书籍等行业；处于这一同心圆最外围的则是融合文化产业内容的混合型产业行业，如建筑业、广告业、观光旅游业等”①。在操作层面上，大卫·索斯比的文化产业同心圆的分类体系被人们广泛地借鉴和运用。

联合国教科文组织将文化产业界定为：“文化产业就是按照工业标准生产、

① 转引自吕庆华：《文化资源的产业开发》，经济日报出版社2009年版，第19页。

再生产、储存以及分配文化产品和服务的一系列活动。”① 所谓工业标准，主要指标准化、规模化、专业化和连续性。该定义指出了文化产业的“工业化”与“产业链”性质。此外，由于经济、文化背景以及目标诉求的差异，文化产业的概念在不同国家或地区有着诸多不同的称谓，其所指与侧重也有所不同，如英国的创意产业（creative industry）、美国的版权产业（copyright industry）、欧盟的内容产业（content industry）以及我国台湾地区的文化创意产业（cultural and creative industry）等。

（二）文化产业的分类

2004 年，中国国家统计局在《国民经济行业分类》（GB/T4754 - 2002）的基础上，制定了《文化及相关产业分类》（国统字［2004］24 号），从统计意义上对我国“文化及相关产业”的概念和范围作了权威性的界定。2009 年，国务院颁布了《文化产业振兴规划》，我国文化产业发展迎来了难得的历史契机。

近年来，以“互联网 +”为依托的文化新业态不断涌现并发展迅猛，日益成为文化产业新的增长点。为适应我国文化产业发展的新情况，2018 年4 月，经过修订的《文化及相关产业分类》（国统字〔2018〕43 号）颁布，其中将“文化及相关产业”界定为：为社会公众提供文化产品和文化相关产品的生产活动的集合。具体范围包括：一方面，以文化为核心内容，为直接满足人们的精神需要而进行的创作、制造、传播、展示等文化产品（包括货物和服务）的生产活动。具体包括新闻信息服务、内容创作生产、创意设计服务、文化传播渠道、文化投资运营和文化娱乐休闲服务等活动；另一方面，为实现文化产品的生产活动所需的文化辅助生产和中介服务、文化装备生产和文化消费终端生产（包括制造和销售）等活动。具体内容见表 1 - 1。

---

① 冯子标、焦斌龙：《分工、比较优势与文化产业发展》，商务印书馆 2007 年版，第 25 页。

表 1－1 **文化产业界定及其分类**

名　称	国别、地区、国际组织	类　别
文化产业	中国内地	9 类：新闻、出版及版权服务、广播电视及电影、文化艺术、网络文化、文化休闲娱乐、文化产品代理、文化用品、设备及相关产品销售
	联合国教科文组织	10 类：文化遗产、出版印刷业和著作文献、音乐、表演艺术、视觉艺术、音频媒体、视听媒体、社会文化活动、体育和游戏、环境和自然
	韩国	17 类：影视、广播、音像、游戏、动漫、卡通形象、演出、文物、美术、广告、出版印刷、创意性设计、传统工艺品、传统服装、传统食品、多媒体影像软件、网络及相关的产业
	芬兰	9 类：文学、雕塑、建筑、戏剧、舞蹈、影像、电影、工业设计、媒体
创意产业	英国	13 类：广告、建筑、艺术和古董市场、手工艺、设计、时尚设计、电影、互动休闲软件、音乐、电视和广播、表演艺术、出版、软件
	中国香港	11 类：广告、建筑、设计、出版、数码娱乐、电影、古董与工艺品、音乐、表演艺术、软件与咨询服务业、电视与电台
创意产业	澳大利亚	5 类：文化遗产和古迹：如博物馆、自然遗产和保护、图书和档案馆等；艺术活动；体育和健身娱乐活动；文化产品的制造和销售；其他文化娱乐类
	新加坡	3 类：文化艺术、设计、媒体
内容产业	欧盟	4 类：制造、开发、包装和销售信息产品及其服务的产业，包括各种媒介上所传播的印刷品内容（报纸、杂志、书籍等），音像电子出版物内容（联机数据库、音像制品服务、电子游戏等），音像传播内容（电视、录像、广播和影视），各种数字软件等
版权产业	美国	4 类：文化艺术业（含表演艺术、艺术博物馆）、影视业、图书业、音乐唱片业
感性产业	日本	3 类：内容产业、休闲产业、时尚产业
文化创意产业	中国台湾	13 类：视觉艺术、音乐与表演艺术、文化展演设施、工艺、电影、广播电视、出版、广告、设计、品牌时尚设计、建筑设计、创意生活、数字休闲娱乐

（资料来源：周正兵：《文化产业导论》，经济科学出版社 2009 年版，第 34 ~ 35 页）

三、民间艺术产业化

（一）民间艺术产业化的内涵

民间艺术源发于民众的生产、生活需求，在民众的衣、食、住、行、用等领域有着广泛应用。文化产业勃兴背景下，民间艺术面临着旅游市场、工艺品市场、演艺市场、会展市场、影视市场等诸多应用场域，具有旅游观光、家庭日用、礼品馈赠、环境装饰、投资收藏、游艺娱乐、商贸促销等多重功能。民间艺术所具有的使用价值和符号价值，契合了当今民众的消费需求，具有巨大的市场空间和潜在经济价值，使其成为文化产业发展可资利用的特色文化资源。此外，我国地大物博、历史悠久、民族众多，孕育了丰富多彩的民间艺术资源，这为我国民间艺术产业化奠定了坚实的资源供给与市场需求基础。

所谓民间艺术产业化，就是运用民间艺术资源从事与民间艺术相关的产品和服务的生产经营活动，即利用民间艺术资源发展民间艺术产业。民间艺术产业化包括两层含义：它既是民间艺术资源到民间艺术产业的动态化的形成“过程”，又是民间艺术资源转化为民间艺术产业运行的“结果”。首先，作为过程，民间艺术产业化是指以民间艺术资源为基础开发民间艺术产品，进而民间艺术的生产、流通、交换、消费等按照市场规律和文化产业标准进行运营。其次，作为结果，民间艺术产业化是指民间艺术生产规模化，形成经济学意义上的“同一属性的企业集合”，以民间艺术企业和民间艺术产业群的兴起和形成标志。

（二）民间艺术产业化的文化资本理论解读

亚当·斯密等古典经济学家主要从物质、技术方面来理解资本等生产要素，而布尔迪厄等学者则侧重于从文化资源的占有和积累等方面来解释资本这一生产要素，并相应提出了“文化资本”的概念。

“文化资本”的概念是法国当代著名社会学家布尔迪厄提出的。1986 年，布

尔迪厄在《资本的形式》一文中首次完整地提出了文化资本理论。与经济学家通常只认可单一形式的资本，即物质资本或经济资本不同，布尔迪厄认为资本表现为三种基本的形态："（1）经济资本，这种资本可以立即并且直接转换成金钱，它是以财产权的形式被制度化的；（2）文化资本，这种资本在某些条件下能转换成经济资本，它是以教育资格的形式被制度化的；（3）社会资本，它是以社会义务（'联系'）组成的，这种资本在一定条件下也可以转换成经济资本，它是以某种高贵头衔的形式被制度化的。"①

其中，布尔迪厄认为文化资本又可以分为三种存在形式："（1）具体的状态，以精神和身体的持久'性情'的形式；（2）客观的状态，以文化商品的形式（图片、书籍、词典、工具、机器等等），这些商品是理论留下的痕迹或理论的具体显现，或是对这些理论、问题的批判，等等；（3）体制的状态，以一种客观化的形式，这一形式必须被区别对待（就像我们在教育资格中观察到的那样），因为这种形式赋予文化资本一种完全是原始性的财产，而文化资本正是受到了这笔财产的庇护。"②

在资本的三种形态中，布尔迪厄对文化资本在社会生活中的影响尤为关注。他认为文化资本"泛指任何与文化及文化活动有关的有形或无形资产。在日常生活中，它和金钱及物质财富等经济资本具有相同的功能，在某些特定条件下可以转换成经济资本"③。而在文化资本的三种存在形式中，布尔迪厄认为客观化的文化资本，如年画、剪纸、风筝、泥塑、刺绣等文化产品，与经济资本一样是可以传承的。

文化资本是以财富的形式具体表现出来的文化价值的积累，而"追求价值的增值是文化资本与经济资本的共同目的。它们都能产生经济效益……文化资本发

---

① 包亚明：《文化资本与社会炼金术——布尔迪厄访谈录》，上海人民出版社1997年版，第192页。

② 包亚明：《文化资本与社会炼金术——布尔迪厄访谈录》，上海人民出版社1997年版，第192～193页。

③ 王左艳、张安琪：《20世纪现代文学概览》，山西人民出版社2009年版，第198页。

生转换的现实形态，主要是文化产品的生产和消费”[①]。因此，文化价值能够产生经济价值，文化产品是客观化的文化资本与经济资本的统一。“文化产业是文化资本的经济运营，通过现代工业和商业化方式，对文化资本进行客观化，进而实现文化产品和服务的生产、传播、供应、交换。”[②] 而从文化资源到文化产品再到文化资本，进而文化资本向经济资本转化，文化资本实现其经济价值，正是文化资源资本化的过程。因此，文化产业为文化资本经济价值的实现提供了现实的途径，也就是说布尔迪厄的文化资本理论为文化资源的产业化运作提供了现实的理论依据。

民间艺术产业化就是以民间艺术资源为基础开发民间艺术产品，或将民间艺术中的某些文化元素附加到其他产品之上，提升其文化附加值，实现民间艺术文化价值向经济价值的转化。民间艺术产品则是客观化的文化资本与经济资本的统一。因此，民间艺术产业化实质上就是民间艺术资源资本化的过程。布尔迪厄的文化资本理论，尤其是客观化的文化资本理论，是民间艺术产业化的重要理论基础。

文化资本经济价值的实现，一方面通过文化资本的客观化即文化产品的开发实现，另一方面通过将文化资本赋予其他产品实现。此外，文化资本存在有形文化资本和无形文化资本两种形态。

其一，有形文化资本，如安徽西递、宏村的古民居建筑，从表面看，其经济价值源于其作为建筑的物质存在。但在现代社会，作为一种文化资本，尤其是在当代旅游业中，其经济价值却远远高于其作为民居建筑而具有的一般物品价值，因为这些古民居建筑所具有的文化价值提升了其当代经济价值，即文化价值能够产生经济价值。而木版年画、剪纸、泥塑等民间艺术品的经济价值则更是主要取决于其内在的文化价值，其物理的载体价值常可忽略。

其二，无形文化资本，如民歌、民间舞蹈、锣鼓器乐等，原本并非作为商品而存在，不能作为现成的商品直接进入市场进行交易，因而体现不出经济价值。

① 张冬梅：《艺术产业化的历程反思与理论诠释》，中国社会科学出版社2008年版，第38～39页。

② 赵宝晨：《对文化产业的哲学思考》，《理论学刊》2006年第5期，第58页。

但这些无形文化资本一旦通过产业开发形成产品或服务进入市场，其内含的文化价值就会转变为外在的经济价值。如旅游开发中的民间歌舞、音乐表演，演艺业开发中将民间音乐、舞蹈、戏曲等文化元素融入舞台艺术创作，创作出既有浓郁民族民间文化特色、又有现代审美情趣的舞台艺术精品，如著名舞蹈家杨丽萍主创的《云南映象》等，通过无形文化资本的产业开发，实现了文化价值向经济价值的转化。

此外，作为文化资本，民间艺术的经济价值还可通过将其文化价值附着于其他产品之上，从而提升被附着品的文化附加值的途径实现。如将民间造型艺术的图形、文字、色彩等艺术符号应用于视觉传达设计、产品设计、环境艺术设计等领域，将民间表演艺术的音乐、舞蹈等艺术元素融入影视、演艺、旅游产品开发，增强产品的民间艺术特色，提升其文化附加值，进而产生更高的经济价值。因此，借助民间艺术的文化元素融入而提升产品的附加值，是人们对民间艺术文化价值认同的体现，这为我们将民间艺术作为文化资本进行产业化运作提供了有力支撑。

第二节　民间艺术产业化的类型

我国地域辽阔、历史悠久，受自然和历史人文等因素的影响，民间艺术资源的地域分异性明显，经济发展也存在巨大的地域不均衡性，两者综合作用下，按照民间艺术产业化依托核心要素的不同，我国民间艺术产业化存在两种类型，即资源导向型与创意驱动型。

一、资源导向型

资源导向型民间艺术产业化，指以本地特色民间艺术资源为产业化的核心对象与要素，通过对区域特色民间艺术资源的挖掘、整合与创新，开发出具有地域、民族特色的民间艺术产品，最终形成产业，是基于区域民间艺术资源赋存优势形成的民间艺术产业化类型。

资源导向型民间艺术产业化的关键在于做好区域民间艺术资源的调查、分类、评估与筛选工作。首先，对区域民间艺术资源赋存进行普查，掌握其种类、数量、质量等资源特征。其次，从民间艺术资源的品质、价值、效用、产业化环境要素等影响民间艺术资源产业化运作的内外部因素入手，对区域民间艺术资源的产业化适宜度进行科学评估。最后，依据评估结果，确定区域民间艺术资源保护与开发的重点与时序，制定合理的近、中、远期规划，形成民间艺术资源的层次开发模式，促进区域民间艺术资源的合理保护与有序开发。

资源导向型民间艺术产业化属于民间艺术产业化的初级阶段，多见于民间艺术资源丰富而独特的地区。如我国中西部地区，虽属经济欠发达地区，却有着绚丽多姿的民间艺术资源，赋予了中西部地区民间艺术产业化的独特优势。山西广灵剪纸、陕西凤翔泥塑、甘肃庆阳香包、河南宝丰魔术、河北吴桥杂技等区域民间艺术资源，在地方政府的引导、扶持下，通过产业化运作，民间艺术产业发展已初具规模，在促进民间艺术保护传承的同时，形成了区域经济发展的新增长点，极大提升了城市知名度和美誉度，取得了良好的社会、文化与经济效益。

但是，这些地区往往人才、资金、科技等资源相对缺匮乏，民间艺术产业化主要集中在旅游业、传统工艺品业、演艺业等领域，缺乏与设计业、会展业、影视业、动漫业等文化创意产业的融合，导致民间艺术产品附加值低、衍生产品开发力度不足、产业链条短等问题。

二、创意驱动型

创意驱动型民间艺术产业化，是指以本地或异域民间艺术资源为依托，以文化创意为核心开发要素，借助科技手段，将民间艺术融入设计业、演艺业、影视业、动漫业等文化创意产业域的产品开发中，提升其产品文化附加值的民间艺术产业化类型。

创意驱动型民间艺术产业化属于民间艺术产业化的高级阶段，目前在我国经济发达、人才、科技资源丰富的东部地区较为普遍。

首先，由于民间艺术资源的非均衡性分布，并非所有的地区都具备先天的民间艺术资源赋存优势。我国东部地区，尤其是北京、上海、广州、深圳等经济发达城市与中西部地区相比，民间艺术资源的丰富度和特色度相对欠缺，决定其不具备走资源导向型民间艺术产业化道路的先天资源条件。但这些城市有着优越的区位经济条件，人才、科技资源丰富，文化创意产业发展基础较好，具备走创意驱动型民间艺术产业化道路的有利条件。

其次，“与其他传统资源相比较，文化资源基本不具有绝对排他性和独占性的特征……由于文化资源本身的特殊性，文化底蕴的深厚与否以及文化渊源悠久是否，甚至具有文化资源的所有权与否，对文化资源产业化能否实现和成功的影响都不再是决定性的”①。也就是说，全球化语境中，文化资源的产业化开发利用具有共享性的特点，美国动作喜剧电影《功夫熊猫》的出现及成功正源于此。以民间艺术的主题公园开发为例，我国东部地区很多历史文化类、民俗文化类主题公园，如深圳的中国民俗文化村、无锡的水浒城等，充分发挥区域丰富的人才、科技、资金优势，创意性地将古往今来、全国各地的民间艺术融入一园，丰富了主题公园游乐项目的内容与形式，提升了我国主题公园发展的内涵与质量。

总之，文化创意产业勃兴背景下，民间艺术资源富集地区既要充分发挥自身民间艺术资源的赋存优势，通过走资源导向型的民间艺术产业化道路，推动区域民间艺术产业的起步与发展。同时，待区域民间艺术产业发展迈入正轨、趋于成熟之时，则须通过人才、科技、资金的引进等措施，主动与文化创意产业发达地区的政府、企业、高校、科研院所等相关部门合作，借助其人才、科技与资金优势，发挥创意人才的创造性思维，结合现代高新技术，开发出与民间艺术相关的工艺品、演艺产品、影视、动漫、网络游戏等衍生产品，延长产业链条，推动区域民间艺术产业化从资源导向型向创意驱动型的优化升级。

---

① 严荔：《四川文化资源产业化开发研究》，经济科学出版社2010年版，第82页。

第三节 民间艺术产业化的价值

民间艺术产业化作为一种积极的“生产性保护”方式，是民间艺术保护、传承与发展的重要途径，有助于提升我国文化创意产业发展的文化内涵和竞争力，亦有助于发展农村文化产业，促进乡村振兴。

一、民间艺术保护、传承与发展的重要途径

社会经济转型期，民众的生产生活方式较之以往发生了巨大变化，生发于传统农耕社会的民间艺术逐渐失去原有的生存土壤，面临着严峻的生存危机，民间艺术的保护、传承与发展问题日受关注，各种民间艺术保护方式得以践行。概括而言，民间艺术的保护方式可分为“静态保护”与“动态保护”两类。“静态保护”主要通过摄影、录像、录音、文字记录、博物馆收藏等手段，实现民间艺术品及其文化信息的静态保存。大批濒临消亡的民间艺术及其信息资料借此得以收集、整理和保存，为保留珍贵的民族文化基因做出了重要贡献。

“动态保护”则旨在使民间艺术以活态形式与民众的当代生活相伴生。民间艺术是在民众生活功利性驱动下萌生和发展的，功利性是民间艺术消长的主要动因，离开了与其相依的现实生活需求，民间艺术也就失去了生存基础。当前，民间艺术生存危机的根源就在于其原有的物质功用或精神功用与当今民众需求的脱节。民间艺术保护的最终目的是让民间艺术“活在当下”。“静态保护”作为一种文物留存式的保护方式，无法挽回民间艺术式微乃至消亡的脚步。因此，面对民间艺术的生存危机，“静态保护”固然重要，但作为生活性艺术，对民间艺术进行合理应用，为新生活服务乃至创造新文化，才是民间艺术保护的根本所在。

正因如此，国务院发布的《关于加强文化遗产保护的通知》(国发［2005］

42号），确立了民间艺术等文化遗产“保护为主、抢救第一、合理利用、传承发展”的保护指导方针。《中华人民共和国非物质文化遗产法》（2011）亦提出：“国家鼓励和支持发挥非物质文化遗产资源的特殊优势，在有效保护的基础上，合理利用非物质文化遗产代表性项目开发具有地方、民族特色和市场潜力的文化产品和文化服务。”其中，民间艺术产业化作为民间艺术当代应用的一种重要方式，属于民间艺术保护基础上“合理利用”的范畴，是民间艺术保护、传承与发展的一条重要途径。

（一）为民间艺术的保护、传承与发展注入需求动力

民间艺术产业化依托民间艺术资源，以市场需求为导向，成为连接民间艺术生产与消费的纽带，有助于将民众的消费需求反馈到民间艺术的生产环节，推动民间艺术在内容、形式、功能等方面的转换与创新，使其重新融入民众的日常生活，为民间艺术的保护、传承与发展注入需求动力。

如常州篦箕，旧社会民众生活卫生条件差，当时其主要功能是驱虫除垢，但现代社会“随着生活条件的日益改善，洗发、护发液层出不穷，专供除虫、去垢的篦子现已失去实用的价值。现在的主要用户为东南亚仍保留送葬、祭祀烧化梳篦风俗的华侨。随着该地区华人民俗的消亡，竹篦出口量逐渐递减”[①]。如今，常州梳篦厂生产的篦子通过功能、形式的转换，从驱虫除垢的卫生保健功能转向礼品、旅游纪念品的欣赏馈赠功能，适应了现代社会需求，获得了新的生机（图1－3）。再如，潍坊杨家埠年画、四川绵竹年画在产业发展过程中，创新开发出年画系列产品，如年画贺卡、挂历、卷轴画、画册等（图1－4），年画产品的功能从年节习俗中的节事用品逐步转换为现代社会中的礼品、旅游纪念品、家庭装饰品，其精品也进入了收藏领域，对接了当代民众的生活需求，获得了新的生存动力与空间。

---

① 吴琼：《常州梳篦》，化学工业出版社2009年版，第42页。

图1－3　常州木梳

图1－4　年画水杯

总之，民间艺术的“产业保护是一种消费型的物化保护，让人们寓保护、传承于享受当中，可以让文化变成活生生的、很亲近的具象文化。”[①] 因此，民间艺术产业化属于民间艺术“动态保护”的范畴，它通过对民间艺术的重新阐释和创新开掘，使民间艺术与当今民众的生活需要相联系，成为充满活力的“现在进行时”。

（二）为民间艺术的保护、传承与发展提供精神及物质驱动力

1. 民间艺术产业化带来民间艺术保护资金来源的多元化

我国民间艺术种类繁多、数量巨大且分布广泛，保护资金需求量巨大，民间艺术保护资金仅靠国家财政支持难以为继。民间艺术产业化实践表明，利用民间艺术发展民间艺术产业，可以充分调动社会资金投入到民间艺术的保护、开发之中。民间艺术产业发展所获取的经济收益又可以反哺民间艺术的保护工程，为民间艺术的保护提供可观而持续的经济支持，减轻国家负担，从而实现民间艺术开发与保护的双赢。

如丽江古城的旅游开发，在注重古城修复及基础设施建设、改善古城人居环境和旅游环境的同时，大力促进古城本土文化的保护和传承，加强对东巴文化、

① 白庚胜：《民间文化保护前沿话语——民间文化保护演讲录》，学苑出版社2006年版，第108页。

纳西古乐、民间工艺、传统服饰、节庆习俗的收集、整理、保护和传承。从2008年起，每年从“古城维护费”中由古城区和古城保护管理局安排1000万元的专项资金，用于丽江古城传统民族文化的挖掘、整理、传承和展示等保护工作。[①]丽江古城这种以“保护遗产带动旅游业，以旅游业发展反哺遗产保护”的实践，开创了一种以民间艺术为代表的文化遗产保护与开发良性循环的经营模式，为文化遗产的保护与开发工作提供了宝贵经验，被联合国誉为“丽江模式”广为推广。

2. 民间艺术产业化为民间艺术生产者带来的社会荣誉与物质收益

民间艺术产业化有助于改善民间艺术生产者的物质生活水平，提升其文化自豪感及保护、传承民间艺术的文化自觉性，从而为民间艺术的保护、传承提供精神及物质驱动力。

以四川绵竹年画制作大师陈兴才及其儿孙的年画制作为例。作为绵竹年画南派第六代掌门人，陈兴才自10岁就开始学习年画制作，并将一生精力都投入到了年画创作中。自从中青年时代成名之后，陈兴才带着全家三代八口，将年画制作逐渐发展成为种田养殖之外的一项重要产业，亦耕亦画地度过了大半生。历史上，绵竹年画曾有过辉煌的时期，鼎盛时一个县仅年画艺人就逾千人。但新中国成立后，随着农耕文明的消退，年画这一特有的民间艺术也逐渐走向衰落。靠制作年画维持生计的陈兴才已供养不起一家老小了，他只得放下画笔，提起锄头。二十多年前，陈兴才将自己的一手绝活教给了两个儿子。二儿子陈云禄由于制作年画的技艺出众，被绵竹市年画博物馆聘去专门负责对年轻艺人的技术把关。而大儿子陈云富却在十多年前，耐不住年画市场凄凉，改行做了木匠。“我80年代在街上卖一天年画，连饭钱都挣不回来，只得做木匠挣点养家钱。没想到今天年画又有人喜欢起来了。”为了弥补自己未承祖业的这份遗憾，陈云富态度坚决地要求儿子陈刚跟爷爷学习年画制作。2001年，在广州打工的陈刚被父亲强制召回时，还满腹怨气。现在，绵竹年画节带动起来的市场前景让陈刚看到了希望，他说：“我也想和爷爷一样，一生

---

①《联合国推广“丽江模式”》，2009年10月2日，http://paper.wenweipo.com/2009/10/02/CH0910020082.htm。

做年画。”[①] 如今，陈刚已成为绵竹年画圈内小有名气的人物，被誉为绵竹年画南派的第八代传人。对于为什么选择画年画作为自己的职业，他是这样想的：“感觉比较民间一点，能吸引我。我把它作为我的事业了，就是想把这种古老的传统文化继续传承下去，也是一种赚钱的方式，一年卖得了一万多块钱，在农村反正比打工要好。”[②] 由此可见，民间艺术产业发展为民间艺术生产者带来的可观的比较经济收益，为民间艺术的保护与传承提供了经济驱动力。

此外，民间艺术产业化可以起到宣传、教育和普及民间艺术的效果，有助于增进民众对民间艺术的认识，提升民众对民间艺术的文化认同感，扩大民间艺术的消费群体，为民间艺术的保护、传承与发展营造必要的社会文化空间。

二、提升文化创意产业民族文化内涵和竞争力的助推器

“创意有两种类型，文化创意和科技创意（通常称为科技创新）……文化创意和科技创意（创新）作为知识经济的核心，是提升产业附加值和竞争力的两大引擎。”[③] 可以说，文化创意与科技创新是文化创意产业发展的两大引擎。韩剧《大长今》通过对韩国饮食文化、医药文化、服饰文化等民族文化资源的深入挖掘与影视化阐释，极大提升了该剧的文化内涵，助其成功打入国际市场，并带动了韩国旅游、饮食、服饰、医药相关等产业的发展。相比之下，我国以影视业为代表的文化创意产业发展却缺乏对本土文化资源的深刻认知与有效利用，导致我国文化创意产业发展呈现出文化创意不足、民族特色不强、产业竞争力弱的态势。

同时，全球化时代，各国间的经济文化交流日益频繁，文化资源的占有主体日趋淡化和模糊化，文化资源呈现出全球共享的特征。我国优秀的传统文化资源反倒被美国、日本等发达国家利用，如美国迪斯尼和梦工厂拍摄的动画片《花木

① 沈泓：《绵竹年画之旅》，中国画报出版社2006年版，第164－170页。

②《绵竹年画：时代的最美印象》，2007年2月26日，http：//gb.cri.cn/1321/2007/02/26/542@1468749.htm。

③ 厉无畏主编：《创意产业导论》，学林出版社2006年版，第4页。

兰》《功夫熊猫》（图1－5），日本利用《西游记》开发的连环画、电影、卡通等，就是利用中国的传统文化，赚了个盆满钵满。自己的文化资源沦为他人的赚钱工具，此种“为他人作嫁衣裳”之举岂不可悲！但更可悲的是，若细究其产品内涵，我们可以发现，美国版的《花木兰》与《功夫熊猫》只不过是用形式化的东方外衣包裹了西方的文化内核，本土文化资源就这样被异国所解构、重组，最后将融入了西方文化意识形态的文化产品返销中国，赚取巨额财富。我们却由于缺乏民族文化自信、盲目崇外，将丰富的民族文化资源闲置，失去了对于自身文化进行阐释的话语权。

民间文化是中华文化之根。民间艺术作为民间文化的艺术载体，具有母体艺术的特性，可为我国文化创意产业发展提供特色文化资源，具有巨大的产业发展空间。但目前许多优秀的民间艺术资源却“养在深闺人未识”，甚至处于濒临消亡的危险境地，对我国文化创意产业发展而言，这无疑是一种巨大的资源浪费。民间艺术产业化将丰富多彩的民间艺术资源运用到旅游业、工艺品业、演艺业、设计业、影视业、动漫业等产业的产品开发中，可增强其地域、民族文化特色，提升我国文化创意产业发展的民族文化内涵和竞争力，获取对民族文化进行产业阐释的话语权，从而增强民族自信心和文化认同感，维护国家文化主权，提升国家文化软实力。

图1－5　美国动漫电影《功夫熊猫》

三、发展农村文化产业、促进乡村振兴的生力军

农业、农村、农民问题事关国家繁荣发展全局。党的十九大报告提出：按照“产业兴旺、生态宜居、乡风文明、治理有效、生活富裕”的总要求，实施“乡村振兴战略”是新学期做好“三农”工作的重要遵循，是决胜全面建成小康社会、全面建设社会主义现代化强国的一项重大战略任务。2017 年，中央“一号文件”强调要大力发展以休闲农业和乡村旅游为代表的农村文化产业，助推“三农”问题解决。民间艺术产业大部分属于农村文化产业的范畴，是农村文化产业的重要组成部分，对乡村振兴战略的实施具有重要的促进作用。主要表现如下：

（一）经济方面，民间艺术产业是乡村振兴的重要产业基础

民间艺术产业多属劳动密集型产业，利用民间艺术资源发展民间艺术产业，可以充分利用农村丰富的劳动力资源，解决农民就业，增加农民收入，推动农村经济发展，奠定乡村振兴的经济基础。

民间艺术产业以农民为生产主体，对生产的场所条件要求不高，且多为手工生产，需要大量的劳动力，属于劳动密集型产业。“据国家统计局 20 世纪 80 年代的统计数据，每百万元固定资产，重工业安排 94 人，轻工业安排 250 人，工艺美术行业可以安排 800 人。”① 由此可见，与其他产业相比，民间艺术产业在解决就业问题上有着明显的比较优势。“我国为农业大国，农村人口近 9 亿，占全国人口的 70%；农业人口近 7 亿，占全国产业总人口的 50.1%。然而，我国农村地少人多，有限的土地规模难以使农民达到充分就业，剩余劳动力只能通过兼业形式在非农领域实现自己的劳动价值。同时，现代农业生产鼓励集约化投

---

① 李砚祖：《物质与非物质：传统工艺美术的保护与发展》，《文艺研究》2006 年第 12 期，第 110 页。

入，提高单位土地的生产效率，实现规模化经济，也进一步突显了农村劳动力过剩的问题。”① 但是，这部分劳动力的闲置和转移却为民间艺术产业发展提供了必要的劳动力资源条件。

以民间手工艺为例，自古以来，手工艺生产就是我国农村重要的家庭副业，随着当前民间手工艺品在国内外市场的走俏，无数的手工艺专业村、专业镇、专业县在神州大地逐步成长起来（图 1－6），带动了农村手工艺产业的迅猛发展。

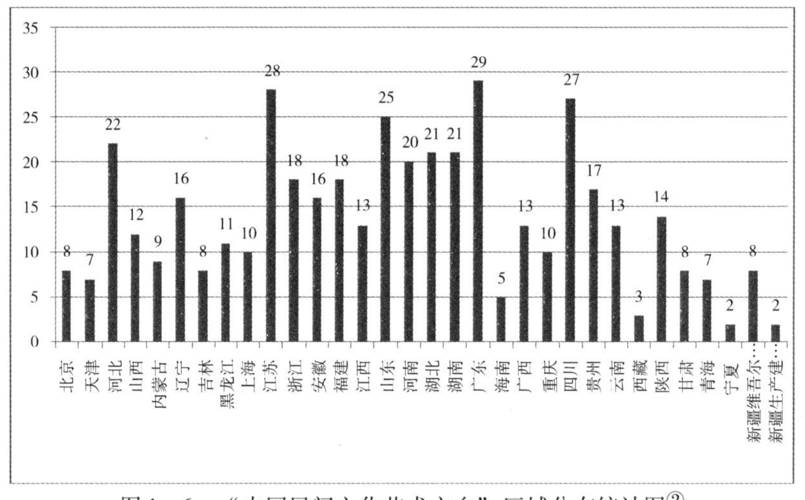

图 1－6　“中国民间文化艺术之乡”区域分布统计图②

① 潘鲁生、赵屹：《手艺农村——山东农村文化产业调查报告》，山东人民出版社 2008 年版，第 5～6 页。

② 我国作为四大文明古国之一，漫长而成熟的农耕文明、广阔的国土面积以及多民族共生共处的多元文化积淀孕育了多姿多彩的民间艺术。当前，神州大地上星罗棋布的“中国民间文化艺术之乡”即是鲜活的例证。根据《“中国民间文化艺术之乡”命名办法》（2007），“中国民间文化艺术之乡”是指在当地广泛开展的某种群众性文化艺术活动特色鲜明、成效突出，并对当地群众文化生活及经济发展产生较大影响的县（县级市、区）、乡镇（街道）和社区。命名周期为三年。2014 年，文化部组织开展了 2014～2016 年度“中国民间文化艺术之乡”的评审命名工作。经过评审，全国共有 442 个县（县级市、区）、乡镇（街道）被命名为“中国民间文化艺术之乡”（参见《文化部关于命名 2014～2016 年度“中国民间文化艺术之乡”的通知》）。此举有助于民间艺术的保护、传承与弘扬，推进基层公共文化服务体系建设，保障人民群众的基本文化权益，推动民间艺术产业的繁荣发展以及社会主义新农村建设。当前，我国民间艺术产业发展较好的地区多属“民间文化艺术之乡”之列。

手工艺产业发展带来的经济收益激发了农民群众从事手工艺生产的积极性，解决了大量农民群众的就业问题。例如临沂市临沭县柳编产业（图 1－7），柳编产业是临沭县具有传统优势的劳动密集型产业，现有杞柳种植基地面积 10 万亩，编织户 3 万多户，柳编产业从业人员 5 万多人，是解决农村剩余劳动力、带动贫困人口致富的阳光产业。临沭县因势利导，坚持把柳编产业作为务工就业扶贫、农业产业扶贫和电商扶贫的主攻方向，按照区域化种植，规模化发展，产业化经营和龙头大户连农户，农户基地的模式，实施柳编致富工程，拓宽了农民就业渠道。一亩白柳可收入 3000 元，编织加工后可增值 1 倍以上，从事柳编加工人均月收入 1500 元左右。同时，吸引农民进入柳编企业务工，人均月收入 2000 元以上。通过引导劳动密集型产业在农村设立加工点，推动柳编产业发展，让农户实现就地转移就业和居家灵活就业。目前，临沭县共扶持柳编扶贫加工点 1300 多个，已有 2 万多农户稳定脱贫致富。[①] 因此，逐步壮大的民间艺术产业有助于解决农民群众的就业问题，促进农民群众增收致富，优化农村产业结构，促进农村社会经济发展。

图 1－7　临沭县工艺美术大师杨进邦及其柳编作品

（二）文化方面，民间艺术产业是促进乡村文化振兴的有效途径

乡村振兴很重要的一个方面就是乡村的文化振兴。民间艺术产业在带动农民

① 参见朱孔正：《山东省临沂市临沭县柳编产业带动扶贫大发展》，2017 年 11 月 22 日，http：//www. sd. xinhuanet. com/sd/ly/2017－11/22/c_ 1121995902. htm。

增收致富的同时，可以丰富农民文化生活，提升农民文化素质，繁荣农村文化，增强农民对乡村文化的认同，提升其文化自信心与文化自豪感，保护、传承和发展传统乡村文化。

《中共中央办公厅、国务院办公厅关于进一步加强农村文化建设的意见》（中办发［2005］27号）指出，加强农村文化建设，是全面建设小康社会的内在要求，是建设社会主义新农村、满足广大农民群众多层次、多方面精神文化需求的有效途径，对促进农村经济发展和社会进步，实现农村物质文明、精神文明协调发展具有重大意义。同时，该《意见》进一步指出，我国农村文化建设仍存在“文化基础设施落后，现有资源尚未得到有效利用，文化体制不顺、机制不活，文化产品、文化服务供给不足，文化活动相对贫乏，城乡文化发展水平差距较大”等诸多问题。在物质生活水平日益提高的同时，农民群众的文化生活却依然存在着文化娱乐活动匮乏、形式单一等问题，农村文化建设仍未完全“脱贫”。

因此，加强农村文化建设，满足广大农民群众多层次、多方面的精神文化需求成为乡村振兴进程中亟待解决的问题。民间艺术产业发展在积极引导广大农民群众保护、传承传统民间艺术的基础上，通过培育农村文化市场，将其进一步发展为农村文化产业项目，创建农村文化产业基地，发展乡村旅游、民间艺术作坊加工业、民间演艺业等，贴近农民群众生产生活实际，使农民群众通过民间艺术产品的生产与消费，接受民间艺术的无声熏陶。同时，大力扶持民间职业剧团和农村业余剧团的发展，充分利用农闲、节日和集市等时机，组织花会、灯会、赛歌会、文艺演出等地方标志性民间演艺活动，丰富农民群众的精神文化生活，提升其文化素质，形成文明健康的生活方式和社会风尚，构建文明乡风。

（三）生态方面，民间艺术产业属于典型的“绿色产业”

发展民间艺术产业的核心要素是民间技艺、文化创意等无形生产要素，具有资源消耗低、可重复使用等特点。即使是需要耗费自然资源的民间工艺品类，除玉雕、紫砂、水晶、红木制品等需要消耗珍稀自然资源的民间工艺品类，其他民间工艺品的制作原材料大多为天然可再生资源，手工制作，具有就地取材、因地制宜、量才为用的特点，如泥塑、柳编、草编、棕编、麦秸秆画、芦苇画等（图1-8）。因此，民间艺术产业具有能耗低、无污染或者污染小、附加值高等特点，生态环保性强，是发展低碳环保的循环经济的重要途径。

此外，民间艺术产业化利用地域、民族特色鲜明的民间艺术资源，将其融入区域文化创意产业发展，还有助于构建区域经济发展的比较优势，打造区域经济发展新的增长点，提升区域文化软实力，增强区域综合竞争力。许多区域民间艺术产业已经成为地方文化创意产业的支柱或城市的象征名片，如景德镇的陶瓷、苏州的刺绣、杨家埠的年画（风筝）、广灵的剪纸、东阳的木雕、北京的景泰蓝、庆阳的香包、自贡的灯彩、吴桥的杂技、宝丰的魔术等。

图1-8　芦苇画·连年有余

{第二章}

我国民间艺术产业化的历程

民间工艺自古以来就与市场相连，具有较为鲜明的商品属性。当前，在我国民间艺术产业发展过程中，民间工艺产业占有很高的比重。笔者以民间工艺的产业化历程为主线，初步梳理分析我国民间艺术产业化的历程。通过纵向对比，以史为鉴，总结经验，分析不足，为当今的民间艺术产业化实践提供借鉴和启示，促进民间艺术产业的可持续发展。按照时代经济体制的不同，我国民间艺术的产业化历程大致可分为三个发展阶段：第一阶段指新中国成立之前的农耕经济时期，第二阶段指新中国成立至改革开放前的计划经济时期，第三阶段指从改革开放至今的市场经济时期。

第一节　农耕经济时期

民间艺术作为商品进行生产和交易在我国有着悠久的历史，主要由城镇职业民间艺人及农民以家庭作坊、家庭副业等形式开展生产经营活动。乡民以家庭为单位，在农闲时节制作一些手工艺品，如年画、风筝、灯彩、泥玩具、面馍、窗花等，拿到附近的集市或庙会上售卖，作为家庭副业，所得以贴补家用。游方艺人如捏面人、画糖饼、吹糖人、演皮影、剪花样者，在农闲时节到乡村、城镇中走街串巷，赶集市，迎庙会，云游四方。在城镇中则出现了专业的手工艺人和手工作坊，专事手工艺品的生产经营活动，如印染作坊、家具作坊、漆艺作坊、金属工艺作坊、陶瓷窑厂等。民间戏曲、曲艺等也早具有了商品的属性。“宋代都市中的瓦舍勾栏形成以后，民间戏曲艺人开始在勾栏内演出”[1]，清代则成为中国民间戏曲市场发展的鼎盛时期，戏曲几乎成为人们日常生活不可或缺的一部分。此外，“中国的说唱艺术历几千年之发展，经唐、宋，至于清代已达到鼎盛时期，其内容包括了评话、评书、弹词、琴书、大鼓词、道情等许多曲种。由于说唱艺术所固有的趣味性和娱乐性，因而拥有广大的听众和庞大的市场。其中尤以评书、评话和弹词市场最为发达。从城市到乡村，从高堂大宅到路边茅屋，几乎到处可见评弹艺人的身影”[2]。

民间艺术多源于民众生活的实际需要。村妇为家人制作的衣服、鞋帽、剪纸、面塑礼馍、绣花荷包，男人们所做的草编、柳编、竹编等生活日用品，岁时节日开展的赛龙舟、舞龙、舞狮、秧歌、傩舞等表演活动，基本以自产自用、娱神娱人为目的，不具备盈利性特征。如民间小戏作为流行于广大乡村和集镇，由农民自己创造并欣赏的土生土长的小型戏曲，其演出带有很强的季节性、业余化的特点。如“江苏常锡剧在农村的演出活动，也是季节性的。农村演戏主要是为了娱乐。农民看戏既不要花钱买票，班子里也没有职业演员。活动时间大都在农闲期间。到了生产季节，大家又散伙回家种田去”[3]。因此，虽然某些民间艺术早已走向市场，具有较强的商品属性，陶瓷等民间手工艺业也形成了较大的规模，但作为自给自足的自然经济的产物，大多数的民间艺术功能以自产自用、自娱自乐为主，民间艺术生产往往带有业余性、自娱性、季节性的特点，不具有商品交换属性。

此外，即使那些早已走向市场，具备了商品属性的民间艺术，在新中国成立前的漫长历史时期，其生产、消费规模亦十分有限，以个人及家庭为单位的作坊式生产为主，消费群体多为本乡本土民众，呈现出分散、个体化、小规模的生产、消费特点，且生产往往具有一定的时空节律性，不具备规模化、连续性、大众化的产业化生产、消费特征。文化产业要求文化产品的生产、消费应具有规模

① 王毅：《中国民间艺术论》，山西教育出版社2000年版，第274页。
② 李向民：《中国文化产业史》，湖南文艺出版社2006年版，第276～277页。
③ 张紫晨：《中国民间小戏》，浙江教育出版社1996年版，第132页。

化、标准化、批量化、大众化等特点。因此，严格来讲，新中国成立前的民间艺术商品经济发展尚不属于现代意义上的民间艺术产业，而仅仅具备了民间艺术商品经济的初级形态，是民间艺术产业发展的最初萌芽阶段。

就手工艺业的发展而言，辛亥革命之后至20世纪30年代中期，“随着自然经济结构的溃散，商品经济和都市文明不断将新的文化因素注入古老的民间文化中。故民间工艺商品化、平民化的分化趋势在这一时期日益明显，这一点主要展现在沿海地区和大都市的周围地区。这一部分民间工艺逐渐失去质朴粗放的乡土品质，日趋精巧工细、谨严雅致。而在现代文化势力尚未够及的广大内陆腹地，民间工艺仍按其自身规律生息发展，并保持着非商品的性质和原有的美学特征”①。抗日战争爆发后，时局动乱，战火纷飞下的民间手工艺业的生存环境日益恶化，民间手工艺品的“内外销路中断，手工艺人为生活所迫不得不改行转业或流离失所。在大后方，传统工艺虽尚有生产，其境况亦十分惨淡。抗战胜利后，国内政局不稳，国民党政府无暇顾及恢复生产，传统工艺凋零不堪，处于奄奄一息，自生自灭的状态。”②

第二节　计划经济时期

新中国的建立标志着手工艺业进入了一个新的历史发展阶段。在政府的支持和帮助下，经过生产体制的社会主义改造，一批具有典型示范作用的手工艺生产合作组织建立起来，许多业已停产的传统手工艺经过挖掘和扶持又恢复了生产。总体而言，新中国成立之后至改革开放之前的计划经济时期，我国手工艺业的发

---

①《中国大百科全书》总编辑委员会：《中国大百科全书·美术Ⅱ》，中国大百科全书出版社2003年版，第1123页。

②《中国大百科全书》总编辑委员会：《中国大百科全书·美术Ⅱ》，中国大百科全书出版社2003年版，第1123页。

展大致可分为两个阶段，即新中国成立初期的恢复发展期（20 世纪 50 年代至 60 年代中期）与“文革”时期（20 世纪 60 年代后期至 70 年代中期）的低谷期。

20 世纪 50 年代至 60 年代中期，我国手工艺业发展经历了一个难得的复兴期，并成为当时国家出口创汇的重要行业。这一时期，在政府的重视和支持下，手工艺生产逐渐恢复。手工艺业经过社会主义改造，一部分手工艺企业成为国营企业，大多是集体所有制企业，由此形成了“以集体所有制经济形式为主体、城乡结合、专业生产与副业加工结合的生产体系”①。

具体而言，“1953 年 11 月，中华全国合作总社召开会议，提出经过合作化道路，把手工业分散的个体小生产变为集体生产，逐步实现半机械化或机械化。农业合作化的热潮，推动了手工业合作化，到 1956 年底，全国参加生产合作社（组）的手工业者达到 91.7%，个体手工业的社会主义改造基本结束”②。国家通过合作化制度对手工艺生产所进行的社会主义改造，使得手工艺“原本分散的、家庭作坊式生产模式逐渐被集体所有制的合作社取代，由国家统购统销。生产力、生产关系的改进，调动了手工艺生产者的积极性，也刺激了手工艺产业的迅速发展。1952～1956 年四年时间，手工艺生产出口总额由建国前的几万美元迅速上升到 2.44 亿元人民币”③。新中国成立初期，手工艺生产通过出口换汇为新中国经济建设做出了巨大贡献。

1958 年以后，手工艺合作社逐渐转轨为国营企业或下放到人民公社，背离了手工艺业的生产规律，在一定时间内影响了手工艺业的发展。“受‘大跃进’和人民公社化运动的影响，全国各地在手工业集体经济中掀起一股‘转厂过渡’的浪潮，造成工艺美术合作组织四分五裂、管理混乱。浪潮之后，不少企业背离传统工艺生产特点，强调生产集中，盲目扩大企业规模或改产转向，致使生产受

---

① 李砚祖：《物质与非物质：传统工艺美术的保护与发展》，《文艺研究》2006 年第 12 期，第 108 页。

② 李向民：《中国文化产业史》，湖南文艺出版社 2006 年版，第 357 页。

③ 潘鲁生、赵屹：《手艺农村——山东农村文化产业调查报告》，山东人民出版社 2008 年版，第 6～7 页。

损，产品锐减。60 年代前期，传统工艺生产领域的失误逐步得到纠正，生产又趋恢复和发展。”①

以上海工艺美术业为例，“1958～1966 年，上海工艺美术行业进行两次大调整。第一次是 1958～1961 年，通过裁并改组，把原有 126 家生产合作社（组）调整为 28 家地方国营工厂，从业人员 5797 人。横机编织、抽绣和绣品等 60 余家企业、8000 余个职工归口到纺织系统，或下放到郊县农村人民公社。第二次为 1962～1966 年初。1962 年市手工业局恢复建制，工艺美术行业从上海市轻工业局所属的上海体育文娱工艺美术工业公司分出，成立上海市工艺美术工业公司。公司建立后，根据产品技艺特点，分出艺术雕刻、木器雕刻、金属饰品、绣品、编结、民族乐器、戏剧用品、文教用品、刻字和其他艺术品等 10 个自然行业。1964 年，为贯彻国民经济‘调整、巩固、充实、提高’的八字方针和‘手工业三十五条’，上海工艺美术行业将 1958 年过渡为全民所有制的 28 家地方国营工厂，退回到集体所有制的生产合作社（自负盈亏的‘小集体’），后又分批改为合作工厂（统负盈亏的‘大集体’）”②。

20 世纪 60 年代后期至 70 年代中期，“文化大革命”使我国的手工艺产业遭到了严重的破坏和损失。“传统工艺和民间工艺在那个年代被斥为‘封、资、修’或‘复古倒退’而禁止生产，大量库存的所谓‘帝王将相，才子佳人’工艺品被砸烂销毁。日常生活用品粗制滥造，简陋不堪；产品的造型与装饰毫无设计可言，千篇一律的语录口号、单调至极的诠释性图案使生活器物沦为政治宣传的工具。”③

---

①《中国大百科全书》总编辑委员会：《中国大百科全书·美术Ⅱ》，中国大百科全书出版社 2003 年版，第 1123 页。

② 李向民：《中国文化产业史》，湖南文艺出版社 2006 年版，第 358 页。

③《中国大百科全书》总编辑委员会：《中国大百科全书·美术Ⅱ》，中国大百科全书出版社 2003 年版，第 1124 页。

第三节　市场经济时期

当代中国的手工艺产业伴随改革开放而产生，发展壮大于建立社会主义市场经济体制与推进第三产业发展的20世纪90年代。总体观之，市场经济时期的手工艺产业大致分为两个发展阶段，即20世纪70年代末至90年代中期与20世纪90年代中期至今。

20世纪70年代末至90年代中期。70年代末改革开放后，手工艺产业在新时期改革开放的社会环境中，逐步恢复和发展起来。尤其是20世纪80年代，随着对外开放，手工艺品出口量倍增，手工艺产业取得了快速发展。“全行业产值从1975年的20亿元至1978年突破至30亿元，1980年已达到47亿多元，出口34亿元，换汇13亿美元，比1952年增长近47倍。1981年，产值达53亿元，换汇突破15亿美元。至1983年产值达53.4亿元，出口仍然是生产的主要导向。”①这一时期，手工艺生产再次承担了为国家换取外汇的重任，并及时向海外传递国家复兴的讯息。

20世纪90年代中期至今，手工艺产业经过生产体制改革，进入了一个新的发展阶段。

一方面，由于手工艺产量和生产企业的不断扩张，出口竞争加剧。同时随着国内社会经济的快速发展，人们的消费需求结构逐渐由生存型向发展享受型转变，手工艺品以其特有的审美价值备受消费者青睐，手工艺品的国内市场需求量不断增加，国内市场逐渐兴起。“改革开放初期，国内市场对工艺美术的需求开始不断增长，1983年全国工艺美术内销产值达到23.96亿元，比1952年的6573

① 李砚祖：《物质与非物质：传统工艺美术的保护与发展》，《文艺研究》2006年第12期，第108页。

万元增长了35倍。20世纪90年代后期，国内市场对工艺美术的需求更为强劲，紫砂壶、木雕、艺术陶瓷、玉器、首饰、硬木家具等产品，国内需求量已超过外销，不少早先出口的工艺产品现在通过拍卖等方式已开始回流至国内市场，而这一趋势仍在持续。”[①] 国内市场需求的不断升温给手工艺产业带来了巨大的发展机会和市场空间。

另一方面，随着我国社会主义市场经济体制改革的深入进行，手工艺国营、集体企业进入了一个转制转型的高速发展期。手工艺自身的行业特点比较适合个体、小企业的生产经营模式，因此一般转制成民营或个体企业。同时，很多国有、集体企业的员工流散后，自主创业，由此产生了相当多的新型民营或个体手工艺企业。以福建莆田市的木雕产业为例，“莆田市是我国木雕工业的重要产地，有上千家民营、个体企业从事木雕生产，从业人员达10万人，产值500万元以上的企业20多家，1000万元以上的企业10余家……这些企业的主要技术人员，是原莆田工艺雕刻厂的职工，企业倒闭以后，大家都出去创办企业。这种现象在全国是普遍的。如北京玉雕厂原来是中国玉雕企业的龙头企业，现在不少工人自己创办了企业”[②]。

由此，伴随着手工艺产业的蓬勃发展，民营、个体企业成为手工艺产业的主体，手工艺企业的所有制结构呈现出多样化的发展态势，“由原来的单纯国营、集体所有制发展为国有、国有控股、集体、民营、个体等多种经济成分在内”[③]的手工艺生产新格局，手工艺生产的数量、品种、产值、企业数量均有了相当大的发展。进入21世纪以来，在非物质文化遗产保护和文化产业发展的时代背景下，手工艺产业的发展日受重视，手工艺产业随着体制改革和民营企业的发展进入了一个新的发展时期，甚至成为地区性支柱产业。如“福建惠安县是我国著名的石雕艺术之乡，石雕产品年产值近百亿元，从业人员10万余人，形成园林石

---

① 李砚祖：《物质与非物质：传统工艺美术的保护与发展》，《文艺研究》2006年第12期，第110页。

② 胡显章、曹莉主编：《艺术、科学与文化创新》，清华大学出版社2010年版，第74页。

③ 李向民：《中国文化产业史》，湖南文艺出版社2006年版，第378页。

雕、建筑构件、碑石、器具、工艺品5大类3000多个花色品种的大产业，同时带动了石材机械制造、交通、服务等相关产业的发展；福建德化县是全国艺术瓷最大的生产出口基地，8万人从事生产，年产值55亿元；山东临沂柳编工艺产业年产值48.8亿元，15万人从事生产，2007年为农民带来收入10亿元；江苏东海县水晶工艺品销售收入占全县财政收入的40%；江苏吴县镇湖镇，刺绣生产占全镇工农业总产值的60%以上……”①

综上所述，民间艺术作为自给自足的自然经济的产物，在新中国成立前的漫长历史时期内，大多数的民间艺术功能以自产自用、自娱自乐为主，不具备商品化的盈利性特征。即使那些早已走向市场，具有了商品属性的民间艺术，其生产、消费规模亦有限，呈现出分散、个体化、小规模的生产、消费特点，仅仅具备了民间艺术商品经济的初级形态，是民间艺术产业发展的最初萌芽阶段。新中国成立初期的20世纪50年代，国家通过合作化制度对手工艺生产进行社会主义改造，原本分散的、家庭作坊式的生产模式大部分被集体所有制的手工艺生产合作社所取代，手工艺生产得到了恢复与发展，手工艺产业迎来了历史上的第一次发展热潮。“文革”时期，手工艺产业发展陷入低谷。改革开放初期的20世纪80年代，国家对外开放，手工艺产品出口量迅速增加，手工艺产业得以快速发展，迎来了第二次发展热潮。20世纪90年代中后期以来，随着国内市场的升温及手工艺企业改革转制的深入，手工艺企业所有制结构呈现出国有、国有控股、集体、民营、个体等多样化的发展态势。特别是新世纪以来，在非物质文化遗产保护和文化产业繁荣发展的时代背景下，手工艺产业发展进入了一个新的发展时期，迎来了第三次发展热潮。手工艺产业在国民经济中的地位和贡献日趋重要，甚至成为某些地区的支柱产业。

此外，新世纪以来我国手工艺产业所迎来的第三次发展热潮与20世纪50年代、80年代的两次手工艺生产热潮相比，有着与前两次完全不同的性质与意义。

---

① 潘鲁生、赵屹：《手艺农村——山东农村文化产业调查报告》，山东人民出版社2008年版，第8页。

20 世纪 50 年代的第一次发展热潮，“是用‘刺绣剪纸换拖拉机’，即在新中国成立不久，民间手工艺人用生产自救的方式组织小规模的手工艺品生产，为国民经济的恢复和重建争取了宝贵的时间和空间，甚至通过批量化的手工艺产品出口换汇，换来了发展大工业生产所急需的技术与设备”①。20 世纪 80 年代的第二次发展热潮，则是“为了打破国际经济交往与文化交流的僵局，民族民间工艺品作为最具民族文化象征性的商品，频频走出国门，传递中国经济重建与文化复兴的信息。20 世纪 80 年代末与 90 年代初，民族民间工艺生产的活跃是那个特殊历史条件下特定的社会需要的产物”②。但是，这两次手工艺产业的发展热潮都有其相对的时代局限性，“它们都是一种服从于、服务于短期经济需要与政治需要的替代性政策产物，一旦国家经济恢复、工业建设全面展开，人力与资金就会被吸引到其他领域，民间工艺生产很容易陷入困境，20 世纪六七十年代以及 90 年代之后出现的民间工艺‘空壳化’局面正反映了这种客观的规律”③。

20 世纪 90 年代中后期尤其是 21 世纪以来，手工艺产业的发展则被纳入了文化产业发展的范畴，其价值和社会经济环境发生了巨大的变化，有着与前两次手工艺生产热潮完全不同的经济与文化含义。被纳入文化产业发展范畴的手工艺产业，已不再是一种服务于短期经济需要与政治需要的替代性政策产物，而是在工业社会中因其文化价值而被社会所肯定，而其文化价值的肯定又源于社会各界对民族民间文化的文化自觉。手工艺的经济价值也因其富含的人文与情感价值而得以突显，政府及社会发展手工艺产业的积极性由此产生，手工艺产业迎来了第三次振兴的历史契机。文化产业快速发展背景下，以文化保护与弘扬为目标，以经济效益为杠杆，对民间艺术加以挖掘和利用，发展民间艺术产业，是对时代要求的积极响应。

---

① 许平：《文化创意产业格局下的工艺美术再思考》，许平：《青山见我》，重庆大学出版社 2009 年版，第 126 页。

② 钟福民：《创意产业视域中的民族民间工艺》，《云南艺术学院学报》2010 年第 3 期，第 76 页。

③ 钟福民：《创意产业视域中的民族民间工艺》，《云南艺术学院学报》2010 年第 3 期，第 76 页。

{第三章}

民间艺术产业化的符号消费理论阐释

从符号消费理论角度，基于民间艺术当代符号价值的分析，探究当今消费社会背景下“民间艺术何以能产业化”的理论依据，一方面可为民间艺术产业化路径规律及产业化语境中民间艺术传播问题的探讨提供前提和基础；另一方面，有助于彰显民间艺术符号价值在文化产业发展中的重要作用，为民间艺术产业的可持续运营提供科学指导。

第一节　符号价值：文化产业发展的内驱力

随着社会的进步、时代的变迁，人类社会正逐步告别商品稀缺、奉行适度与节俭生活方式的生产社会，进入到商品丰裕、刺激消费、讲求生活方式个性化的消费社会。消费社会时代，人们除了消费商品的使用价值，愈加注重对商品符号价值的消费。当前，商品符号价值重要性的凸显已成为文化产业发展的重要内驱力。

一、符号消费与符号价值

科技的进步及社会经济的发展使人类告别了物品短缺的时代，物质的极大丰盛催生了消费主义的盛行，人类进入了消费社会时代。针对人们的需要层次问题，美国心理学家亚伯拉罕·哈罗德·马斯洛提出了著名的“需要层次论”。他

"将人类需要从低级到高级依次分为五个层次，即生理需要、安全需要、社交需要（爱与归属的需要）、自尊需要、自我实现需要，认为人类只有在低一层次的需要得到满足时才能产生高一层次的需要"[①]。随着时代的发展，人们的收入及闲暇时间日渐增多，受教育水平和文化素质不断提高，人们的消费需求在总量不断扩张的同时，消费结构也逐渐升级，呈现出由生存型消费向发展型和享受型消费过渡的发展态势。人们对商品的消费需求从关注其物质功用性逐渐转向其所能满足消费者心理消费需求的精神功用性。

针对这种消费现象，符号消费理论应运而生。其中，法国社会学家鲍德里亚运用符号学理论阐释了消费社会的特征，他认为："消费社会的新特征正在深刻地改变着人们消费的内容与性质。从内容上，消费社会中，商品的使用价值已经退居次要地位，而让位于商品的交换价值与符号价值。人们对商品的消费越来越多地表现在对其形象及情感体验的消费上，更多地注重商品形象带来的情感体验。在性质上，人们的消费行为中，消费的性质日益与人的本性、文化和社会建构产生密切的联系。"[②] 也就是说，消费社会时代，人们在消费过程中，除消费商品本身以外，更重要的是对其象征性符码意义的消费，亦即对其符号价值的消费。人们对商品的消费已经逾越了它的使用价值，开始追求附着在商品上的符号价值，以此来表现其个性、品位、情趣、社会地位等，人类社会已经进入符号消费的时代。

二、符号价值：文化产业发展的内驱力

文化产业的发展主要得益于两大因素，即科技创新与文化创意。现代科技发展日新月异，有力推动了文化产业的快速发展，为文化产品的生产提供了丰富的物质载体和先进的技术手段。但是，当科技发展到一定程度，不能再使文化产品

① 李宝元编著：《组织行为学通论》，清华大学出版社 2008 年版，第 124～125 页。

② 李昕：《论非物质文化遗产保护产业化运作的可能性——从非物质文化遗产的符号价值谈起》，《贵州民族研究》2008 年第 2 期，第 70 页。

在生产技术方面取得显著的差异化优势时，产品内容与形式的文化创意就显得愈加重要，也就是说，文化产品符号价值的生产开始在文化产业发展中占据核心地位。

具体而言，"文化产业是现代社会以工业化的方式生产文化符号以满足精神消费需要的产业，以文化符号的积累、生产、交换和消费为主线，按照产业发展链条的不同环节，可以将其区分为'文化意义本身的生产与再生产'、'负载文化意义的产品的复制与传播'以及'赋予一切生产活动和产品以文化标记'三重圆圈，从而构成现代文化产业群的整体面貌"①。这体现了文化产业相较于一般产业的特殊性，即文化产业生产的主要不是满足消费者物质实用性需求的物质产品，而是满足消费者精神消费需求的文化符号性产品或服务。

文化产业生产的文化产品主要满足人们的精神文化需求，其价值主要由两部分组成，即内在的文化价值和外在的载体价值。相对于其所依附的物质载体价值，如电影光碟、书籍纸张的费用，其内在精神文化内容所体现出的符号价值才是文化产品的核心。因此，一定的时空条件下，当科技手段的运用不能使文化产品在生产技术方面取得差异化优势时，文化产品的价值增值就主要集中在其符号价值的生产上，即内容的文化创意上。文化产品的符号价值具有虚拟性和符号化的特征，可以通过科技、文化创意等手段转移、嫁接到其他商品之上，赋予商品以特定的文化内涵和象征意义，提升其文化附加值。此外，文化产品符号价值生产所使用的文化资源，有别于一般物质产品生产中使用的耗损性物质资源，具有重复使用性和较强的可再生能力，这使得文化产业体现出强盛而持久的生命力。

总之，消费社会时代，除了消费商品的使用价值，人们愈加注重对商品符号价值的消费，商品符号价值重要性的凸显已成为文化产业发展的重要内驱力。

① 叶取源、王永章、陈昕主编：《中国文化产业评论》第1卷，上海人民出版社2003年版，第43～44页。

第二节　民间艺术的符号价值

符号消费时代，民间艺术作为民族文化的典型代表、母体艺术和吉祥艺术，其所具有的独特符号价值满足了民众回归传统、寻求情感慰藉、追求幸福生活的消费需求，具有深厚的社会基础与广阔的市场空间。这为民间艺术的产业化运作奠定了基础，使其成为文化产业发展可资利用的重要文化资本。

一、民间艺术是民族传统文化的典型代表

全球化时代背景下，我们的民族文化在受到外来文化强势冲击的同时，民众的民族情感也空前迸发，文化自觉意识高涨，人们开始回首展望并重视传统民族文化，出现了唐装热、中国结热、民俗旅游热等传统文化热。民间艺术作为民族民间文化的代表性符号，在人们的衣食住行、人生仪礼、岁时节令、精神信仰等方面体现着中华民族独特的文化观念、审美意识和集体情感，是民族精神、民族情感的重要载体。在当前这个呼唤传统回归的时代语境中，人们对包括民间艺术在内的民族民间文化的重视与回归，为民间艺术的产业化运作提供了需求动力。

当代消费社会，人们对产品的消费更为强调对其符号价值的消费，通过对产品的使用而显示消费者的社会区分与联系是产品符号价值的重要内涵，从而使得当代产品呈现出符号化的特征。民间艺术“虽然土气、虽然朴拙、虽然粗犷、虽然简单，但它们本色、纯真、自然、憨厚、坦诚、原始、刚劲、深沉、宽远，与现代的生活场景如电冰箱、电视机、高档家具、明星画像、彩色窗帘、摩登陈设、时髦装饰共存，则使洋的更洋，土的更土，土到极处俗到家，便显出一派古香古色的高雅大气，丰富了生活的色调，增加了精神的蕴涵。因

此，民艺作品每每也成了拥有者的文化修养、生活境界、审美情趣的表征，成了新时代的风雅物”[①]。民间艺术这一独特的符号价值使其获得了鲜活的时代生命力。

二、民间艺术的文化调节与情感补偿功能

民间艺术具有疗治工业文明、科技理性及商品经济对人的异化的文化调节与情感补偿功能，有助于满足工业社会中民众高情感的精神消费需求。

其一，工业文明在带给人们丰裕物质生活的同时，也使人们的精神生活陷于相对贫乏之中。“体现科学世界观和技术理性精神的现代文化结构，日益趋向理性化，以致‘神性’、‘感性’不断被驱逐，不断被压抑。这种偏执的结构，使工业文明现实暴露出工业生产方式难以自赎的严重缺陷。”[②] 人离异于自然和身心的现象愈加明显，人的感性和理性失衡。对此，思想家阿尔贝特·史怀泽认为：“我们的文化正处于严重的危机之中……它的物质发展过分地超过了它的精神发展。它们之间的平衡被破坏了。”[③] 而系统论创始人贝塔朗菲则更为直截了当地指出：我们已经征服了世界，但是却在征途的某个地方失去了灵魂。[④]

但是，科技本身是无法解决人的精神世界的问题的，科技时代的精神问题不会随着科技的发展而自行消失。未来学家约翰·奈斯比特在其《大趋势》一书中就指出：“以为技术能解决一切问题，是一种不正确的想法。失去了高技术与

① 胡潇：《民间艺术的文化寻绎》，湖南美术出版社 1994 年版，第 7 页。

② 吕品田：《衰落与蜕变——百年中国民间美术态势思考》，《文艺研究》2000 年第 2 期，第 104 页。

③［德］阿尔贝特·史怀泽：《敬畏生命》，陈泽环译，上海社会科学院出版社 1995 年版，第 43～44 页。

④［奥］贝塔朗菲、［美］拉威奥莱特：《人的系统观》，张志伟等译，华夏出版社 1989 年版，第 19 页。

深厚感情的平衡，令人烦恼的失调现象就会产生。”[①] 而“我们的社会里高科技越多，我们就越希望创造高情感容量的环境……民间艺术恰好与电脑社会相平衡，难怪手工做的被单那么受欢迎”[②]。也就是说，随着工业社会各类“现代文明病”的产生与加剧，人们急需饱含高情感容量的文化产品。

民间艺术源发于日常生活世界，具有母体艺术的特性，凝聚着纯真质朴的人类情感，现代人浮躁的心灵可以借此得以栖息。此外，民间艺术具有手工性质，而人手乃自然之造化，手与精神相连，“手工是自然的、人性的最好表现”[③]。因此，民间艺术与人的丰富情感和自由意志的表达紧密相连，有助于解决工业文明中人的异化问题，具有向民众提供广泛精神关怀的文化调节和情感补偿功能，以实现人的感性和理性的平衡。

其二，在物欲横流的商品经济环境中，物欲文化腐蚀了人们的美好心灵。商品经济时代，物品异常丰富，包括文化产品在内的各种消费品在连续不断地、日渐加快地被新的物品所取代，但其表面上的标新立异却难掩内在的贫乏。“它们失去了独一无二的价值和真实的内涵，而沦为随用随丢的‘纸巾’。这种不顾疲劳的信息轰炸和信息转换，在审美方面加倍地引起了人们的心理疲劳，人们畏惧这喧嚣的节奏和恐怖的速度，转而追求着失去了的宁静和悠缓，乞求把人与审美形象的对象性关系由越来越短暂变得越来越久远些。”[④] 源发于自然经济环境的民间艺术，纯朴、恬淡、充满人性温馨的精神气质，犹如人类精神小憩的一叶扁舟，能在一定程度上帮助人们缓解商品异化的失落和金钱役使的痛苦。由此，人们在厌倦了物欲横流的商品文化之后，转而在拙朴、纯真的民间艺术中找寻往昔的宁静，达到一种精神调试和情感抚慰的效应。

---

① 吕勤、徐施：《旅游心理学》，北京师范大学出版社2010年版，第76页。

② 刘连旺：《民间艺术》，河南大学出版社2005年版，第17页。

③ ［日］柳宗悦：《工艺文化》，徐艺乙译，广西师范大学出版社2006年版，第85页。

④ 胡潇：《民间艺术的文化寻绎》，湖南美术出版社1994年版，第16～17页。

三、民间艺术是吉祥文化的艺术载体

作为民俗观念的载体，民间艺术很重要的一个主题就是表达了民众恒久普遍的求生、趋利、避害的吉祥观念，在娱神、娱人、娱天、娱地的喜庆氛围之中寄托了民众对美好生活的向往与追求。例如，民间艺术善于运用象征主义的思维和表达方式来对待或处理各种生活问题，创造了大量的吉祥图案，以祈求福寿安康、子孙兴旺等。这些吉祥图案按照题材可分为多种类型：动物类，如龙、凤、麒麟、象、狮、虎、马、羊、鹿、鱼、鸳鸯、仙鹤、喜鹊、蝙蝠等；花草类，如牡丹、莲花、菊花、灵芝、石榴……这些飞禽走兽和花卉除了可以单独作为吉祥图案，还可以组合成具有相对固定模式的吉祥图案，如马上封侯、太平有象、鹿鹤同春、喜上眉梢、连年有余等（图 3－1、图 3－2），反映了人们对幸福生活的追求与期盼。

图 3－1　马上封侯（剪纸）

图 3－2　连年有余（年画）

虽然随着时代的变迁，民众的生产生活方式在不断变化，但其对美好生活的期盼心理却不会改变。因此，作为吉祥文化的艺术载体，民间艺术的吉祥文化主题及独特的审美价值，契合了民众追求美好生活的心理需求，具有恒久旺盛的社会需求与广阔的市场空间，是民间艺术产业化应用的心理基础和重要驱动力量。

第三节 产业化语境中民间艺术符号价值的实现路径

消费社会时代，民间艺术产业化其实就是利用民间艺术独特的符号价值对其进行产业化运作，开发满足当今民众需求的民间艺术产品或相关文化产品。具体而言，文化产业语境中，民众的消费需求通过市场反馈给民间艺术的生产经营者，民间艺术的生产经营者据此利用民间艺术的符号价值，开发满足当今民众消费需求的民间艺术产品及相关文化产品。由此，民间艺术的符号价值借助民间艺术的产业化运作得以实现（图 3－3）。

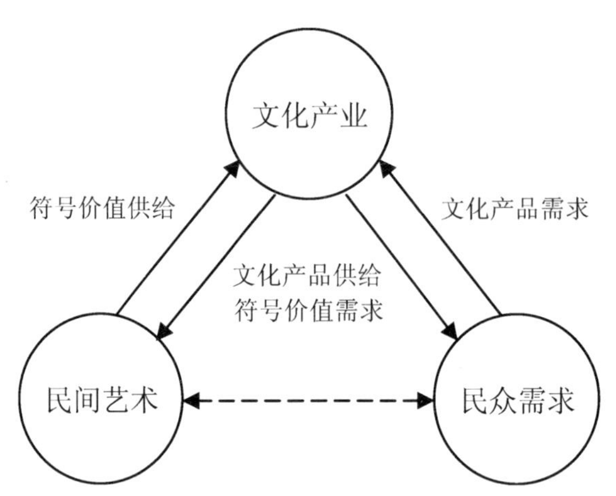

图 3－3　文化产业语境中民间艺术符号价值的实现过程示意图

概括而言，文化产业语境中，民间艺术的符号价值主要存在两条实现路径：

一、民间艺术符号价值的直接实现

民间艺术符号价值的直接实现，指民间艺术自身作为文化产品直接进入市场，进行产业化运作，实现其符号价值。但这需要以民间艺术自身能满足产业化运作所需的规模化、批量化、标准化、大众化的生产与消费条件为前提。

例如，甘肃庆阳香包文化产业。① 庆阳市位于甘肃省最东部，地处黄河中上游的黄土高原，是陕甘宁三省的交会处。庆阳香包文化悠久，文化积淀深厚。2002 年，庆阳市被中国民俗学会命名为“香包刺绣之乡”。庆阳香包以其古拙质朴、富有原始文化遗存和手法奇特而区别于国内其他香包，类型大体有头戴型、肩卧型、胸挂型、背负型、脚蹬型五种（图 3－4）。

图 3－4　庆阳刘兰芳香包（五毒大螃蟹挂件、七夕鸳鸯摆件）

近年来，庆阳市大力发展以香包为代表的民俗文化产业，逐步形成了以香包刺绣为主的民俗文化产业集群，开发模式主要有：“公司加农户模式”——

① 参见王宏刚等：《新时期的民间信仰》，黑龙江教育出版社 2013 年版，第 286～296 页。

以公司为龙头，集研发、设计、生产、收购、销售于一体，实行规范定型，订单作业，农户加工，批量生产，逐步形成规模化、专业化、产业化的发展格局；“能人带动农户模式”——在民间艺术能人的带动下，形成各具特色的文化生态村，一批香包刺绣村、道情皮影村、剪纸雕塑村、秦腔头帽村已粗具规模。

据不完全统计，庆阳市已有香包、刺绣、剪纸、雕塑等专业村 276 个，年销售收入在 100 万元以上的产业基地 39 个。正宁县已有 6 个乡镇建立了 30 个龙头企业，带动 5000 多户发展香包产业。香包工艺，作为第一批国家级非物质文化遗产保护项目，已成为庆阳文化产业的核心，并同当代人的审美与保健需求结合，研究开发出了岐黄保健、中医养生、传统民俗、时尚礼品等系列香包产品，组织中医专家开发研制了医疗保健香包香料配方 10 类 26 种，体现了“庆阳香包一中国香道一中国千年养生之道”的核心价值。

自 2002 年至今，庆阳已举办了十六届“中国庆阳香包民俗文化节”，极大地促进了庆阳民俗文化的保护传承与产业发展。以庆阳香包、刺绣、民间剪纸、道情皮影、陇东民歌为代表的“庆阳五绝”，已成为民俗文化产业的知名品牌，带动了草编、根雕、泥塑、石雕、面艺、戏剧服装道具、艺术壁挂等工艺美术门类的发展。庆阳已被中国民俗学会、中国民间工艺美术专业委员会等学术团体和中央美术学院、清华大学美术学院等全国著名高等院校确定为中国民俗文化及民间工艺美术调研基地、中国民俗艺术教研基地。

二、民间艺术符号价值的间接实现

民间艺术符号价值的间接实现，指将民间艺术蕴含的丰富独特的、具有文化示差作用的造型、图案、色彩、音乐、舞蹈等文化符号提炼出来，创意性地附加到演艺业、旅游业、设计业、影视业、动漫业等产业的产品之上，提升其文化附加值，进而提升其市场价值与竞争力，民间艺术的符号价值借此得以间接实现。这为民间艺术的符号价值提供了新的实现载体，有助于扩大民间艺术在当代社会的传播渠道与空间，并助推民间艺术产业价值链的延伸，实现民间艺术产业的价值最大化。

例如，济南兔子王。白面、红唇、长耳，兔面人身，披红袍盔甲，手持捣药棍儿，后插背旗，威严中透着俏皮，憨态可掬，这就是极具济南文化特色的兔子王。兔子王曾是与月饼、水果并称为老济南中秋节不可或缺的“三大件”，每逢农历八月十五，人们都会在院里摆上供桌，上置兔子王、月饼及时令水果进行祭月，虔诚祈祷全家幸福平安（图3－5）。

图3－5　济南兔子王

兔子王作为人们月神崇拜的物化形态，其造型源于月宫捣药的玉兔。关于济南兔子王的由来，有一则传说：

相传古时，有种怪病在济南蔓延，很多人都病倒了，百姓苦不堪言，纷纷祈求上天保佑。正在月宫捣药的玉兔得知民间疾苦，便于农历八月十五这一天噙了药饼下凡来到济南，将药饼捣碎，分别放在72个泉眼中。药迅速溶在泉水中，流遍了整个济南城，老百姓喝了泉水之后很快治愈了怪病。由此，玉兔噙药饼下凡救人的故事便在济南流传开来。为感激玉兔救命之恩，人们就用黄河泥为它塑像膜拜，每到农历八月十五这天，家家户户都把点心做成药饼的样子供奉玉兔。

济南方言里，药和月同音，久而久之，药饼就成了月饼，玉兔逐渐也被叫成了兔子王。①

这一则传说，有着许多不同的版本，但情节大同小异，均寄托着老百姓善良美好的愿望，体现出人们对兔子王的喜爱之情。

随着时代的变迁，人们对各种民间俗神的信仰观念发生了巨大变化，农历八月十五祭拜月神已逐渐退出了中秋节的习俗，兔子王也走下了神坛。但作为有着独特艺术魅力的民间工艺品，济南兔子王整体线条简洁粗犷、色彩明亮，一线一面都展现着济南人崇尚豪爽奔放、练达简约的审美观念，与京津地区的兔儿爷相比，具有明显的地方特色和文化内涵。近年来，作为济南极具代表性的特色民间工艺，兔子王在非物质文化遗产保护工作的推动下，以其独特的文化内涵及审美价值，成为彰显泉城特色的传统文化符号。2010 年，兔子王入选济南市非物质文化遗产名录；2016 年，济南兔子王入选山东省省级非物质文化遗产代表性项目名录。

图 3－6　吉祥物“兔娃”

2014 年，“兔娃”被选为第三届中国非物质文化遗产博览会（济南）的吉祥物（图3－6）。吉祥物“兔娃”的设计取材自济南“兔子王”的形象，眼睛为泉水水滴形状，身上纹饰取自济南市花荷花，身体最下端以泉水概念表示趵突泉“三泉”，通体浑圆，造型可爱。它形体饱满，象征着非物质文化遗产的文化内容丰富，雄厚多姿；其形体质感取自于非物质文化遗产中的泥塑，来表现非遗的主题；面部采用京剧脸谱“勾脸”的元素，眼睛为水滴形状。身上的纹饰取纳趵突泉的“三泉”，滋养着济南本土非遗文化蒸蒸日

① 参见付伟安：《泉城俗韵“兔子王”》，《走向世界》2016 年第 30 期，第 84～86 页。

上。[1] 吉祥物作为符号化的视觉形象和大型活动的意义载体，具有推广成本低、传播速度快、易于深入人心、易于进行衍生产品开发等优势，有着极高的传播价值和经济价值。吉祥物“兔娃”形象活泼可爱，色彩亮丽，受到了民众的一致好评，辅以系列衍生产品的开发，有助于使人们对以兔子王为代表的济南传统文化有更多更深入的了解，促进济南兔子王的保护、传承与发展。

① 参见张岩：《兔娃成第3届中国非物质文化遗产博览会吉祥物》，2014年8月14日，http：//news. iqilu. com/yangmei/20140814/2103480. shtml。

｛第四章｝

民间艺术产业化的系统要素

民间艺术产业化是一项复杂的系统工程，其构成要素间的相互作用，决定了民间艺术产业化的路径实施与功能发挥。因此，只有清晰界定民间艺术产业化系统的构成要素，明确各要素间的相互关系，才能真正把握民间艺术产业化系统的演化规律，以系统全面地审视民间艺术从资源到产业的形成与发展过程，从而为民间艺术产业化影响、问题及对策的探讨提供理论依据，为民间艺术产业化实践提供科学指导。从系统论角度出发，民间艺术产业化是一个由主体要素（民间艺术的生产经营者及消费者）、客体要素（民间艺术资源）、中介要素（民间艺术市场）与环境要素（主体、客体与中介要素存在的外部环境）构成的具有社会、经济、文化多种功能的有机系统（图4－1）。

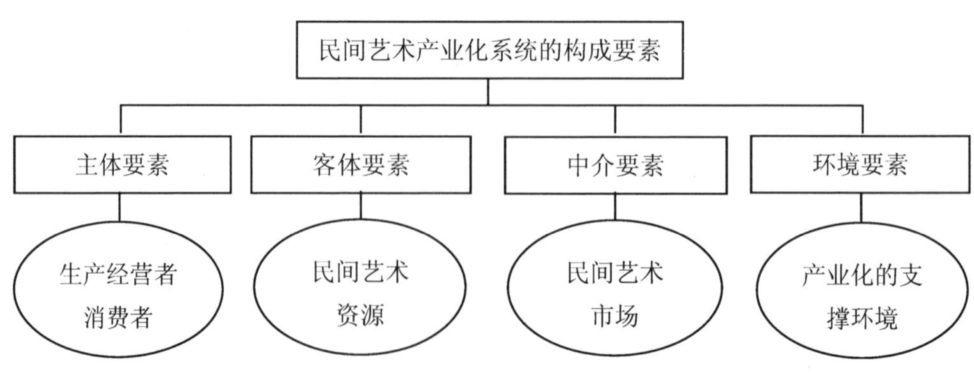

图4－1　民间艺术产业化系统的构成要素

第一节　民间艺术产业化的客体要素

客体在“哲学上指主体以外的客观事物，是主体认识和实践的对象。法律上指主体的权利和义务所指向的对象，包括物品、行为等”①。民间艺术产业化的客体是指进入民间艺术产业化主体的认识和实践活动，为主体的认识和实践活动所指向的客观事物。民间艺术资源作为民间艺术产业化的作用对象，是民间艺术产业化的客体。

民间艺术资源是民间艺术产业化的客体，但并非所有的民间艺术资源都可以进行产业化运作。② 因此，民间艺术产业化的首要工作就是应对民间艺术资源进行科学的评估与分类，进而依据民间艺术资源的不同类别采取相应的保护与开发措施，形成民间艺术资源的层级开发模式，促进区域民间艺术资源的合理保护与有序开发，切忌一窝蜂地走产业化道路；否则，既会损害民间艺术资源，也会造成巨大的人力、物力与财力浪费。

---

①《现代汉语词典》(2002 年增补本)，商务印书馆 2003 年版，第 717 页。

② 文化产业背景下，民间艺术产业化存在两条路径，即民间艺术直接产业化与民间艺术间接产业化。前者指将民间艺术本身作为文化产品进行产业化运营；后者则是将民间艺术的造型、图案纹样、色彩、音乐、舞蹈等元素提炼出来，创意性地应用到设计业、演艺业、动漫业、影视业等产业的产品开发中，提升其文化附加值，并以这些工业化产品为载体，实现民间艺术元素的规模化生产与消费。(详见本书“第五章　民间艺术产业化的路径”)

因此，只要存在市场需求，任何民间艺术都有可能借助间接产业化这条路径进行产业化运作，只不过是其元素符号的产业化而已。民间艺术直接产业化则不然，其前提就是需要民间艺术资源本身能从供需两方面满足规模化、标准化、批量化、大众化的生产与消费条件。但是，民间艺术作为农耕社会的产物，其生产与消费大多具有个体化、分散性、小规模、周期长、时空节律性等特点，与直接产业化运作的要求往往不相匹配。

此处所讲的民间艺术资源产业化指的是民间艺术的直接产业化。

一、产业化视角下民间艺术资源的分类

（一）民间艺术资源的内涵

民间艺术作为民俗观念的载体，与民众的生活紧密相连，在人生仪礼、岁时节令、饮食起居、服饰冠带、民间信仰、游艺竞技等方面有着广泛应用。此外，许多民间艺术自古就已走向市场，伴随市场成长并借助市场发展。如手工艺业自古以来就是我国农村的重要家庭副业，传统玩具、年画、泥塑、木雕、石雕、刺绣等手工艺品的商品交换由来已久。宋代，我国就有了专门供戏曲演出的商业场所“瓦舍”，到了清代，戏曲、曲艺的商品属性越来越强，成为许多民间艺人的谋生手段。

因此，民间艺术固有的经济风俗和地域性流通市场，成为当今民间艺术产业发展和推进的基础。文化产业背景下，现代社会人们对民间艺术的消费需求，以及民间艺术与市场固有的联系赋予了民间艺术潜在的经济价值，成为发展民间艺术产业的文化资源基础，构成民间艺术产业化的客体。具体而言，民间造型艺术如年画、风筝、剪纸、灯彩、刺绣、泥塑、面塑、木雕、石雕、布艺玩具等，作为旅游纪念品、日用工艺品、礼品、投资收藏品、环境艺术品，在旅游购物、家居装饰、礼品馈赠、赏玩游乐、鉴赏投资、环境美化等方面具有广阔的市场前景。民间表演艺术如傩舞、秧歌、龙灯舞、狮子舞、威风锣鼓、安塞腰鼓、皮影戏、木偶戏、踩高跷、荡湖船等，不仅是营造节日文化气氛、祀神祭祖等活动的重要手段，经过发掘、改造、开发利用，可以融入旅游市场、演艺市场，展示民间艺术的独特风采。

（二）民间艺术资源的分类

根据民间艺术资源是否具备产业化运作所需的规模化、标准化、批量化、大众化的生产与消费条件，从理论层面可将民间艺术资源分为两类，即可产业化的民间艺术资源与非产业化的民间艺术资源。

1. 非产业化的民间艺术资源

非产业化的民间艺术资源，指那些对生态资源环境、社会文化空间、手工技艺等具有高度依赖性，不具备产业化条件的民间艺术资源。主要包括以下三种类型：

（1）资源依赖型民间艺术资源

资源依赖型民间艺术资源，指那些生产所需的原材料属于珍稀动植物或不可再生自然资源的民间艺术品类，如象牙雕刻、紫砂制品、红木家具等。

玉雕、木雕、水晶雕刻等民间工艺品生产所需的“珍稀石材、木材分布在全国114个地市和区县，目前大多数工艺美术原材料资源濒临枯竭状态。中国‘四大名石’寿山石、青田石、鸡血石和巴林石中的巴林石已枯竭；海南的紫檀、鸡翅木、黄花梨树种已经罕见；云南的楠木、樟木、红椿木列入保护物种，禁止开发；湖北和四川的阴沉木、重庆的生漆存量稀少”①。以红木家具为例，红木树材成长周期漫长，可供采伐使用的树木至少需上百年。我国明清时期兴起红木家具以来，过百年的大量砍伐使红木资源枯竭。近年来红木家具的原料多数依赖从国外进口，但目前印度、缅甸等红木主要出口国也开始禁止原木出口了②，红木资源供应十分紧张。

因此，从环境资源保护角度出发，该类民间艺术资源应充分利用宝贵而有限的原材料资源，走精品化路线，定位于高端市场，不适宜走产业化的发展道路。当然，如河南南阳玉雕、江苏宜兴紫砂、连云港东海水晶等资源依赖型民间艺术资源，理论上不宜产业化，但其产业化实践也是不容否认的现实。资源依赖型民间艺术资源产业化实践同理论研究的矛盾，是民间艺术产业相关利益者群体，如政府、企业、消费者、民间艺人等基于不同利益诉求的功利性行为的结果。

---

① 张福昌：《中国传统工艺产业的现状与设计振兴战略思考》，《美与时代》2010年第2期，第12页。

②《红木家具收藏价值会放量增值》，《辽宁建材》2007年第11期，第38页。

（2）市场依赖型民间艺术资源

市场依赖型民间艺术资源，指那些传布范围窄、受众群小、不易推广的民间艺术品类，如很多地方小戏就难以进行产业化运作。

（3）手工依赖型民间艺术资源

手工依赖型民间艺术资源，指那些制作工艺复杂，对手工技艺具有高度依赖性，在现有科技条件下，不能通过机械或手工结合机械进行标准化、规模化、批量化生产，或者生产工序难以有效分解，从而形成工业流水线式的手工生产方式，导致产品生产周期较长、产量低的民间艺术品类，如北京雕漆等。

如北京雕漆，新中国成立后，在政府的组织下，散在各地的雕漆传人40多人被集中起来，组建了北京雕漆生产合作社，1958年转为北京市雕漆厂。雕漆艺术工序繁复，笼统地分，也要设计、制胎、烧蓝、作底、髹漆、画工、雕刻、抛磨、作里、作旧10道工序。其中，髹漆即在做好的胎型上反复涂上漆层，第一层漆涂上阴干后，再涂第二层，如此反复，达到工艺所需要的厚度为止。在雕漆制作工序中，髹漆是最耗时的，一件真正的雕漆艺术品，一般要刷上厚度15毫米左右的漆才能进行雕刻，而1毫米厚的漆则要刷十多遍。为了保证久经岁月也不开裂，刷上去的漆，只能在室内自然阴干，不能烘干或者晒干。寒冷的北方一天只能刷一遍，南方虽要好些，但也只能刷上两遍。如此，一件雕漆器的制作至少需要半年到一年的时间。20世纪90年代以来，由于生产周期长、投资大、产品价格高昂等原因，国内外市场需求停滞不前，全行业迅速萎缩，北京雕漆厂名存实亡，许多技术工人转行。据统计，至2005年，仍以雕漆工艺谋生而正常工作的技术人员全行业不会超过20人。现在北京继续从事雕漆生产的只有几个作坊式的小厂，文乾刚等雕漆工艺大师也只好成立个人工作室，继续从事雕漆作品的创作与生产。现在，北京仅有两位雕漆艺术的一级工艺美术大师和三位三级大师，他们每人每年仅能制作三五件雕漆艺术品。①

由此可见，类似北京雕漆这样的制作工艺复杂、对手工技艺具有高度依赖

① 参见周一渤、陈锋：《绝世珍存之中国民艺》，青岛出版社2007年版，第235~249页。

性、生产周期长、产量低的民间艺术，以往所走过的产业化道路已宣告失败，大体上从历史上曾经有过的工艺美术工厂式的产业化模式退回到了以个人工作室或作坊式的生产模式，或许这种个体式、作坊式的生产模式是此类民间艺术最佳的选择。

2. 可产业化的民间艺术资源

可产业化的民间艺术资源，指那些市场需求量大并能够实现规模化、标准化、批量化生产的民间艺术资源。如景德镇陶瓷、潍坊风筝、广灵剪纸、庆阳香包、东北二人转、宝丰魔术、吴桥杂技等，产业发展已初具规模，既促进了民间艺术的保护传承，带动了区域文化创意产业发展，形成了区域经济发展新的增长点，也为城市发展提供了一张亮丽的文化名片，提升了城市文化软实力，取得了良好的社会、文化与经济效益。

以河南宝丰魔术为例，宝丰有“曲艺之乡”“魔术之乡”之称，全国共有2000多个民间演出团体，10万民间艺人，其中宝丰县就占了一半。截至2006年，拥有49万人的宝丰县，民间演出团体已达1400多家，从业人员5.5万人，年创收入3.8亿元，演艺团体和从艺人员涉及全县7个乡镇，近百个行政村，形成了独具特色的“宝丰现象”。宝丰县先后举办和承办了首届全国民间职业团体团长培训班、两届河南·宝丰民间艺术发展论坛、三届魔术节、中国杂协组织的宝丰民间魔术采风研讨活动暨民间魔术展演。成立了“宝丰民间演艺集团”，整合全县文化资源，统一策划、包装和推介，集中优秀人才、优秀团体、优秀节目，打造民间演艺品牌。魔术产业的发展带动了当地演出服装、道具、音响、大篷、运输和广告设计等十多个产业的发展，年创产值2100万元。靠发展民间表演艺术，如今全县有10万多农民甩掉了穷帽子，走上了富裕路，民间演出团体也掀起回家投资兴业的热潮。[①]

当然，民间艺术资源的上述分类也并非绝对，因为随着社会、经济、科技的发展，民间艺术资源产业化的内外部影响因素在不断变化，民间艺术资源能否产

① 参见王一博：《宝丰5万民间艺人年挣3.8亿》，2007年6月5日《郑州日报》。

业化的问题须因时因地进行分析。手工依赖型民间艺术资源，随着科技的进步，未来或许可以通过手工结合机械乃至机械化的生产方式，走上产业化的道路。资源依赖型民间艺术资源，随着替代性原材料的出现，或许也可以走上产业化的道路。如象牙雕刻，随着象牙原料及其制品国际贸易禁令的实施，牙雕行业因原料获取及产品销售受限一度陷入低谷，牙雕技艺传承面临困境。对于此，广东的一些牙雕企业，开始使用动物骨头及国内外允许商贸交易的猛犸牙和非洲河马牙替代象牙，并通过“核心技术＋业务外包”的流水线式生产分工，提高了牙雕产品的生产效率，牙雕技艺得以传承、创新，牙雕产业获得了发展契机。[①] 而那些目前在社会文化空间意义上难以进行产业化运作的民间艺术资源，随着人们审美情趣及消费需求的变化，将来或许也可以走上产业化之路。

二、民间艺术资源的产业化适宜度评估与层次开发模式

（一）民间艺术资源的产业化适宜度评估

对于理论层面可产业化的民间艺术资源，其产业化运作的现实可行性还受其自身及外部诸多因素的影响与制约。特定时空条件下，民间艺术资源是否具备产业化的现实条件，或其产业化实践存在问题的发现与解决，均有赖于对民间艺术资源的产业化适宜度进行科学评估。

所谓民间艺术资源产业化适宜度评估，就是从民间艺术资源产业化的各种影响因子中提取恰当的评估指标，建立民间艺术资源产业化适宜度评估指标体系和评估模型。根据一定的评估标准与方法，从民间艺术资源的品质、价值、效用、产业化环境等影响民间艺术资源产业化运作的内外部因素入手，对民间艺术资源的产业化适宜度进行综合评估，为民间艺术资源的保护与产业化实践提供科学依据。

① 参见朱怡芳：《传统工艺美术产业发展与政策研究——文化、社会、经济的视角》，北京理工大学出版社2013年版，第84～85页。

民间艺术资源产业化适宜度评估的主要步骤如下：（1）根据一定的原则选取合适的评估指标，建立民间艺术资源产业化适宜度评估指标体系；（2）评估指标权重的确定；（3）定性与定量指标评估值的确定；（4）根据评估模型，求取民间艺术资源产业化适宜度的评估值；（5）根据评估结果及评估过程得到的相关信息，对民间艺术资源的保护及产业化运营进行系统分析与决策。

民间艺术资源产业化适宜度评估以促进民间艺术资源的保护及科学有序开发为目的。首先，它是连接民间艺术产业化可持续运营观念层次和操作层次的桥梁。评估结果是民间艺术产业开发的基础，有助于明确民间艺术资源产业化的优劣势，为民间艺术资源产业开发战略的制定和实施提供科学依据。其次，它所具有的动态监测功能，有助于民间艺术产业的管理者、开发经营者从宏观上把握民间艺术资源保护与产业化的综合状况，从微观层面发现影响民间艺术产业可持续运营的制约因素，进而采取针对性的防治措施，形成良性的民间艺术资源保护与开发机制。

刘昂在其《民间艺术产业开发研究》一书中，从产业化视角对民间艺术资源的评估问题进行了系统深入的实证研究。该书构建了由民间艺术资源的品相要素、文化价值、经济效用、产业开发要素 4 个一级指标、20 个二级指标、29 个指标指示因子组成的山东省民间艺术资源评估指标体系与评估模型，对山东省 17 地市的民间艺术资源进行了综合评估，并对山东省 17 地市的民间艺术产业开发潜力进行了排序。[①] 这对民间艺术资源的产业化适宜度评估工作具有重要的理论启示与实践指导作用。

（二）民间艺术资源的层次开发模式

民间艺术产业发展应遵循可持续发展理念，做好民间艺术资源产业化的可行性调研、评估与论证工作，科学分类，进而针对不同类型的民间艺术资源采取相

① 参见刘昂：《民间艺术产业开发研究》，首都经济贸易大学出版社 2012 年版，第 94 ~ 115 页。

应的保护与开发措施。通过民间艺术资源的产业化适宜度评估，有助于明确区域民间艺术资源保护与开发的重点与时序，制定合理的近、中、远期规划，形成民间艺术资源保护与开发利用的金字塔模型（图 4－2），即民间艺术资源的层次开发模式，促进区域民间艺术资源的合理保护与有序开发。

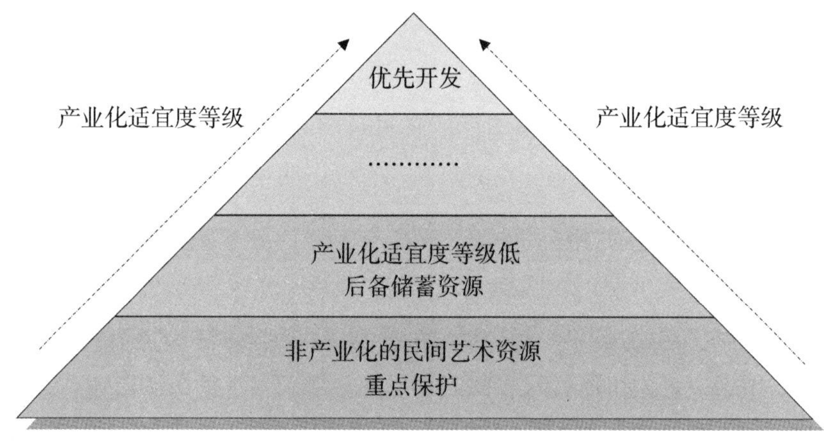

图 4－2　民间艺术资源保护与产业化的金字塔模型

就非产业化的民间艺术资源而言，在当前时空条件下不具备产业化的条件，不能为了片面追求短期经济利益而对其进行盲目开发。此类民间艺术资源处于金字塔模型的根部，量大面广，大多面临着较为严峻的保护与传承危机。应根据民间艺术资源濒危程度的不同，区分轻重缓急，有步骤地开展调查、记录、保存、传习、研究工作，存续其技艺、实体形态与信息资料，保护好珍贵的民族文化基因，也为将来可能进行的产业开发工作存续资源。

就可产业化的民间艺术资源而言，可分为两类：其一，金字塔模型中部的民间艺术资源，理论上属于可产业化的民间艺术资源，但在当前的时空条件下产业化适宜度等级较低，产业开发的现实条件尚不成熟。须重点做好其保护与培育工作，为民间艺术产业发展提供充足的后备储蓄资源，待到时机条件成熟之时，再对其进行产业化运作。其二，金字塔模型顶端的民间艺术资源，产业化适宜度等级高，应重点扶持、优先开发，构筑区域民间艺术产业发展的差异化竞争优势，发挥其在促进区域社会、经济、文化发展方面所具有的积极作用。

第二节 民间艺术产业化的主体要素

主体在“哲学上指有认识和实践能力的人。法律上指依法享有权利和承担义务的自然人、法人或国家”①。民间艺术产业化的主体指对民间艺术产业化的客体（民间艺术资源）有认识和实践能力的个人或组织集体。民间艺术的生产经营主体与消费主体构成民间艺术产业化的主体，其产业化实践活动决定着民间艺术的发展方向。相较于传统民间艺术，产业化过程中民间艺术生产经营主体的构成、组织形式、生产目的、生产方式以及消费主体的构成、消费需求等，均发生了巨大变化。明确民间艺术供给主体与需求主体的这种变化，是探讨民间艺术产业化对民间艺术变迁与传播影响的前提，也是采取针对性措施，促进民间艺术供给主体与需求主体和谐互动，实现民间艺术产销协调，保障民间艺术产业可持续发展的关键。

一、企业化的生产经营主体

民间艺术与民众生活密切关联，是一种生活性艺术。历史上民间艺术的生产群体人数众多，如农民、牧民、渔民、走街串巷的游方艺人、作坊艺人等，是传统农耕社会中民间艺术的生产经营主体。时过境迁，当今民间艺术产业化过程中，民间艺术的生产经营主体发生了巨大变化，从生产经营组织形式来讲，主要包括个体式的家庭作坊和个体工商户，以及企业化的民间艺术生产经营组织或机构。

①《现代汉语词典》（2002 年增补本），商务印书馆 2003 年版，第 1643 页。

（一）个体式的生产经营主体

传统农耕社会，民间艺术的生产群体面广人众，包括农民、牧民、渔民、游方艺人、作坊艺人等广泛的社会群体，民间艺术生产以个人及家庭为单位的个体式生产为主。民间艺术生产者按照其生产目的的不同存在不同的层次。首先，农民、牧民和渔民，他们是传统农耕社会民间艺术的主要生产者。其民间艺术生产多源于生活的直接需要，亦多为劳动之余的业余活动，如自制衣服、鞋帽、篮筐等作为生活日用品，节庆时节开展扭秧歌、赛龙舟、舞龙、舞狮等表演活动以娱神、娱人。有时也作为副业，在农闲时节以家庭为单位，生产制作一些手工艺品拿到附近的集市或庙会上售卖，所得以贴补家用。其次，游方艺人，如捏面人、画糖饼、演皮影者，于农闲时节到乡村、集镇中走街串巷（图4－3）。再次，职业民间艺人，此类民间艺人掌握着精湛的手工技艺或表演技艺，依靠民间艺术的制作或表演来养家糊口（图4－4）。就生产目的而言，除了少数职业民间艺人以此谋生外，大多数民众出于生活直接所需，在劳作之余投入到民间艺术的生产活动，并遵循一定的时空节律，适时地生产一些手工艺品，或开展丰富多彩的民间表演艺术活动，体现出浓厚的生活情趣和民俗观念，具有自足自用、自娱自乐的非盈利性特征。

图4－3　街头的面塑艺人·开封

图4－4　结义竹编店店主·江苏邳州土山古镇

社会经济转型期，民间艺术逐渐失去其赖以生存的农耕社会土壤，民间艺术生产群体的数量及范围日渐缩小，民间艺术呈现出整体性式微的态势。同时，文化产业勃兴背景下，一些民间艺术品类如潍坊杨家埠木版年画（风筝）、陕西凤翔泥塑、甘肃庆阳香包、山西广灵剪纸、苏州镇湖刺绣、河南宝丰魔术、河北吴桥杂技等，通过发展民间艺术产业，获得了新的生机与活力。产业化语境中，民间艺术的个体式生产经营主体包含两类特殊群体，即民间艺术精英及从事民间艺术生产的一般民众。

1. 民间艺术精英

民间艺术精英作为民间艺人中的佼佼者，因家传、师承或其他传承方式，技艺高超，多拥有民间艺术“传承人”“大师”等荣誉称号。他们往往通过开设公司、家庭作坊、工作室、研究所等方式，从事民间艺术的生产经营活动，对区域民间艺术产业发展具有重要的示范引领作用。例如，潍坊杨家埠年画艺人杨福源在杨家埠村主干道渤海路上开设的万盛画店，采取“前店后作坊”的形式，常年从事年画产品的产销活动（图 4－5）。杨家埠民间艺术大观园中，设有木版雕刻艺人颜克臣师徒的木版雕刻作坊，颜克臣师徒在此向游客展示木版雕刻的制作过程，兼售个人木版雕刻作品。南京城南甘家大院的民俗博物馆中，绒花艺人赵树宪、剪纸艺人张方林、空竹艺人孙光辉、核雕艺人周建明、彩绘葫芦艺人张苗等（图 4－6），均有专门的工作室，等等。此外，民间艺术大师也常受邀走进学校、博物馆传道授业，参与各类展会活动，担任各类协会、学会等社会团体组织

图 4－5　万盛画店 · 潍坊杨家埠

图 4－6　绒花艺人赵树宪 · 南京

职务。在此过程中，民间艺术精英的社会角色也从以往的普通乡民、市民或职业民间艺人转变为当今的民间艺术专业户、企业家、艺术家，呈现出身份多重化的发展态势。

例如，随着陕西凤翔泥塑产业的发展，市场需求量扩大，扩大生产规模后的泥塑艺人逐渐走出以农为主、以艺为副的传统格局，变为以做泥塑为主、以种田为辅的泥塑专业制作户，有的甚至成为农民企业家。一方面，民间艺人成为业主，扮演着老板的角色；另一方面，艺人们通过不断参加展览并获奖而成为职业艺术家。有些民间艺人被吸收为全国、省、市级民间艺术学会或美术家协会会员，被联合国授予“中国民间艺术大师”称号，不断受到邀请在大学讲堂授课表演，并具有了保护知识产权的现代意识以及宣传和打造自身品牌的推广意识。他们在村口、大门口设置广告标识牌，在家中专门布置展示陈列室，将自己的作品呈现于公众面前，努力显示自己的面貌和实力。[①] 此外，如潍坊杨家埠村“联合国民间工艺美术大师”杨洛书及“潍坊市工艺美术大师”杨福源等年画艺人，随着年画产业的发展，亦成为专业的年画艺人，以年画生产为主业。他们通过在家门口、店门口设置宣传广告牌，家内、店内陈列自己的作品及各种获奖荣誉材料等方式（图 4 -7、图 4 -8），宣传与推广自身的文化品牌，具有较强的品牌营销意识，成为带动地方民间艺术产业发展的文化能人。

图 4 -7　民间工艺大师杨洛书家 · 潍坊杨家埠

图 4 -8　冯骥才先生题写的“万盛画店”匾额

① 杨萍：《凤翔泥塑当代变迁的考察与研究》，方李莉主编：《西部人文资源考察实录》，学苑出版社 2010 年版，第 126 页。

2. 一般地方民众

本无或粗通民间艺术生产技艺的一般地方民众，经过自学、培训也投入到民间艺术的生产活动，扩大了民间艺术的当代生产群体。但其民间艺术生产行为已不再是民俗生活的一部分，而成为与市场环境相适应、以获取经济收益为目标的盈利性活动。以山东省为例，其实现产业化发展的民间工艺产业目前多采取“经销公司+中间人+农户”的产业组织形式。这种产业组织形式“能够快速而有效地联系并组织生产，有能力对外承接大宗订单，广泛开拓国际国内市场。以山东临沂柳编工艺产业为例，由经销公司承接国内外市场订单，将订单和样品分配给中间人，中间人组织农户生产并负责产品检验，最后上交经销公司。临沂柳编工艺实现了产供销一条龙的产业化生产”①。在这种民间艺术产业组织形式中，农户或在家生产，或作为雇工到作坊、企业工厂生产，民间艺术生产成为其农业生产的有益补充，乃至成为其主要收入来源，所得收入改善了其物质生活。同时，地方民众从民间艺术的生产中获益之后，也会提升其对地方民间艺术的认同感和自豪感，并自觉投入到民间艺术的保护与传承实践之中。

（二）企业化的生产经营主体

“根据泰勒尔的产业组织理论，产业是生产同类或有密切替代关系的产品、服务的企业集合，其产业化过程大约包括商业化、组织化和规模化三个层面。”②这三个层面各自的转化表现形式分别为产品、企业和产业。相应地，文化产业的形成基本上分为三个阶段：“第一阶段，从单纯的‘文化’，经过交换实现文化的商业价值，形成文化产品；第二阶段，从独立的、分散的文化产品，形成企业的组织化，形成生产和制作组织分工，建立文化企业；第三阶段，大量同一属性

① 潘鲁生、赵屹：《手艺农村——山东农村文化产业调查报告》，山东人民出版社2008年版，第277页。

② 张宏伟：《文化产业何以形成的理论探讨》，《经济经纬》2009年第3期，第13页。

的企业经过规模化这一阶段，发育成一个相对完整的产业组织，最终形成产业。”①

因此，民间艺术从资源到产业需要经历三个阶段的转化过程。首先，民间艺术资源经过商业化开发，转换成民间艺术产品。民间艺术产业最基本的元素就是民间艺术产品，民间艺术资源商业化的结果出现了民间艺术产品，商业化交换帮助民间艺术产品实现经济利益。因此，民间艺术资源的商业化是民间艺术产业化的第一阶段，是民间艺术产业形成的前提和基础。其次，从独立分散的民间艺术产品，形成组织化的民间艺术企业，形成规模效益。最后，大量民间艺术企业形成规模化的产业集合体，形成民间艺术产业集群（图4－9）。

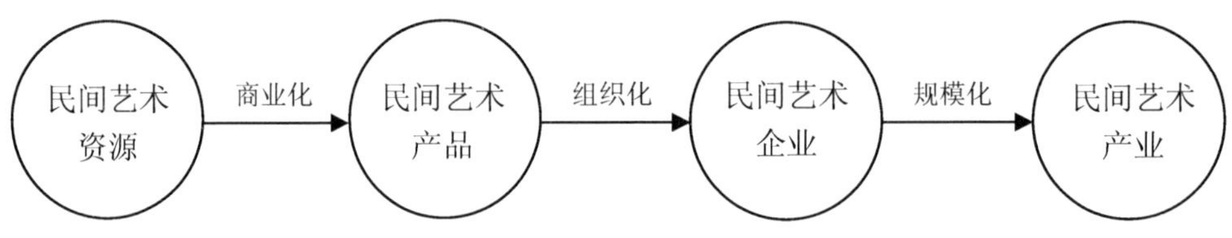

图4－9　民间艺术产业化过程示意图

“在现代产业经济学中，产业是指介于微观经济细胞（企业和家庭）与宏观经济单位（国民经济）之间，生产和经营同类产品的企业群。”② 据此，民间艺术产业可以被理解为生产和经营民间艺术产品的企业群。上述界定包含以下几个层面的内容：

其一，民间艺术产业是生产和经营民间艺术产品的产业，故其与生产和经营物质产品的一般产业不同，具有特殊的精神文化或审美创造的属性。

其二，民间艺术产业是由企业群组成的。在现代经济学中，企业被界定为从事生产和经营活动的独立核算的经济组织。因此，民间艺术产业如其他一般产业部门一样具有经济属性，以追求利润、产品的价值补偿和增值为目标。

---

① 汤莉萍、殷瑜、殷俊编著：《世界文化产业案例选析》，四川大学出版社2006年版，第5页。

② 陈立旭：《现代文化产业形成的经济社会条件》，叶取源、王永章、陈昕主编：《中国文化产业评论》第3卷，上海人民出版社2005年版，第42页。

其三，“企业群”的性质表明，民间艺术产业如同其他一般产业部门，是与可以进行批量化生产并产生规模经济效益的工业化、社会化大生产相联系的。

其中，上述内容的第一层意思表明了民间艺术产业所具有的精神文化或审美创造的特殊性，后两层意思则体现了民间艺术产业作为产业所具有的共性。因此，基于上述认识，民间艺术要走产业化的发展道路，按照现代企业制度的要求，建立企业化的民间艺术生产经营组织是一个重要的前提条件。

就我国而言，自然经济时代，民间艺术的生产目的多为自产自用、自娱自乐，不具备商品属性。虽然存在少部分以民间艺术制作或表演为谋生手段的民间艺人，但其生产规模有限，以个人及家庭为单位的作坊式生产为主，呈现出分散、个体化、小规模的生产特点，且生产往往具有一定的时空节律性，不具备规模化、连续性的产业化生产特征。

新中国成立后，国家通过合作化制度对个体工商业进行社会主义改造，具体到民间艺术而言，分散的、个体的民间艺人被整合到集体所有制的生产合作社或国有表演艺术团体中，后相继建立了一批手工艺国营企业、文化事业单位性质的民间表演艺术院团、民间艺术类研究机构等，并采取行政化的管理手段。

改革开放以来，随着我国经济体制由计划经济向市场经济的转轨，手工艺国营企业纷纷改制，重归个体和作坊式的生产经营模式，一些则延续了原有的国营或集体所有制的生产经营模式。木偶剧团、皮影剧团、地方戏剧团等事业单位性质的民间文艺院团随着国家文艺体制改革的深化，逐步“转企改制”，转向了企业化的生存状态，成为自主经营、自负盈亏的艺术生产经营实体。这些适合企业化经营、规模化生产、市场化运作的民间艺术部门转向产业化的轨道，既是民间艺术向产业化转变的基础，同时也是结果。20 世纪 90 年代末以来，随着我国文化产业的勃兴，民间艺术产业迎来了发展热潮，一大批新的民间艺术企业纷纷建立，与民间艺术生产经营活动相关的国有、集体、民营等多种所有制形式的文化企业迅速发展起来。

因此，从事民间艺术生产经营活动的企业化的生产经营主体，构成民间艺术产业的供给主体，它们是民间艺术产业的微观主体和活力细胞。概括而言，现阶段我国民间艺术企业化的生产经营主体主要包括以民间艺术生产经营活动为主营业务的文化公司、文化产业集团、走向社会化、市场化的文化事业单位、民间艺术品展销市场、民间艺术产业园等。

1. 以民间艺术生产经营活动为主营业务的文化公司

如各类综合性的（民间）工艺美术有限公司、风筝公司、年画公司、剪纸公司、梳篦公司、木雕公司、漆器公司、柳编公司、刺绣公司、香包公司、灯彩公司、泥塑公司、杂技公司、木偶剧团、皮影剧团、地方戏剧团等（图4－10、图4－11）。它们按照市场需求，以获取经济利润为目标，从事民间艺术产品的研发、创作与生产经营活动，是民间艺术产业组织的主要形式。

图4－10　潍坊天成飞鸢风筝有限公司

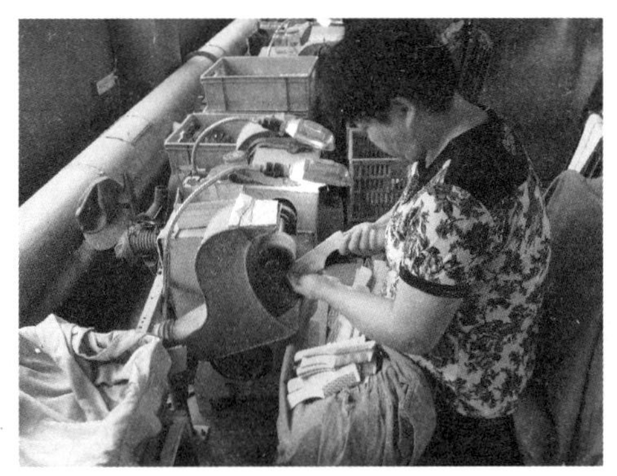
图4－11　常州梳篦厂生产车间

2. 文化产业集团

文化产业集团“具有规模经济、艺术文化资源利用充分、市场竞争力强等众多优点，是我国艺术生产组织改革的一个重要方向”[①]。其多涉及民间艺术产品的生产经营活动，如本山传媒集团、江苏省演艺集团等。本山传媒，前身为辽宁民间艺术团，是集演艺、影视、艺术教育于一身的大型文化产业集团，2004年被文化部授予首批“文化产业示范基地”。集团创立了以演出东北二人转、民间

① 张冬梅：《艺术产业化的历程反思与理论诠释》，中国社会科学出版社2008年版，第84页。

歌舞为主的“刘老根大舞台”，并在沈阳、北京、天津、深圳等地开设了多家连锁剧场，经过十几年的产业运作，“刘老根大舞台”已成为我国演艺业的知名品牌。2010 年，“刘老根大舞台”被文化部、国家旅游局联合评为首批“国家文化旅游重点项目”。

3. 走向社会化、市场化的文化事业单位

文化产业发展及事业单位改革背景下，如苏州刺绣研究所、潍坊杨家埠木版年画社、南京民俗博物馆等一些与民间艺术相关的文化事业单位，在保持民间艺术收藏、展示、研究、创作、人才培养等传统功能的基础上，逐渐走向市场，结合公众需求研发、生产、销售特色民间艺术产品，经济功能得以拓展，产业属性得以挖掘，成为各级文化产业示范基地的重要组成部分。

例如，苏州刺绣研究所有限公司作为第二批国家文化产业示范基地之一，“过去，苏州刺绣研究所手工制作的苏绣，一直走的是纯艺术化的道路，只创作而基本不面向大众销售。2006 年，他们首次参加深圳的文博会，把参会当作进入市场的一次试探，结果出乎意料，现场订单如云。到 2007 年文博会，他们把展场扩大了 3 倍，达 720 平方米，并带去了最经典的作品。如今，又适应市场需求，推出了时尚服饰系列、床上用品系列等，走入寻常百姓家；同时苏绣也走出国门，到欧洲等国家展览宣传，把市场越做越大”①。可见，文化事业单位的市场化探索，盘活了其在民间艺术产品生产方面所具有的人才、品牌等优势资源，为民间艺术产业发展注入了强劲活力。

4. 民间艺术品展销市场

民间艺术品展销市场，即民间艺术品交易、流通的空间场所，既有自发形成的，也有政府主导规划形成的，主要包括民间工艺品批发市场、旅游商品批发市场、古玩、旧货、收藏品市场及义乌小商品批发城等相关文化市场（图4－12）。这些市场汇集了大量的民间艺术品经营单位，是民间艺术品重要的展销集散基地。

---

① 刘锡诚：《“非遗”产业化：一个备受争议的问题》，《河南教育学院学报》（哲学社会科学版）2010 年第 4 期，第 4 页。

图 4－12　潍坊“地一大道”民俗工艺品批发商城

5. 民间艺术产业园

民间艺术产业发展因资源、人力、市场的带动，必然呈现出区域集聚发展的态势，形成以地域性和专业性为标志的民间艺术产业集群。[①] 所谓民间艺术产业集群是指民间艺术产业中相互关联的、在地理位置上相对集中的若干民间艺术企业和相关机构的集合。民间艺术产业集群既可以自发形成，也可以加以主动建设，其建设有利于对区域民间艺术资源的集中有序开发。当前，我国民间艺术产业集群正在由自然形成式向主动建设式转化，展现出巨大的发展潜力和广阔的发展前景。

民间艺术产业园是民间艺术产业集群的重要载体和组成部分，多由政府主导建设，体现了政府对民间艺术产业的重视与支持。民间艺术产业园可以实现民间

① 美国哈佛大学商学院著名教授迈克尔·波特提出的“产业集群”概念广受认同。他认为，所谓产业群或集群，是在某一特定领域中（通常以一个主导产业为核心），大量产业联系密切的企业及相关支撑机构在空间上集聚，并形成强劲、持续竞争优势的现象。（参见管顺丰、陈汗青、杜娟等：《艺术管理》，北京大学出版社 2008 年版，第 231 页）

艺术产业相关企业及支撑机构的空间集聚，有利于促进企业间的分工合作，形成完整的产业链条，获得外部规模经济效应。近年来，我国各地相继涌现出一批特色民间艺术产业园区，如山东杨家埠民俗文化产业园、陕西凤翔县六营民俗产业园、山西广灵剪纸文化产业园、河南宝丰文化创意产业园等（图4－13、图4－14），对于区域民间艺术产业的品牌塑造、集群发展起到了典型示范带动作用。

图4－13　中国广灵剪纸文化产业园

图4－14　江苏邳州宝石玉器城

例如，中国广灵剪纸文化产业园。广灵剪纸是国家级非物质文化遗产保护项目，2008年，广灵剪纸文化产业园区被文化部命名为“国家文化产业示范基地”。园区占地56亩，分三期进行建设，主要由中国广灵剪纸艺术博物馆、大同市广灵剪纸职业培训学校、广灵剪纸文化艺术研究中心、广灵剪纸文化艺术发展有限公司构成，是集教学、研究、设计、生产、印刷、包装、剪纸产品展销、剪纸文化体验、旅游观光度假的特色文化体验园。自2007年规划建设以来，园区发展取得了显著的社会经济效益。主要表现在：其一，作为剪纸产品研发基地，广灵剪纸文化艺术研究中心拥有高级技师18名，肩负着广灵剪纸的抢救、挖掘、保护、传承、创新和研究开发新产品的任务。多年来，剪纸产品由原来的几十种扩大到两千多种，其产品由传统的装饰品发展为时尚美术工艺品、国家级馈赠礼品和外事礼品、旅游纪念品、剪纸挂历、剪纸台历、剪纸贺年卡、剪纸邀请函、大型户外剪纸产品等。其二，作为剪纸人才培养基

地，大同市广灵剪纸职业培训学校对农村回乡青年和剩余劳力以及下岗职工进行专业技术培训，共培训剪纸实用人才 380 多名，为农民增加收入和下岗职工再就业提供了出路。其三，作为剪纸产品生产基地，园区采取“公司 + 农户”的生产管理方式，以剪纸研发基地为中心，以周边生产、加工广灵剪纸为主业的蕉山、加斗、壶泉、作疃 4 个乡镇、9 个村及 1200 余农户为主体，形成了带动浑源县、灵丘县和广灵县，辐射晋、冀、蒙，形成了剪纸专业乡、村、户生产基地集群，每年农民人均收入增加 1 万元，总计 1200 万元。其四，作为剪纸产品展销基地，以广灵剪纸艺术博物馆为窗口，可接待中外游客 10 万人次/年。同时分别在大同、太原、北京、上海、广州、深圳、香港等地设立展示厅和专营店，实现年产值 5000 万元、利税 1000 万元，出口创汇 100 万元。目前，广灵剪纸文化产业园区已成为广灵县、大同市、山西省的品牌产品和知名产业。[①] 广灵剪纸文化产业园区集群化发展的经验和所取得的成就对其他相关民间艺术产业的发展具有一定的示范意义。

总之，民间艺术产业园以其较强的集聚和辐射功能逐渐成为区域民间艺术产业发展的亮点，对于带动区域民间艺术产业发展，提升区域民间艺术产业竞争力具有重要作用。但是，我国民间艺术产业园建设目前仍处于起步阶段，发展尚不成熟。民间艺术产业园发展所需的人才、资金、土地、信息、交通等内外部软硬件环境的建设，还需要政府在产业规划和政策制定等方面予以大力扶持。

二、外来化、大众化的消费主体

民间艺术作为一种生活性艺术，源发于民众的日常生活需求，大多具有自足自用、自娱自乐的特点。传统农耕社会，民间艺术作为民俗观念的载体，消费者

① 参见裴蓉：《剪纸的世界 世界的剪纸——走进中国广灵剪纸文化产业园区》，《农产品加工》2010 年第 4 期，第 64～65 页。

往往就是生产者自身或本乡本土的周边民众，消费群体范围及规模有限，具有本地化的特点。民间艺术的本地化消费群体与其生产群体有着相似的社会生活环境，文化观念及审美情趣相对一致，其对民间艺术的消费除了对物质实用功能的需求，还包括对民间艺术内蕴地域、民族文化意义的体认与消费。此外，这种相对单一的本地化消费群体使得民间艺术在种类、题材、功能、形式、文化意蕴等方面保持了较强的稳定性和相对的单一性。

社会经济转型期，随着传统农耕社会土壤的流失，民间艺术原有的物质或精神功用与民众的生活需求日渐脱节，民间艺术的本地消费群体大多呈萎缩之势。但是，民间艺术作为一种“母体艺术”“吉祥艺术”，是地域、民族文化的典型代表，凝聚着民众的集体情感，其所具有的历史价值、文化价值、情感价值及审美价值，仍深深吸引着当代民众。民间艺术成为文化产业发展可兹利用的重要文化资源，民间艺术产业发展日趋繁盛。民间艺术产业化过程中，随着工艺品市场、演艺市场、旅游市场、会展市场等国内外相关市场的开辟，民间艺术的消费主体发生了转变，外来游客、城市居民等异地他族的消费群体构成了民间艺术的消费主体，呈现出外来化、大众化的特征。

例如陕西凤翔泥塑，传统乡土社会环境中，凤翔当地及周边生活的民众，包括泥塑艺人自身，是泥塑最广泛的消费群体。作为凤翔一带民众生活习俗和信仰的一种物质载体，泥塑在其祭祀信仰、岁时节令、人生仪礼中发挥着重要作用。如春耕时节，大人们会送孩子们小春牛，同时也提醒自己做好农事安排。现代文明的冲击使得乡土民风发生了改变，部分乡土民俗活动的消失使得以民俗生活为依托的凤翔泥塑失去了部分生存土壤，像立春开耕以前已没有具体的“鞭春”仪式，小春牛也就无从送起，本地消费市场呈现萎缩之势。但作为地域风土人情的代表，随着凤翔泥塑产业的发展，旅游市场、外地市场的开辟，凤翔泥塑的受众非但并未消失，反而有扩大之势。凤翔泥塑成为旅游纪念品，身处异地的消费者在当地就能购买到凤翔泥塑，或作为礼品馈赠亲友，或作为家居陈设装饰。旅游者、外地消费者成为凤翔泥塑新的受众，并且成为受众的主体，凤翔泥塑的消

费主体逐渐由原先的本乡本土转移到外邦异地，呈现出外来化的特征。[①]

再如云南丽江纳西古乐，源于内地洞经音乐的纳西古乐，原本是作为道教科仪音乐传入丽江的。经过三四百年的演变，丽江洞经音乐逐渐脱离宗教性而成为融入了纳西族文化意蕴的民间音乐。20 世纪 80 年代末以前，纳西古乐基本上作为自娱自乐、修身养性、敦睦人伦的民间音乐，年节喜丧演奏的民俗音乐而存在。自 20 世纪 80 年代尤其是 90 年代中后期以来，随着丽江旅游业的飞速发展，纳西古乐走上舞台，曾经是当地人修身养性、休闲消遣的纳西古乐成为享誉海内外的文化品牌。快速增多的外来游客为纳西古乐带了庞大的观众群体，纳西古乐在此过程中完成了其商业化、产业化的过程。2000 年，为了适应市场化的发展，以宣科先生为代表的丽江大研古乐会改组为“丽江宣科纳西古乐文化有限公司”。历史上群众自娱自乐、切磋技艺的古乐演奏组织，成为一个表演性的商业组织，正式成为文化产业公司。旅游业的发展和大研古乐会的成功，使丽江人充分认识到纳西古乐的文化、艺术及经济价值，这些价值也在游客的欣赏、市场的肯定中被纳西人重新认识。[②]

民间艺术外来化、大众化的消费主体有着与以往本地化消费主体不同的消费需求，这些新的消费需求引领着民间艺术的发展走向。民间艺术外来化的消费群体，作为民间艺术原生地文化的“他者”，往往与生产群体有着迥异的文化背景和生活环境，文化观念及审美情趣表现出较大的差异性。他们对民间艺术的消费更多的是将其作为一种体验异文化的消费符号，很难真正领会其内蕴的地方性文化要义；关注的更多的是其“能指”层面的形式审美娱乐因素，而非“所指”层面的地域、民族文化内涵。而“公众中的不同群体制约着特殊的艺术形式，这些艺术形式在思想、目的、意义、价值、复杂性和巧妙性方面都是各个相异

---

① 参见杨萍：《凤翔泥塑当代变迁的考察与研究》，方李莉主编：《西部人文资源考察实录》，学苑出版社 2010 年版，第 116～127 页。

② 参见宗晓莲：《旅游开发与文化变迁——以云南省丽江县纳西族文化为例》，中国旅游出版社 2006 年版，第 132～158 页。

的"[①]。因此，不同地域、民族、职业、文化层次的外来化、大众化消费群体所带来的多样化消费需求，反馈到民间艺术的生产环节，使得民间艺术的种类、题材、功能、形式、材料、文化意蕴、生产方式等较之传统民间艺术发生了较大变化，更趋多变性与多元化。

第三节　民间艺术产业化的中介要素

民间艺术市场作为民间艺术产业化的中介，联结着主体和客体，是联系民间艺术生产与消费的桥梁，发挥着推动民间艺术生产与引导民间艺术消费的功能。增强市场开发意识，拓展民间艺术的市场空间，是拉动民间艺术产业化不断前行的内在动力。民间艺术产业发展应根据民间艺术的价值属性和市场需求，培育以工艺品市场、演艺市场、旅游市场、会展市场为主体市场，带动设计市场、影视市场、出版市场等周边市场整体发展的市场体系。

一、民间艺术市场的功能

民间艺术市场是实现民间艺术产品社会再生产的重要环节，是联系民间艺术生产与民间艺术消费的桥梁，发挥着推动民间艺术生产与引导民间艺术消费的功能。

（一）传导市场消费信息，推动民间艺术生产

"艺术生产与艺术消费之间是一种辩证的互动关系。首先，艺术生产规定着艺术消费。生产是消费的前提，没有生产，消费就没有对象，生产的内容与形式

---

① ［匈］阿诺德·豪泽尔：《艺术社会学》，居延安译编，学林出版社1987年版，第143页。

规定着消费的内容与形式。其次，艺术消费制约着艺术生产。消费与生产是互为前提的。不存在没有生产的消费，同样也不存在没有消费的生产……从一定意义上来说，艺术消费为艺术生产提供目的和动力，制约着艺术生产的内容和规模。”[①] 因此，艺术消费作为艺术社会生产的最终环节，艺术消费过程中形成的消费热点和新的消费需求，对艺术产品的生产起着制约与推动作用，引导着艺术生产的方向。

“艺术市场是社会对艺术产品需求的集中反映器，人们追逐的艺术消费时尚、消费心理、消费习惯和偏好都会反映到艺术市场上来。”[②] 因此，艺术市场作为艺术消费需求的集合体，有着传导艺术消费信息、引导艺术生产的功能。就民间艺术而言，艺术市场能够反映各种类、题材、风格的民间艺术产品的消费需求状况，为民间艺术生产经营主体提供市场消费信息，从品种、内容、形式、数量等方面引导民间艺术产品的生产，使民间艺术产品的供给结构能够灵活适应其需求结构。

市场经济条件下，民间艺术生产经营主体只有密切关注市场反映的艺术消费信息，开拓创新，不断创作生产出紧扣时代主题、富有艺术魅力，能够反映时代要求和民众需求的民间艺术产品，方能开辟、占有广阔的市场空间。如大型山水实景演出《印象·刘三姐》就是民歌产业开发的典型案例。《印象·刘三姐》由导演张艺谋、王潮歌、樊跃历时五年半制作完成，集甲天下的桂林山水、经典刘三姐民歌与中国精英艺术家创作之大成，是全国第一部全新概念、世界上最大的山水剧场实景演出，也是“国家文化产业示范基地”，并被中国品牌研究院和桂林市旅游局评为“标志性品牌演艺项目”。2011 年，桂林广维文华旅游文化产业有限公司的“印象刘三姐”被国家工商总局认定为中国驰名商标，这是广西首件服务类的中国驰名商标。[③]

艺术市场的竞争压力推动着民间艺术产品的开发和生产，督促着民间艺术生

---

① 林日葵：《艺术经济学》，中国商业出版社 2006 年版，第 119 页。

② 顾兆贵：《艺术经济原理》，人民出版社 2005 年版，第 353 页。

③ 参见徐莹波：《“印象刘三姐”获中国驰名商标》，2011 年 6 月 1 日《桂林日报》。

产经营主体通过产品的创意研发、市场营销及品牌建设等手段，不断开拓市场空间。因此，民间艺术市场发挥着传导市场消费信息，推动民间艺术生产的功能。

（二）分配民间艺术产品，引导民间艺术消费

生产决定消费，消费引导生产，没有生产就没有消费，没有消费也就没有生产。豪泽尔在其《艺术社会学》一书中提出："生产不仅产生了消费的对象，而且产生了消费的方式；不仅是客观地产生，而且主观地产生了。于是生产产生了生产者。生产不仅生产需要的物质，而且生产物质的需要……艺术品——正如任何其他产品一样——创造了向往艺术并能欣赏它的美的公众。因此生产不仅为主体创造了客体，而且为客体创造了主体。"① 因此，艺术生产是艺术消费的前提和基础，艺术生产的内容与形式规定着艺术消费的内容与形式。

民间艺术市场中的民间艺术产品由民间艺术生产所提供，民间艺术生产决定了民间艺术市场中民间艺术产品的数量、内容与形式。因此，人们对民间艺术产品的消费规模、方式、内容、形式、心理和习惯等，在很大程度上要受艺术市场中实际流通的民间艺术产品的影响，民间艺术市场发挥着引导民间艺术消费的功能。

民间艺术凝聚着深厚的民族情感，能够满足当代民众的实用、情感与审美消费需求。当今社会，人们对传统文化的回归带来了民间文化热，民间艺术成为市场消费的热点，民间艺术产品的消费需求日渐旺盛。在此背景下，艺术市场引导民间艺术消费的功能显得更为突出。民间艺术市场应充分挖掘、利用我国优秀的民间艺术资源，开发出内容文明健康、形式生动活泼、丰富多彩的高品质民间艺术产品，并通过媒体的宣传推介，去吸引、指导、主动创造人们对民间艺术的消费需求。

韩国文化产业发展就非常注重对本国民族文化的挖掘、利用和宣传。如韩剧

① ［匈］阿诺德·豪泽尔：《艺术社会学》，居延安译编，学林出版社 1987 年版，第 107 页。

《大长今》就是通过对韩国传统民族文化资源的挖掘、利用，将韩国传统的饮食文化、服饰文化、医药文化、仪式文化等融入影视剧的生产，并推向市场，掀起愈演愈烈的韩国“衣风”“游风”“食风”“医风”，进而引导、带动了一系列关于韩国旅游、饮食、服饰、医药等的市场消费需求，发挥了市场对消费的引导作用。

作为民族文化的优秀基因，我国民间艺术博大精深、丰富多彩，可为文化产业发展提供优质的创意素材。我们可从中汲取营养，提取文化元素，开发出多样化的民间艺术产品。如皮影舞《俏夕阳》，该舞蹈吸收了唐山皮影戏的造型和音乐元素，并将其创意性地融入到舞蹈形式中，给人以耳目一新之感。特别是在中央电视台 2006 年春节联欢晚会上播出后，取得了不同凡响的效果。“《俏夕阳》节目在中央电视台春节晚会上的演出，使皮影戏得到了人们的广泛关注。在春节联欢晚会之后，许多媒体围绕皮影、皮影戏的历史、工艺、传承状况等各方面内容作了大量的介绍。通过这些节目，很多民众了解了这种民间艺术形式。这种强大的影响效应是民俗文化单纯依靠口耳相传的传播与传承模式不能达到的。”①《俏夕阳》的成功及其带来的大众传媒对皮影艺术的宣传与推介，有助于弘扬民间艺术，增进民众对传统民间艺术的认知和理解，进而激发其对民间艺术产品的消费需求。

二、民间艺术市场的类型

根据民间艺术市场重要性程度的不同，可将民间艺术市场分为主体市场与周边市场两类。

① 孙云春、姚周辉：《试论大众文化影响下的民俗文化》，《温州大学学报》（社会科学版）2007 年第 1 期，第 32～33 页。

（一）民间艺术产业的主体市场

1. 工艺品市场

民间工艺源发于传统农耕社会中民众的生活需求。当前，民众的生活方式相较以往发生了巨大变化，传统民间工艺与民众的现代消费需求脱节，民间工艺品产销失调成为制约我国民间工艺产业发展的一大瓶颈。如今，民间工艺要想重新融入民众日常生活，则须根据市场需求，挖掘、发挥其所具有的家庭日用、礼品馈赠、旅游体验、环境装饰、投资收藏等现代使用价值，通过题材、功能、材料、工艺等要素的革新，开发出适销对路的民间工艺产品，着力开拓日用工艺品市场、礼品市场、旅游商品市场、环境艺术品市场及收藏品市场等细分市场。如此，民间工艺才能传承、创新与发展，民间工艺产业也才能健康有序发展。[①]

2. 演艺市场

民间表演艺术市场可分为核心市场与外围市场两个层次。前者指以民间表演艺术为核心所形成的演艺市场，适用于民众认可度高、传播面广的民间艺术。如河南宝丰县政府充分发挥地方魔术资源优势，通过组建演艺集团、举办魔术节、建设魔术产业园等措施，积极引导、扶持魔术文化产业发展，业已形成与魔术相关的表演、服装、道具、艺校、音响等演艺产业体系，带动了旅游等相关产业发展，“宝丰文化现象”享誉全国。后者通过将民间表演艺术的文化元素创意性地融入当代歌舞、小品等艺术创作，开发出既富时代气息又具浓郁民间艺术特色的现代演艺产品。如取材于剪纸、皮影戏、杂技、少数民族歌舞的《剪纸姑娘》《俏夕阳》《俏花旦》《云南映象》等演艺产品，备受市场青睐。这既提升了我国演艺产业发展的地域、民族文化内涵和竞争力，也有效拓展了民间艺术的传播渠道与空间。

3. 旅游市场

在旅游业的“食、住、行、游、购、娱”六大要素中，民间艺术均大有用

① 参见张中波：《文化产业语境中民间工艺产业的细分市场》，《广西财经学院学报》2014 年第 1 期，第 79～83 页。

武之地。“食”“住”方面，将民间艺术用于宾馆、酒店等食宿环境的美化装饰，进行民间艺术的表演展示，可以有效提升食宿环境的文化品位。就“行”而言，旅游者乘坐的仿古马车、龙舟等旅游交通工具，本身就是一种特色民间艺术，可以缓解旅游者旅途疲劳，提高游兴。就“游”而言，民间艺术品及其制作过程的展示，以及各种民间艺术表演活动，构成旅游者观览的重要对象。就“购”而言，购买带有浓郁地域、民族特色的民间工艺品作为旅游纪念品，是旅游者购物活动的重要内容。就“娱”而言，为旅游者提供机会，使其参与到民间艺术的制作和表演活动中，可显著提升其旅游体验满意度，加深其对民间艺术的认知和理解。

2002 年，国家旅游局将年度旅游主题定为“中国民间艺术游”，主题口号为：“悠久的古国文明，神奇的民间艺术”“展现民间艺术风采，促进旅游事业发展”“民间艺术，华夏瑰宝”“旅游——民间艺术走向世界”等。国家旅游局从全国各地围绕该主题所提供的诸多活动方案中，选取了 100 多项活动，作为“2002 中国民间艺术游”的主题旅游活动，进而推出了中国民间戏曲艺术、民间工艺品艺术等 8 个专项旅游项目和内蒙古、宁夏、甘肃、河北等地的 12 条民间艺术旅游专线。[①] 将民间艺术与旅游业有机结合，有助于丰富旅游活动内容，增进国内外旅游者对我国民间艺术的认知和了解，弘扬民间艺术，取得良好的社会、文化及经济效益。

4. 会展市场

民间艺术会展开发主要包括两大模式：陈列展览式与节庆集会式。前者以博物馆、美术馆、艺术馆、图书馆、档案馆、展览馆、会展中心等为依托，围绕民间艺术的保护传承或开发利用主题，举办各类展览，向公众提供民间艺术陈列、展演、展销等产品或服务。后者以传统节日、现代节庆、集市及庙会为依托，开发以民间艺术为主题或部分活动内容的节庆集会活动，具有文化交流、旅游、商

① 参见中华人民共和国年鉴编辑部：《中华人民共和国年鉴（2003）》，中华人民共和国年鉴社 2003 年版，第 745 页。

贸交易等多重功能。当前，我国民间艺术会展开发尚处于起步阶段，存在诸多问题，如办展手段单一落后，效益欠佳；低层次、重复性开发，品牌展会缺乏；经济利益至上，民间艺术关怀缺失；政府大操大办，市场化运作及民众参与程度低等。采取对策解决好这些问题，是实现我国民间艺术会展开发可持续运营的关键。[①]

（二）民间艺术产业的周边市场

1. 设计市场

民间艺术设计市场开发，是民间艺术现代传播与艺术设计民族化追求的必然要求。结合市场需求，将民间艺术的造型、图案纹样、色彩等元素符号通过提炼、加工、重组，应用于视觉传达设计、产品设计、环境艺术设计等设计业的产品开发之中，一方面可为艺术设计提供优质的文化创意资源，增强产品的地域、民族文化特色，提升产品的文化附加值，形成我国艺术设计的民族化风格。另一方面，将民间艺术符号通过艺术设计附加到其他产品之上，为民间艺术传播提供了新的载体和手段，拓展了民间艺术的现代传播渠道与空间。

2. 影视市场

民间艺术融入影视产品存在两条路径：（1）民间艺术作为表现内容融入影视产品，主要包括“纪录式、点染式、象征式、镶嵌式”[②] 等方式。民间艺术或作为影视产品的表现主体，如影片（《窗花》）、纪录片（《中国民间艺术》）、专题栏目等；或作为精彩片段、叙事线索、主旨象征物、道具插曲等，成为影视产品的有机组成部分，如《黄土地》《大红灯笼高高挂》《活着》《千里走单骑》《年画》等影视产品，嵌入了民歌、腰鼓、红灯笼、皮影戏、傩戏、年画等民间艺术元素，被赋予了浓郁的地域、民族文化色彩。（2）民间艺术作为表现载体融入影视产品，丰富其艺术表现形式，增加其文化附加值，如皮影戏电影《小康

① 参见张中波：《论民间艺术的会展开发》，《艺术百家》2014 第 4 期，第 226 ~ 227 页。
② 高有祥：《非物质文化遗产的影像化生存》，《现代传播》2007 年第 6 期，第 16 ~ 17 页。

之路》、动漫栏目《快乐驿站》。此外，将年画、剪纸、木偶、皮影戏等民间艺术的造型、色彩、图案纹样、音乐、舞蹈等元素融入动漫艺术，制作出剪纸动画、木偶动画、皮影动画等民间艺术风格的动漫产品，有助于形成我国动漫产业的民族化风格，提升产业竞争力。

3. 出版市场

根据目标受众的不同，民间艺术出版物可分为两类：学术型民间艺术出版物与大众型民间艺术出版物。前者主要面向专业读者，具有专业性强、读者面窄（多作为教育与科研机构、相关文化部门及专家学者的教材、参考资料使用）、印数少、价格高、经济效益低等特点。应从长远利益考虑，做好该类出版物的出版资助工作，发挥其在促进民间艺术的信息记录、保存与传播、人才培养、学术交流与研究进展等方面所具有的重要作用。后者主要面向大众读者，应本着通俗易懂、可读性强的原则，根据民众的阅读心理与阅读习惯，从选题策划、撰写风格、装帧设计等方面入手，将民间艺术知识科学准确、生动有趣地传递给读者，激发其阅读兴趣，提高其对民间艺术的关注、认知和喜爱程度，为民间艺术的保护传承与开发利用工作营造良好的社会文化环境，实现民间艺术出版社会效益与经济效益的共赢。

第四节　民间艺术产业化的环境要素

民间艺术产业化系统的环境要素，即民间艺术产业化其他三要素赖以存在的外部环境，对民间艺术产业化系统的运行质量具有重要的宏观影响作用。政府、教育及科研机构、大众媒体等从法律保障、政策扶持、资金投入、产业规划、市场管理、人才培养、受众培育、理论指导、舆论宣传、消费引导等方面积极介入，为民间艺术产业化营造良好的社会、经济与文化环境，是民间艺术产业化系统有序运行及功能有效发挥的重要保障。

一、政　府

政府作为当前我国民间艺术产业化的倡导者与管理者，主要运用行政、经济、法律等宏观调控手段，为民间艺术产业的协调有序发展提供法律、政策、资金等各方面的保障条件。

（一）主要功能

政府在民间艺术产业发展中的主要功能如：

1. 制定、实施民间艺术的保护政策

近年来，我国各级政府就民间艺术的保护与传承工作出台了一系列的法律法规、扶持政策，为民间艺术的保护与传承工作提供了强有力的政策支持和法律保障。例如，制定民间艺术项目及其代表性传承人的普查、认定、命名与资助政策，保护、培养民间艺术传承人，如《江苏省非物质文化遗产代表性传承人命名与资助暂行办法》（苏文社［2006］33号）。通过建立文化生态保护区及非物质文化遗产生产性保护示范基地等措施，对民间艺术及其生存环境进行整体性保护，如《文化部关于加强国家级文化生态保护区建设的指导意见》（文非遗发［2010］7号），等等。

2. 设立民间艺术产业发展专项资金

设立民间艺术产业发展专项资金，采取补贴、奖励等方式，用于具有发展潜力的重点民间艺术产业项目或企业的扶持、新产品研发奖励、民间艺术产业人才的保护与培训、民间艺术市场宣传投入、课题研究经费资助等方面，如《国家非物质文化遗产保护专项资金管理暂行办法》（财教［2012］45号）、《江苏省非物质文化遗产保护专项资金使用管理办法》［苏财规（2012）25号］等。

3. 健全民间艺术产业的投融资机制

健全民间艺术产业的投融资机制，出台税收、信贷等扶持政策，建立以政府财政投入为引导、企业投入为主体、银行信贷等金融资本为支撑、民间投资为补

充的多元化投融资机制，拓宽投融资渠道，为民间艺术产业发展提供资金保障。

4. 培育新型民间艺术市场主体

推动国有经营性民间艺术生产经营组织转企改制，支持非公有制民间艺术企业发展，鼓励民间艺术企业的集团化发展，形成多种所有制企业共同发展的民间艺术产业格局。

5. 实施市场营销与品牌培育工程

利用会展、旅游、大众传媒等载体与手段，推动区域民间艺术产业发展的市场营销与品牌培育工作，拓展市场空间，形成民间艺术地域品牌、企业品牌、产品品牌、大师品牌协调互动的区域民间艺术产业品牌体系。

6. 完善民间艺术产业发展的管理机构

完善民间艺术产业发展的管理机构，加强民间艺术产业发展规划的编制、执行和监督机制，统筹协调区域民间艺术产业发展。制定区域民间艺术产业发展专项规划，或将民间艺术产业纳入城市规划、文化（产业）发展规划、旅游产业发展规划等社会经济发展规划，对区域民间产业发展进行科学规划，打造区域特色民间艺术产业集群，培育民间艺术产业成为区域经济发展新的增长点。

7. 规范民间艺术市场秩序

引导建立各类协会组织，制定行业准入及产品质量标准，加强行业自律。建立健全相关法律法规和标准体系，政府行政执法部门在依法维护企业合法权益的基础上，须依法严厉打击价格欺诈、假冒伪劣、知识产权侵犯等违法行为，规范民间艺术企业的生产经营行为，为民间艺术产业发展营造良好的市场环境。

（二）案例分析——庆阳香包文化产业①

近年来，甘肃庆阳大力发展香包文化产业，取得了良好的社会、经济、文化

① 参见李迎丰：《中国地理标志产品集萃：手工艺品》，中国质检出版社 2016 年版，第 112 ~ 113 页。

效益，庆阳香包已成为庆阳一张靓丽的城市文化名片。为了促进香包文化品牌的创建与发展，庆阳市委、市政府以及文化、宣传、出版等部门对香包产业发展十分关注，采取了一系列引领和扶持措施。

1. 加强领导，构建发展平台

庆阳市成立了市县级庆阳香包产业化领导小组，搭建以“政府牵头、群众参与、市场运作”为模式的“中国庆阳香包民俗文化节”发展平台，并已举办十六届。节会的成功举办，架起了把民俗艺术产品变成商品，由家庭小作坊到全国大市场销售的桥梁，实现了小生产与大市场的对接，打通了庆阳香包走向全国、走向世界的渠道。

2. 强化服务，创建经营模式

在民俗文化产业发展中，经营模式的探索与创建十分重要。各级行政管理部门发挥服务职能，采取政策引领、技术指导、专业培训、信息服务、税费减免、商标注册等措施，帮助专业户和龙头企业探索经营模式，总结出“公司 + 基地 + 农户”“能人带动农户”“零售运销”“团体会展”等适应不同市场需求的多种产业经营模式，促进香包产业化发展。

3. 项目引领，资金帮扶

市县级政府部门通过争取国家和省级项目，招商引资，鼓励各种市场主体积极参与香包的生产、加工、流通、投资等，组织实施将庆阳香包纳入综合产业开发项目。庆阳市委、市政府先后投入专项资金 5000 多万元，建设展销场馆，建成西峰区东门村“锦绣坊香包一条街”，组织节会，开拓市场，聘请专家，支持龙头企业引进技术和先进设备，从而加快了香包产业的发展。

4. 实施品牌战略，规范管理

在庆阳香包的加工生产中，庆阳市委、市政府坚持“出精品，创名牌”的战略，要求“构思神异奇妙、造型古朴典雅、色彩绚丽夸张、针工精细考究”，并根据《中华人民共和国产品质量法》制定《庆阳市香包产品质量管理办法》，对生产、加工、包装、销售等环节进行严格管理，层层把关，做到精益求精，一丝不苟。

5. 深入研究，改革创新

庆阳市创建了庆阳市民俗艺术研究所、民俗产品研发中心，并且将中国民间工艺美术专业委员会、中央美术学院和清华大学美术学院作为教研基地，培养人才，开展研究，创新产品；编印出版了《中国十大志书·文艺集成》庆阳卷，发掘整理出版了《庆阳香包民俗艺术品规范标本》《庆阳传世刺绣纹样》《古民俗图纹释译》《古文化符号释译》《庆阳民间艺术之魂》《百蝶图》等民俗专著；创新设计出了绌绌、线盘、挂件、绣片等 7 大系列、100 多种新型香包样品。

经过多年对香包产业的引领、扶持、建设和发展，庆阳香包民俗文化建设成效卓著，民俗文化产业得到蓬勃发展，上百家香包龙头企业遍布城乡。数百个香包品牌走向五洲四海，涌现出一大批国家级和省市级刺绣工艺大师。庆阳市被中国民俗学会命名为“香包刺绣之乡”。2006 年，庆阳香包被列入国家第一批非物质文化遗产名录；2011 年，庆阳被文化部列为“国家级非物质文化遗产生产保护示范基地”。

二、教育培训及科研机构

学校、科研机构、文化组织（如文联、民间文艺家协会）、培训机构（如陶艺吧、纸工坊、木工坊）等相关组织机构，在民间艺术产业化过程中发挥着人才培养、受众培育、智力支持、理论指导等功能。

（一）人才培养与受众培育

学校、科研院所等作为人才教育和文化传承机构，承担着民间艺术专业人才培养与当代受众培育的重任。

1. 专业人才培养

民间艺术产业发展不但需要包括民间艺术的从业者、研究者、管理者等在内的多方面、多层次的专业人才，而且要求这些专业人才须具备艺术、民俗、经济、管理等多方面的理论知识与实践技能。高校、科研院所等可通过相关专业的设置与教学、培训工作，形成专、本、硕、博多层次的人才培养体系，培养从事民间艺术传承、研究与应用的各类专业人才，为民间艺术产业发展提供人才保障。

例如，为落实党的十九大提出的加强文化遗产保护传承，推动中华优秀传统文化创造性转化、创新性发展的要求，提升非物质文化遗产保护传承能力和水平，2018年4月，文化和旅游部、教育部、人力资源社会保障部联合下发了关于开展《中国非物质文化遗产传承人群研修研习培训计划实施方案（2018－2020)》（文旅非遗发〔2018〕4号）的通知。该计划旨在为非遗保护工作提供高校的学术和教学资源支持，通过组织非遗项目持有者、从业者等传承人群到高校学习专业知识、研究技艺和技术、开展交流研讨与实践，提高传承实践能力，促进非遗的可持续发展（图4－15)。

图4－15　天津美术学院非遗传承人培训成果展

该《实施方案》提出：2018～2020年，文化和旅游部、教育部、人力资源社会保障部在全国范围内遴选约100所本科高校、职业院校（含技工院校）、科研机构和相关单位，每年组织开展约200期研修、研习和培训；各省级文化行政

部门会同本级教育、人力资源社会保障行政部门，组织实施本地区的研培计划；年度参与研培人数约2万人次。研培计划以研修、研习、培训为主要形式，同时包括项目研究、学员回访、展览展示、研讨交流等拓展内容。文化和旅游部适时会同教育部、人力资源社会保障部遴选工作扎实、效果突出的院校或单位，授予“中国非物质文化遗产传承人群研修研习培训基地”称号。

自2015年实施以来，研培计划得到社会各界的大力支持和广泛参与。全国80余所高校举办研修、研习、培训390余期，培训学员1.8万人次，部分省、自治区、直辖市启动了本地区研培，全国参与人数达到5.6万人次。研培计划有效地帮助传承人群增强了文化自信和传承实践能力，提升了非遗保护传承水平；丰富了非遗保护的举措，激发了非遗传承的活力，促进了非遗与现代生活的融合；密切了院校与地方社区的联系，促进了相关的学科专业建设，增强了高校的文化传承和文化创新能力。同时，研培计划在增加城乡居民就业、促进精准扶贫、带动地方经济社会发展等方面发挥了积极作用，社会影响力不断增强。①

2. 当代受众培育

对于中小学、高校以及相关培训机构中的非专业人才教育而言，民间艺术走进校园、课堂和艺吧教室，通过开设民间艺术公共课程、在教学中增加民间艺术内容（如在美术教学中增加民间美术等相关内容，在音乐教学中增加民歌、戏曲等相关内容，在体育教学中增加民间舞蹈等相关内容）、组建民间艺术兴趣协会、邀请专家学者、民间艺人开展民间艺术的知识讲座、技艺展演、授徒传艺等方式，有助于激发人们尤其是青少年对民间艺术的兴趣，提高其对民间艺术的认可度和喜爱度，从而为民间艺术产业发展培育必要的受众群体。

（二）智力支持与理论指导

艺术学、民俗学、人类学、旅游学、文化产业学等学科领域的专家学者，所

①《中国非物质文化遗产传承人群研修研习培训计划实施方案（2018－2020）》（文旅非遗发〔2018〕4号）。

从事的与民间艺术保护、传承及开发利用相关的学术研究，以及受政府或企业委托编制的各种涉及民间艺术产业开发的专项规划、文化（产业）发展规划、旅游业发展规划等社会经济发展规划，可为民间艺术产业化实践提供强有力的智力支持与理论指导。

三、大众传媒

传统乡土社会环境中，口耳相传、行为示范与实物传播是民间艺术三种主要的传播方式。民间艺术的传播媒介则主要有身体媒介和实物媒介两种。前者主要以人体自身的语言、声音、表情与动作为传播手段；后者则表现为不同形式的物质材料，以具体的民间艺术作品为存在样态。① 这些传播方式在使民间艺术保持较强的稳定性与地域性的同时，受时空限制，存在着传播范围小、传播速度慢等问题。当代社会，随着现代化进程的推进，民间艺术的传播环境剧变，民间艺术的传统传播方式受阻。其中，大众传媒充斥人们的现代生活，改变了人们的生活方式，在挤压民间艺术传统生存空间的同时，也给民间艺术的现代传播带来了新的机遇。

民间艺术的大众传播，借助印刷媒介、电子媒介、新媒体等现代传播媒介，具有“超时空性、文本性、公共性、技术性”② 等特点，丰富了民间艺术传播的载体与手段，扩大了传播的时空范围及受众群体，提高了传播速度。一方面有助于普及民间艺术知识，引起民众对民间艺术的关注和重视，增强其对民间艺术的价值认知与情感认同，提高其保护意识；另一方面，有助于引导、激发民众对民间艺术的消费需求，为民间艺术产业化培育广泛的消费群体。例如，皮影舞《俏夕阳》在2006年央视春晚演出之后，获得了观众的一致喜爱。大众媒体进而围绕皮影戏的历史、保护传承状况等各方面内容作了大量报道，使皮影戏这一民间

① 孙发成、程波涛：《跨学科视角下的民俗艺术传播》，《北京理工大学学报》（社会科学版）2012年第5期，第130~132页。

② 孙发成：《民俗艺术符号及其现代传播》，《民族艺术研究》2011年第2期，第95~96页。

艺术形式得到了公众的广泛关注，这种强大的传播效应是民间艺术传统传播方式难以达到的。

图 4 – 16　山东章丘铁锅

再比如山东章丘铁锅（图 4 – 16）。随着 2018 年 2 月纪录片《舌尖上的中国》（第三季）的播出，山东章丘铁锅一夜爆红，一时间“洛阳纸贵，章丘无锅”。这一方面源于章丘铁锅千锤百炼的精良工艺，另一方面也得益于舌尖栏目及后续大众媒体的宣传推介，从而使得章丘铁锅一跃成为天猫商城的网红产品，一时间销量猛增，求购者络绎不绝。但是，章丘铁锅的“一夜蹿红催生了当地大量制作铁锅的家庭小作坊，良莠不齐、以次充好现象随之出现，导致章丘铁锅遇冷滞销，不少家庭小作坊关门停业”①。虽然当地市场监管部门已经着手开展行业整顿，加强市场监管，规范市场秩序，但其中的教训值得我们牢记和反思。章丘铁锅的大众媒体传播虽然快速提升了其知名度，但其若想长盛不衰，则离不开政府的有效监管，企业的质量管控，生产者“工匠精神”的坚守，从而依靠自身的优良品质塑造经典品牌形象。

① 封寿炎：《章丘铁锅缘何蹿红又陨落》，2018 年 6 月 22 日《中华工商时报》。

第五节　四大系统要素间的关系

民间艺术产业化系统具有四大构成要素，即民间艺术的生产经营者与消费者、民间艺术资源、民间艺术市场与民间艺术产业化的支撑环境。四者相互联系，相互作用，彼此间的协调互动带来民间艺术产业化系统功能的不断优化及持续有序发展（图4－17）。

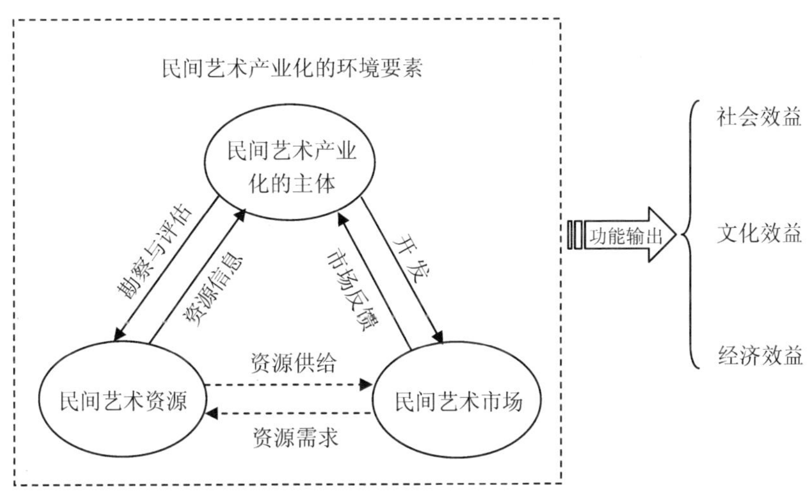

图4－17　民间艺术产业化系统四要素的关系

其一，民间艺术产业化的主体，既是民间艺术资源的开发者与享用者，也是民间艺术市场的选择者与开拓者。他们通过对民间艺术资源的勘察、评估与分类确定开发的对象与措施，并根据民间艺术资源的功能及属性、民间艺术的供求状况，选择或开拓民间艺术的市场空间，以实现其需要与目标。

其二，民间艺术资源作为民间艺术产业化的客体，在民间艺术生产经营主体及消费主体的综合作用下，经开发利用带来民间艺术市场的选择或开辟，最终形成民间艺术产业。

其三，民间艺术市场作为民间艺术产业化的中介，联结着主体和客体，是联系民间艺术生产与消费的桥梁。它将民间艺术的供求信息及时反馈给民间艺术产业化的主体，成为主体决策的依据，并带来民间艺术资源的不断发掘与开发利用，发挥着传导市场消费信息、推动民间艺术生产与分配民间艺术产品、引导民间艺术消费的功能。

其四，民间艺术产业化的环境要素，则为主体、客体与中介三要素的协调互动提供必要的保障条件。

{ 第五章 }

民间艺术产业化的路径

文化产业背景下，民间艺术产业化在其主体、客体、中介与环境四大系统要素的综合作用下，存在两条路径，即民间艺术直接产业化与民间艺术间接产业化。[①] 前者指将民间艺术本身作为文化产品进行产业化运营；后者则是将民间艺术的造型、图案纹样、色彩、音乐、舞蹈等元素提炼出来，创意性地应用到设计业、演艺业、动漫业、影视业等产业的产品开发中，提升其文化附加值，并以这些工业化产品为载体，实现民间艺术元素的规模化生产与消费。区分民间艺术上述两条实质不同而又相互联系的产业化路径，厘清两者之间的关系，可为民间艺术产业化实践提供科学指导，为探讨民间艺术产业化对民间艺术变迁与传播的影响问题奠定基础。

① 王伟（2010）将民俗艺术产业化的路径分为两条，即民俗艺术的直接产业化与间接产业化。民俗艺术直接产业化，指原生态民俗艺术品的直接传承与开发，使民俗艺术品在转化为商品时形成规模，同时注重培植品牌，提升价值，使之形成为一定规模的产业。民俗艺术间接产业化，即做长产业链，指将民俗文化、民俗思维和民俗艺术的元素应用到艺术设计领域，开发衍生类产品，提高产品的文化价值和民族特色，从而形成规模经济（参见王伟：《民俗艺术产业化的路径研究》，《学术论坛》2010 年第 8 期，第 161 ~164 页）。该文为笔者探讨民间艺术产业化的路径规律提供了有益的理论启示。但该文也存在着研究广度与深度方面的不足。研究对象方面，作者主要针对民间造型艺术，未涉及民间表演艺术；论述广度及深度方面，作者仅对民俗艺术两种产业化路径的涵义及应用域进行了简要的例述，而未对两种产业化路径的涵义、涉及的文化产业域、产业化的方式、两种产业化路径的区别与联系等相关内容作进一步的研究。在此基础上，笔者就民间艺术产业化的路径规律展开系统深入的研究。

第一节　民间艺术的直接产业化

民间艺术直接产业化将民间艺术自身作为文化产品进行产业化运作，这些民间艺术资源须能从供需两方面满足直接产业化运作所需的规模化、标准化、批量化、大众化的生产与消费条件。着重探讨民间艺术在旅游业、工艺品业、会展业、主题公园业中的产业化应用，就民间艺术旅游商品创新开发的方法、民间工艺产业的细分市场、民间艺术会展开发的内涵、价值、模式、问题及对策、主题公园中民间艺术舞台化的时空模式等展开系统阐述。

一、民间艺术直接产业化的内涵

民间艺术直接产业化，就是以市场需求为导向，对传统民间艺术资源进行挖掘与创新利用，使之转变为现代民间艺术产品，最终形成民间艺术产业的过程。它将民间艺术自身作为文化产品进行产业化运营，形成适度的产业规模，实现民间艺术自身的规模化生产与消费，并注重品牌培育和衍生产品开发，延伸民间艺术产业链条。民间艺术直接产业化是目前我国民间艺术产业化的主要路径，形成传统意义上的民间艺术产业。

民间艺术直接产业化紧密关涉民间艺术本身的保护、传承与发展问题，如果操作不当，既有害于民间艺术产业发展，更会对民间艺术造成不同程度的破坏甚至是毁灭性的打击。民间艺术直接产业化过程中，政府、企业、民间艺人等利益相关者群体基于对经济利益的追逐，罔顾民间艺术的传承与发展规律，不考虑民间艺术的承受能力，导致盲目开发、粗制滥造、无序竞争等问题频发。这种以牺牲民间艺术及其文化生态环境为代价的掠夺式开发，使民间艺术直接产业化走上了“先破坏，后保护”的歧路，偏离了民间艺术产业可持续发展的轨道，这是造成民间艺术直接产业化为专家、学者、公众所诟病的重要原因。因此，我们应审慎对待民间艺术的这种产业化方式，在有效保护的前提下，对民间艺术进行科学合理的开发利用。

二、民间艺术直接产业化的业态

民间艺术直接产业化主要涉及旅游业、工艺品业、会展业、演艺业、主题公园业等五大产业域。

（一）民间艺术的旅游商品开发

文化是旅游的灵魂，旅游是文化的载体。旅游是一种满足人们高层次精神文化需求的活动，游客旅游动机中很重要的一方面就是体验异域他族的特色文化，以满足其“求新、求异、求知、求乐”的旅游需求。我国民间艺术资源丰富多彩，生活气息浓郁，群众基础深厚，地域、民族特色鲜明，对旅游者具有巨大的吸引力。将民间艺术有机融入“食、住、行、游、购、娱”六大旅游要素，有助于丰富旅游活动内容，提升游客旅游体验质量。其中，购买特色民间艺术旅游商品作为其旅游经历的物质象征，是游客在目的地旅游购物活动的重要内容。

1. 民间艺术旅游商品开发的内涵

（1）旅游商品

旅游商品具有广义与狭义之分。广义的旅游商品是指旅游企业为满足旅游者的旅游需求，以交换为目的提供的具有使用价值和价值的有形旅游劳动物品与无形服务的总称，包括交通商品、餐饮商品、住宿商品、景观商品、购物商品、娱乐商品以及包含在其中的服务类商品。狭义的旅游商品则指旅游者因旅游而购买的、其所有权发生转移的、含有旅游信息或旅游地文化内涵的劳动产品，不包括商业性或投资性的购买对象。[①] 也就是说，狭义的旅游商品是指旅游者因旅游所

① 钟志平：《旅游商品学》，中国旅游出版社2005年版，第4~8页。

需而购买的有形实物商品，主要包括旅游纪念品、旅游用品及日常生活用品等。

其中，旅游纪念品指旅游者在旅游过程中购买的富有地域、民族文化特色的纪念性物品。旅游纪念品种类繁多，大致可分为文物古董及复制品、书画金石、工艺美术品、土特产品、珠宝首饰等。旅游用品指旅游者为了实现特定的旅游目的而购买的在旅游过程中使用的商品，如登山器械、露营设备、旅行箱包、旅游鞋帽、手杖、风雨衣等。日常生活用品指旅游者在旅游地购买的日常生活所需的用品，如手表、衣物、水杯、食品、饮料、美容化妆品等日常生活必需品。

（2）民间艺术旅游商品开发

当前，旅游购物作为我国旅游业“食、住、行、游、购、娱”六大要素中的一块软肋，制约着我国旅游业综合效益的提升。旅游商品作为旅游购物活动的物质载体，是旅游购物发展的基础。旅游商品销售收入占旅游总收入比重的高低，是衡量区域旅游业发展水平的重要指标。“旅游商品销售收入在旅游总收入中所占的比重的临界值为30%，如果低于这个水平，说明旅游业存在结构性偏差，就会影响旅游业的整体发展，旅游发达国家的旅游商品收入，一般可以达到旅游总收入的40%～60%，而在我国这个比例大概只有20%左右。”① 时至今日，我国旅游商品销售收入占旅游总收入的比重仍还比较低，原因众多，如在旅游业发展规划中，普遍存在着重旅游景区规划建设、轻旅游商品开发的现象，旅游商品开发往往缺乏科学规划，导致旅游商品供需脱节，旅游商品雷同，缺乏创意和特色。

我国民间艺术资源种类繁多、分布广泛，地域、民族特色鲜明，为我国旅游商品开发提供了优质文化资源。许多民间艺术品类尤其是民间工艺，如剪纸、年画、风筝、香包、蜡染、刺绣、陶瓷、泥塑、木雕、草编、竹编等早已被开发成特色旅游商品，备受旅游者青睐。民间艺术旅游商品开发，就是指以旅游市场需求为导向，挖掘、利用特色民间艺术资源，因地制宜地开发出集纪念性、地域

---

① 邱扶东：《民俗旅游学》，立信会计出版社2006年版，第218页。

性、民族性、艺术性、实用性、时代性等特征于一体的民间艺术旅游商品的过程。[①] 民间艺术旅游商品开发，一方面有助于丰富、优化我国旅游商品的种类与结构，提升旅游商品的文化附加值，提升旅游商品销售收入在旅游总收入中的比重，优化旅游产业结构；另一方面，旅游商品是一种文化传播的独特载体，民间艺术旅游商品开发拓展了民间艺术的当代应用范围，有助于使游客领略民间艺术的独特魅力，促进民间艺术的保护、传承和弘扬。

2. 民间艺术旅游商品创新开发的方法

当前，我国民间艺术旅游商品开发尚存在诸多问题，如商品结构简单，雷同现象严重，缺乏创意和特色；知识产权保护机制不健全，模仿、抄袭现象泛滥；品牌民间艺术旅游商品缺乏；市场营销乏力；生产经营管理人才缺乏；市场秩序缺乏有效监管等。解决好这些民间艺术旅游商品开发中存在的问题，是实现民间艺术旅游商品健康发展，充分发挥民间艺术旅游商品开发综合效益的关键。

其中，忽视民间艺术旅游商品的创意研发是制约民间艺术旅游商品可持续发展的关键问题。很多民间艺术旅游商品生产者还停留在对传统民间艺术品进行简单复制与仿制的阶段，市场观念淡薄，缺乏整合传统资源与现代意识的创新设计，从而使得民间艺术旅游商品的内容与形式陈陈相因，离旅游者的消费需求愈来愈远。创新是民间艺术旅游商品开发的生命所在，民间艺术旅游商品开发应基于对传统民间艺术资源的挖掘利用，根据旅游市场需求，通过对民间艺术旅游商品的题材、功能、材料、工艺等核心开发要素的创新与拓展，将传统与现代相结合，开发生产出既具传统韵味又有鲜明时代气息的民间艺术旅游商品。

（1）题材的创新

民间艺术旅游商品的题材创新，指基于对传统题材的扬弃，通过题材的扩充，丰富民间艺术旅游商品的题材种类，满足旅游者多样化的旅游购物需求。民间艺术旅游商品的题材创新主要表现在两个方面：

---

① 此处指的是狭义层面的民间艺术及旅游商品，主要探讨造型类民间艺术转化为有形旅游商品的问题。

其一，民间艺术旅游商品开发应根植于地域、民族文化传统，深入挖掘地域、民族文化内涵，设计开发出反映地域风土人情的民间艺术旅游商品。如民居建筑、神话、传说、小说、戏曲、历史文化名人等作为地域文化的典型代表，将其融入民间艺术旅游商品开发中，可以有效扩充民间艺术旅游商品的题材，开发出独具地域、民族特色的民间艺术旅游商品。

例如山东菏泽巨野农民画，巨野作为“中国农民绘画之乡”，农民工笔绘画产品远销国内外。巨野农民画师一方面挖掘地域传统文化资源，开发出牡丹、麒麟题材的绘画产品；另一方面紧跟时代发展，开发出反映现代生活的绘画产品。具体而言，巨野农民画师依托自身“牡丹之乡”的文化资源优势，将寓意富贵的牡丹作为创作素材，开发出享誉国内外的“工笔牡丹”绘画产品（图5－1），约占全国工笔牡丹绘画市场的80%。同时，巨野还是“中国麒麟之乡”，麒麟文化资源丰富，巨野农民画师据此创新开发出了一批麒麟题材的绘画产品，如《百麟图》《麒麟送子》等。此外，除了传统的花鸟、历史人物、山水题材作品，结合自己身边的农家生活，巨野农民画师还创作出了一系列描绘现代农家生活题材的绘画产品。①

图5－1　菏泽巨野工笔牡丹画

① 参见潘鲁生、赵屹：《手艺农村——山东农村文化产业调查报告》，山东人民出版社2008年版，第90～97页。

其二，民间艺术旅游商品开发还应结合现代生活，通过题材创新赋予传统民间艺术新的文化内涵，开发反映现代生活题材的民间艺术旅游商品。如山西广灵剪纸是中国民间剪纸的三大流派之一，近年来广灵剪纸专家、艺人顺应市场需求，进行探索创新，使剪纸品种由原来的几十种扩大到上千种，内容由传统题材扩展到戏剧脸谱、文物古迹、旅游景观、山水风光、劳动生活场景、现代英模人物等领域，先后开发出《四大名著》《传统剪纸》《京剧脸谱》《山西历史人物》《山西风光》等系列剪纸精品，广受市场好评。[①] 由此，广灵剪纸文化产业迅速发展。

（2）功能的扩散

民间艺术旅游商品的功能扩散，指在开发民间艺术旅游商品时，根据旅游者的消费需求，突破其原有功能的束缚，通过民间艺术旅游商品实用功能、审美功能、纪念功能、馈赠功能等功能的内部扩展与相互间的转化与融合，提高民间艺术旅游商品的吸引力，以满足旅游者多样化的消费需求。

例如，山东菏泽鄄城民间土布工艺，传统的土布工艺产品多为家庭自用的床单、被罩、枕巾、门帘、包袱、手巾以及四季衣料等。如今，鄄城当地的布艺公司在传统土布工艺产品的基础上，根据民众的现代消费、审美观念，创新开发出大批适应现代人生活需要和审美情趣的新土布工艺产品，如工艺壁挂、餐厅用品、浴室用品、服装服饰、沙发靠垫、挎包手袋、车饰品、鼠标垫、手帕等产品，成为特色旅游商品，满足了人们多方面的生活需求。[②]

再如，杨家埠木版年画。传统的杨家埠木版年画作为年节祈福的节事用品，主要包括祭祀活动所用的神像画和装饰居家环境所用的吉祥装饰画两大类。如今，随着人们生活方式的改变，受多种因素影响，传统年画的需求锐减，致使生产大量萎缩。20 世纪 80 年代以来，随着杨家埠旅游业的快速发展，杨家埠年画生产户根据新的市场需求，注重对年画文化内涵的挖掘，转换年画的功能，在保

---

① 白庚胜、许柏林主编：《中国民间文化艺术产业建设研讨会论文集》，民族出版社 2006 年版，第 281 页。

② 潘鲁生、赵屹：《手艺农村——山东农村文化产业调查报告》，山东人民出版社 2008 年版，第 147 ~ 155 页。

持传统题材、传统工艺的基础上，开发出年画精装资料画册、挂历、卷轴画、布艺年画、刺绣年画等多种新的产品形式，作为礼品、纪念品、收藏品等出售①，满足了旅游者纪念、家居装饰、科研、收藏、馈赠等多样化的消费需求。

（3）材料的创新

民间艺术旅游商品开发过程中，通过新材料的运用，可以丰富民间艺术旅游商品的物质载体，增强其市场适应性。如山东临沂盛产杞柳，有“中国柳编之乡”之美誉。近年来，临沂柳编工艺产业发展迅速，为提高市场竞争力，临沂柳编产品创新力度不断加大。材料创新应用方面，传统柳编产品的材料是柳条，而现代柳编产品材料丰富且多元。临沂柳编主要从三个方面来创新使用柳编材料：一是编织毛料的创新，由柳条扩展到草、芦苇、玉米皮、树皮、竹条、藤、纸等；二是附件材料的创新，出现了布里子、塑料里子、皮把手、木把手等；三是搭配材料的创新，出现了木架、金属架等。新材料的使用使临沂柳编产品的花色品种日益丰富，由最初农民自编自用的篓、篮、筐等日用品发展到如宠物筐、果品篮、野餐篮、洗衣筐、婴儿篮、水果盘、手提包等8大类300多个小类、上万个花色品种。②

（4）工艺的改革

民间艺术旅游商品的工艺改革，指根据当今旅游者的消费需求，对民间艺术旅游商品的传统工艺进行改革创新。主要体现在如下三个方面：

首先，将传统工艺与现代工艺相结合，开发出新颖、美观、实用的民间艺术旅游商品。如“浙江、江苏的一些家具厂改革传统红木家具的生产工艺，开发出多种工艺嫁接的红木家具，以红木为底，辅以镶嵌漆器、陶瓷、电脑平面浅刻与深刻的木雕，造型现代，美观实用，深受消费者的欢迎”③。

① 参见潘鲁生、赵屹：《手艺农村——山东农村文化产业调查报告》，山东人民出版社2008年版，第209~213页。

② 参见潘鲁生、赵屹：《手艺农村——山东农村文化产业调查报告》，山东人民出版社2008年版，第16~22页。

③ 邱扶东：《民俗旅游学》，立信会计出版社2006年版，第240页。

其次，传统民间艺术品多为手工制作，手工制作虽能生产出艺术品质较高的民间艺术旅游商品，但也存在着生产周期长、产量低、次品率高和原材料利用率欠佳等问题。民间艺术旅游商品开发过程中，通过生产工具和工艺流程等生产工艺的改革创新，提高民间艺术旅游商品的生产效率，以满足日益增长的旅游消费需求势在必行。如：潍坊杨家埠风筝制作的传统工艺（图5－2），是以竹子做框架，以纸、丝绢蒙面，按绑扎、贴糊、绘画工序进行加工。为提高生产效率，实现批量生产，风筝户对生产工艺不断进行改进。清代，杨家埠风筝艺人借助印制木版年画技艺，用木版印出线稿和大色块，贴糊到风筝骨架上，再手工绘制细部，大大降低了成本，增加了产量。物美价廉的风筝引来大量客商，杨家埠风筝的生产规模空前扩大。21世纪以来，为了满足不断扩大的市场需求，提高生产效率，杨家埠风筝艺人在绘画环节先用机器丝网印制底稿，再手绘上色，或连带印上一色或两色，再手绘其他颜色，形成半印半画的风筝。这种风筝保留了杨家埠风筝的精要之处，画面美观，色彩鲜艳，价格又相对便宜，成为大众化消费品。①

图5－2　侍女风筝·潍坊杨家埠

① 参见潘鲁生、赵屹：《手艺农村——山东农村文化产业调查报告》，山东人民出版社2008年版，第185~186页。

此外，如泥塑、面塑等以传统工艺生产的民间艺术旅游商品，大多存在着易碎、不易久存等弱点，便携性和保存性较差。因此，通过制作工艺的改革创新，提升此类民间艺术旅游商品的坚韧度和保存期限就显得尤为重要。如陕西凤翔泥塑享誉国内外，但传统凤翔泥塑存在着易碎、易开裂、易掉色等问题。当前，为适应市场需求、拓宽销路，凤翔泥塑艺人对传统的泥塑工艺进行了改进。通过在泥胚中加入棉花、糯米等工艺革新，创造了“摔不碎”的泥塑新工艺，解决了凤翔泥塑易碎的问题，降低了泥塑产品在携带、运输过程中的破损率。此外，将原来的泥模子换成石膏模，克服了传统泥模具寿命短、生产效率低的缺点，提高了泥塑生产的效率。同时，给泥塑作品配以精美的包装，也促进了泥塑产品的销售。

总之，民间艺术旅游商品作为由题材、功能、材料和工艺等核心要素组成的有机整体，对其任何一个要素进行创新，或者进行各个要素的组合创新，都可开发出新的民间艺术旅游商品。因此，我们应紧密结合旅游市场需求，从民间艺术旅游商品的题材、功能、材料、工艺等核心开发要素找寻创新开发的突破点，进行单因素创新或多因素的组合创新，开发生产出适销对路的民间艺术旅游商品。

（二）民间工艺产业的细分市场

增强市场开发意识，拓展民间工艺产业的市场空间，掌握当前民间工艺产业的细分市场状况，为民间工艺品的研发、设计、生产与销售提供科学依据，是实现民间工艺产业产销协调的前提和基础。根据民间工艺的自身属性和市场需求状况，当前我国民间工艺产业主要面临日用工艺品市场、礼品市场、旅游商品市场[①]、环境艺术品市场及收藏品市场等五个细分市场。

1. 日用工艺品市场

民间工艺源发于民众的日常生活需求，实用性是其首要特性。日本民艺学家柳宗悦曾就工艺与生活的关系说道：“离开了工艺就没有我们的生活。可以说，

① 详见本节“民间艺术的旅游商品开发”部分内容。

只有工艺之存在我们才能生活。从早到晚，或工作或休息，我们身着衣物而感到温暖，依靠成套的器物来安排饮食，备置家具、器皿来丰富生活。如同影子离不开物体那样，人们的衣、食、住也离不开工艺品……如果工艺是贫弱的，生活也将随之空虚。”①

民间工艺具有质朴、温情的特性，实用与审美相协调的功能结构。当今时代背景下，发挥民间工艺传统技艺及资源优势，结合当代民众日常生活需求，所生产的服务于民众衣、食、住、行、用等日常生活所需的各类工艺品，如服饰、鞋帽、餐具、茶具、坐具、卧具、灯具、玩具、扇子、雨伞、灯笼等（图5-3、图5-4），逐渐受到人们的认可与青睐，在现代日用工艺品市场中大有可为，这为民间工艺的产业化发展奠定了坚实而广阔的市场基础。

图5-3　柳编座椅·青岛星程民俗主题酒店

图5-4　布老虎鞋·南京高淳老街梅家鞋铺

2. 礼品市场

馈赠礼品作为人们沟通和表达情感、协调人际关系的重要方式，随着现代人际交往、商业往来和对外开放的扩大，市场需求量日渐增大。民间工艺作为地域、民族文化的结晶，既有面向高端市场的艺术价值和经济价值较高的玉雕、紫砂、红木制品，也有面向一般大众的剪纸、皮影、年画、刺绣、蜡染、泥塑等。作为土特产品，民间工艺品成为政务礼品、企业礼品、个人礼品的重要选择。

① ［日］柳宗悦：《工艺文化》，徐艺乙译，广西师范大学出版社2006年版，第6页。

(1) 政务礼品

政务礼品，指政府部门、团体组织及相关企事业单位采购定制的礼品。根据礼品接受对象的不同，政务礼品可分为政府福利礼品、会议礼品、涉外礼品，一般具有鲜明的地域、民族特色。民间工艺品作为地域、民族文化的典型代表，是政务礼品的重要组成部分，如“常州市政府外事活动礼品经常采用黄杨彩绘木梳”①。作为政务礼品的民间工艺品，一般根据特定的主题进行研发设计，具有主题性、地域性、民族性、纪念性、便携性等特点，作为政府对外文化交流的使者，在传播会议精神、政府机关单位形象的同时，也传播着地域、民族文化。

(2) 企业礼品

企业礼品是企业在经营或商务活动中为了提高企业（产品）市场知名度，扩大产品市场占有率，以获取更高的经营业绩和利润而特别订购的一种礼品。企业礼品往往带有企业品牌标志，集新颖性、独特性、审美性和实用性于一体，如商务礼品、促销礼品、办公礼品等。企业礼品作为企业 CIS（corporate identity system）的重要组成部分，具有企业形象代言人的作用，有助于增强企业产品的附加值，体现企业文化底蕴，是宣传企业文化和维系客户关系的重要手段和载体。

特色民间工艺品是企业礼品的重要组成部分。例如，随着多次被国家邮政局确定为生肖邮票图案，陕西凤翔泥塑成为畅销全国的民间工艺品和颇具特色的馈赠礼品（图 5 –5）。一些企业便利用热销的凤翔泥塑来推销自己的产品或提升企业品牌形象，如“西安旅游公司在 2002 年‘西安一日游’中特设‘吃羊肉泡沫，送泥塑马’的项目，成为旅游业推出的新型‘套餐’，凤翔泥塑成为马年最抢手的旅游纪念品。还有著名的凤翔西凤酒厂也于 2002 年开展‘西凤老字号凤翔民俗文化展’活动，活动标明，购买相应的西凤酒赠送不同泥塑作品，如购普通装赠泥塑马，精品装赠泥塑十二生肖，家藏装赠泥挂虎。甚至国外著名公司也借机推出促销手段，2003 年美国百事可乐公司订购了 5 万件泥塑生肖羊作为促销礼品。这些商家借泥塑的东风，推销产品和企业文化，而泥塑乘老字号、名企业

① 吴琼：《常州梳篦》，化学工业出版社 2009 年版，第 40 页。

之风，开拓新的消费市场”①。

除此之外，一些企业对民间工艺礼品的订购还有其特殊要求，如体现企业文化形象、产品特色等，这就需要生产设计者须通过熟悉企业文化、商品形象，改进题材、功能、材料、工艺等，设计生产出具有企业特色的新型民间工艺礼品（图5-6）。

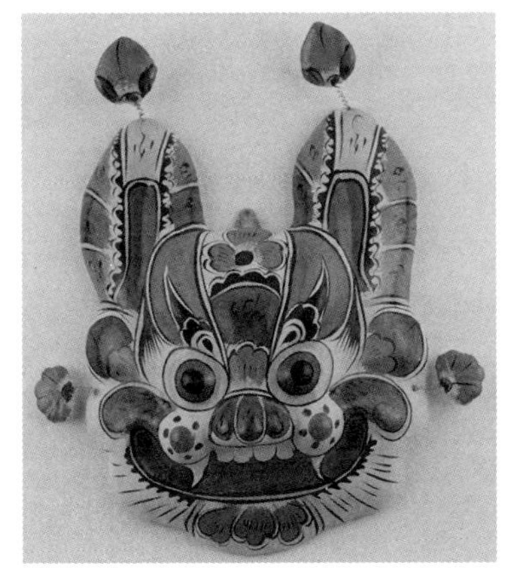

图5-5 彩绘挂虎·凤翔泥塑

图5-6 青花瓷U盘·联通公司促销礼品

（3）个人礼品

个人礼品作为人们表达敬意、庆贺或祝愿等情感而赠送的物品，是人们交流、沟通情感的重要媒介。个人礼品在人们的日常生活领域有着广泛应用，与民众生活紧密相连，主要体现在传统节日及人生礼俗两个方面。

其一，传统节日礼品市场。我国的一些传统节日，如春节、元宵节、端午节、中秋节等，是人们购买节日礼品的重要时段。一方面，传统节日是节日礼品源发的沃土。传统节日，各式各样的节日礼品，不论是吃的，如端午节的粽子、中秋节的月饼等；还是用的，如元宵节的灯笼、生肖吉祥物等，都有着巨大的市场需求，促进了节日礼品的繁荣发展。另一方面，节日礼品作为节日文化的重要组成部分，是节日文化内涵的物化形态，有助于丰富节日活动内容，营造浓厚的

① 方李莉主编：《西部人文资源考察实录》，学苑出版社2010年版，第134页。

节日气氛，增强民众对族群文化的认同感和归属感，促进传统节日文化的传承与发展。民间工艺品，如中国结、灯笼、剪纸等，吉祥喜庆，作为节日期间的送礼佳品，是节日礼品的重要组成部分。

其二，人生礼俗礼品市场。人生礼俗即人生仪礼民俗。所谓“人生仪礼民俗，是我们先人在千万年的生养实践中摸索出来的一套按生命的节律而构建的礼仪程式。主要体现在生命的关键点：生、婚、丧三个阶段上。”[①] 在婚娶生子、生辰寿诞等人生仪礼的重要时点及场合，亲朋好友馈赠礼品以示庆贺，表达祝福之意，是人生仪礼习俗的重要组成部分。如今，布老虎、虎头鞋、虎头帽、长命锁、婚庆对梳、筷子、现代生肖礼品等传统与现代民间工艺礼品（图5－7），蕴含着吉祥、平安、如意等民俗文化内涵，成为人生礼俗礼品市场的重要组成部分，市场消费潜力巨大。

图5－7　婚庆对梳·谭木匠

3. 环境艺术品市场

此处所指的环境主要包括：家居环境、商业经营环境、办公环境、城市公共环境等。现代住宅楼、商厦、酒店、宾馆、办公楼、城市公共设施等家庭和公共环境的装修和装饰，需要数量庞大、富有文化内涵的门面装饰品、墙壁装饰品、家居陈设品、艺术化案头办公用品、户外建筑小品、艺术装饰小品等。

传统农耕社会，家居环境的装饰处处显现着民间工艺的身影，如大门前的抱鼓石、石狮子，砖木石雕的门楼、门板、窗户，年节时贴挂的门笺、年画、窗花、红灯笼等。这些精美的民间工艺品装点着民众的家居生活环境，寄托着民众

① 陈勤建：《中国民俗学》，华东师范大学出版社2007年版，第123页。

对美好生活的期盼，满足了民众的物质生活及精神需求。当今社会，民众生活呈现出“日常生活审美化”的时代特征，在“传统文化热”的影响下，年画、剪纸、皮影、刺绣、砖木石雕、泥塑等民间工艺品以其深厚的民族文化内涵、吉祥喜庆的象征寓意、独特的审美意蕴，契合了民众追求幸福生活的普遍性心理期盼，满足了民众的日常生活审美需求。

以商业经营环境为例，商厦、茶馆、餐馆、酒店、宾馆等商业经营场所的装修，很多采用木雕窗扇，用中国结、蓝印花布、风筝、年画、剪纸、刺绣、竹刻、木雕、红灯笼、独轮车、石磨盘、红辣椒、大蒜、玉米棒等民间工艺品、农作物和旧时的生产、生活器具，装点环境，营造主题环境氛围（图5－8、图5－9）。商业经营环境对民间工艺的应用，一方面有助于美化环境、营造气氛，促进商卖兴隆；另一方面有助于将民间工艺与民众日常生活联系起来，为民间工艺产业发展提供商机。

图5－8　中国结·南京紫峰大厦

图5－9　红灯笼·扬州1912

因此，在现代家居环境、商业经营环境、办公环境、城市公共环境的装修、装饰中，民间工艺品以其独特的审美价值、吉祥喜庆的文化意蕴营造了富有浓郁民族文化气息的空间环境，日渐显示出其独特的魅力，市场前景广阔。

4. 收藏品市场

近年来，随着国民经济的快速发展，我国的收藏品市场持续升温，收藏者群体日益扩大，一个颇具潜力和活力的新兴产业正在逐渐形成。民间工艺品作为收藏爱

好者的重要收藏对象，一些民间工艺精品，如苏绣、玉雕、紫砂器具、红木家具等，具有很高的观赏和收藏价值，保值、增值潜力强，已进入收藏品市场，正在成为收藏品市场的热点。民间工艺收藏品市场的发展具有重要意义，它不仅对保存文物类民间工艺具有重要作用，而且对促进当代民间工艺发展亦具有积极意义。

今后，随着人们收入水平和文化消费品位的不断提升，收藏品市场必将为民间工艺产业发展带来更为广阔的市场空间。概括而言，民间工艺品的收藏者群体主要包括各类收藏组织和机构（如博物馆、美术馆、企业等）及个体收藏者。

（1）博物馆

博物馆所拥有的社会影响力和经济实力，使其成为艺术市场中高水平、高价位民间工艺精品的重要购买者。博物馆收藏民间工艺品并不是以商业性投资为主要目的，而是通过收藏民间工艺精品，保护民族文化遗产，为民众提供不同程度的公益性文化消费服务（图5－10）。选择民间工艺品中具有较高的历史、学术、美学价值的精品代表作，是博物馆从艺术市场选购民间工艺藏品时所遵循的基本标准。

图5－10　戏曲人物面塑·南京博物院

（2）企业

企业收藏民间工艺品是一种商业行为，可产生多方面的正面效应。一方面，可以获得民间工艺品的展陈收入、售卖收入等经济收益，以增值获利；另一方面，可以对企业经营活动产生积极的促进作用。民间工艺藏品可以美化企业经营环境，提升员工审美修养和文化素质，有助于优化、宣传企业形象，构成企业文化的重要内容，提升企业声誉和市场竞争力。例如，保利集团从弘扬民族传统文化艺术的角度出发，于1999年兴办了保利艺术博物馆。该馆积极抢救和保护流散于海外的中国艺术珍品，并对公众开放展示，既取得了可观的门票收益，也为集团公司带来了巨大的社会声誉。

（3）个人

不同的个体收藏民间工艺品的目的与动机是不同的，有的是出于个人情感喜好的原因，有的是出于美化生活空间的需要，有的则是出于保值、增值、获利的目的，等等。民间工艺品收藏活动集学习研究和审美鉴赏功能于一体，既是个体收藏者陶冶情操、提高生活品位的特色休闲方式，也是个人投资的重要方向。

以“青神县云华竹旅有限责任公司”为例（四川省青神县竹编大师陈云华注册成立），该公司以平面竹编“名人书画”为主要题材，把苏东坡、郑板桥、徐悲鸿等名人的名画用竹丝编出惟妙惟肖的艺术品，深受各国人民喜爱，产品销往世界20多个国家和地区。公司通过对特精档竹编的研制与生产，推出了一批薄如蝉翼、细如发丝的竹编艺术精品，如《中国百帝图》《清明上河图》《观音》《八仙图》《蒙娜丽莎》，被世人争相购买收藏。《中国百帝图》在国外被美国商人以4.8万美金购走，不足300克重的《清明上河图》被台商以70万元人民币收藏，《清明上河图》由长宁竹海博物馆重金购去作为镇馆之宝，等等。①

当前，我国民间工艺收藏品市场发展尚存在诸多问题，如：市场尚未成熟，还未形成相对固定的收藏者群体；市场中流通的民间工艺品多为历史上的古物、绝版，鲜见当代民间工艺品的交易，以当代民间工艺品为对象的收藏品市场尚未形成；缺乏规范化管理，假冒伪劣、虚假营销等问题突出，市场秩序有待规范等。可采取如下应对措施：其一，利用学校教育、家庭教育、社会教育等手段，

---

① 根据“青神县云华竹旅有限责任公司”官网（http：//www.zgzyc.cn/Index.html）中相关资料整理而成。

加大宣传力度，普及民间工艺品收藏知识，培育民间工艺收藏品市场，壮大民间工艺品收藏队伍；其二，出台扶持政策，如税收优惠政策，引导社会闲散资金投向民间工艺收藏品市场；其三，加强法制建设，培养民间工艺品鉴定人才，建立权威鉴定机构，制定统一的鉴定标准，规范市场秩序，推动民间工艺收藏品市场的健康发展。

（三）民间艺术的会展开发

1. 民间艺术会展开发的内涵及价值

（1）民间艺术会展开发的内涵

自1798年法国举行“工业产品大众展”始，现代会展业经过200余年的发展，已经成为当今全球经济的一大热点领域，日益受到世界各国政府的广泛重视。所谓会展，“就是会议、展览和节事等集体性活动的简称，是指在一定地域空间，由多个人集聚在一起形成的，定期或不定期的集体性的物质、文化交流活动”[①]。会展的外延很广，其中展览、会议、节事活动是会展的核心组成部分。

近年来，我国会展业发展迅速，在社会经济发展中的作用日益凸显，成为现代服务业发展新的增长点。奥运会、世博会、APEC峰会、G20峰会、博鳌亚洲论坛、中国进出口商品交易会（广交会）、中国国际进口博览会等一系列世界级会展活动的举办，则极大地推进了我国会展业的发展进程。2015年3月，《国务院关于进一步促进展览业改革发展的若干意见》（国发〔2015〕15号）出台，该文件全面系统地提出了我国展览业发展的战略目标和主要任务，并对进一步促进我国展览业改革发展作出了全面部署。《意见》的出台表明，政府愈加重视以展览业为主的会展业在社会经济发展中所起的重要作用，为我国会展业发展注入了一剂强心针。

我国作为四大文明古国之一，文化资源丰富多彩，为我国会展业发展提供了宝贵的文化财富，文化类展会成为我国会展业的重要组成部分。民间艺术作为地

① 许传宏：《会展策划》，复旦大学出版社2011年版，第3页。

域、民族文化的典型代表，成为会展业发展可兹利用的特色文化资源。我国作为民间艺术大国，民间艺术保护呼声的高涨与会展业的勃兴，为我国民间艺术会展开发提供了历史性契机。如今，我国各类民间艺术展会如雨后春笋般涌现，民间艺术与会展业融合的广度和深度不断拓展。

民间艺术会展开发，就是以民间艺术资源为依托，以市场需求为导向，运用会展业态，通过举办各种与民间艺术相关的会议、展览、节事活动，吸引参展商与观众前来进行经贸洽谈、文化交流或旅游观光的一种民间艺术产业开发方式。

（2）民间艺术会展开发的价值

民间艺术会展开发有助于促进民间艺术的保护传承与民间艺术产业发展，拓展会展业务领域，打造特色展会品牌，增强区域会展产业竞争力，塑造城市文化品牌，提升城市文化软实力。具体表现如下：

① 促进民间艺术的保护、传承与发展。民间艺术会展开发具有民间艺术“静态保护”与“动态保护”的双重功能。一方面，民间艺术会展开发，借助博物馆、美术馆、艺术馆、展览馆等陈列展览场所，搜集、整理、收藏、展示民间艺术品，有助于实现民间艺术品及其文化信息的静态保存。另一方面，民间艺术会展开发，通过举办相关展览、节事活动，有助于实现民间艺术供求双方的协调对接，推动民间艺术的传承与创新。民间艺术生产个体或组织借助展会可实现知名度的提升与市场空间的拓展，这为其自觉保护、传承民间艺术提供了精神及物质驱动力。此外，民间艺术会展开发通过对民间艺术知识与民间艺术产品的集中展示与宣传、民间艺术查询和互动体验项目的设置等方式（图 5 – 11），有助于增进民众对民间艺术的认知，培育、扩大民间艺术的消费群体，从而促进民间艺术的“生产性保护”和“生活性保护”。

② 拓展会展业务领域，打造特色展会品牌。会展业的持续发展，有赖于结合市场需求，不断拓展新的业务领域。我国国土面积辽阔、民族众多，民间艺术资源丰富多彩，其所具有的使用价值及符号价值，契合了当今民众的消费需求，具有庞大的现实及潜在市场需求，这为其会展开发奠定了坚实的资源供给及市场需求基础，成为会展业务拓展的重要方向。

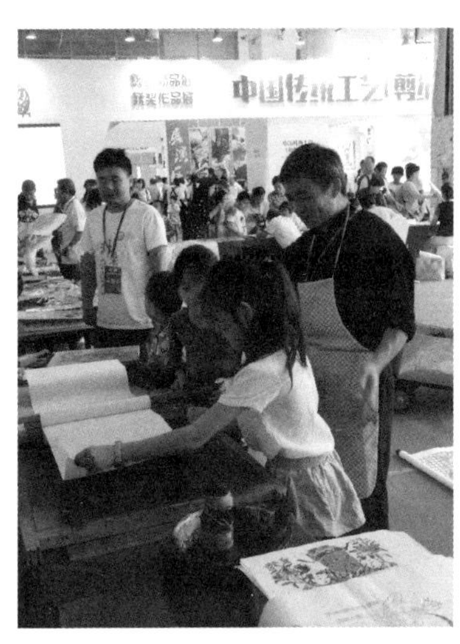

图 5 – 11　年画印制及拉坯体验（济南）

民间艺术会展开发，一方面有助于丰富相关展会活动的内容，提升展会文化内涵，营造气氛、集聚人气；另一方面，通过民间艺术主题类展会活动的举办，有助于打造特色展会品牌，促进举办地会展业发展，提升区域会展产业竞争力。例如，自贡灯会、潍坊国际风筝节、南宁民歌艺术节、吴桥杂技艺术节、长春民间艺术博览会等依托区域民间艺术资源优势，经过多年的精心培育，已成为享誉国内外的品牌展会，极大地提升了举办城市会展产业的竞争力。

③ 推动民间艺术产业发展，提升城市综合竞争力。这主要包括以下几方面：

从微观角度讲，民间艺术会展开发为参展企业提供了理想的宣传、展示、交易平台。通过参展，企业可以向观众展示、宣传其民间艺术及相关衍生产品、企业文化，达到提升企业和产品市场知名度，实现与新老客户的交流与合作，推销产品、开拓市场的目的。

从中观角度讲，民间艺术会展开发与民间艺术产业发展之间存在着一种互动关系。民间艺术会展开发依托于区域民间艺术产业基础，反过来又会促进区域民间艺术产业的发展。民间艺术会展开发，为民间艺术产业发展带来人流、物流、资金流、信息流等必备要素，具有产品展示、人气集聚、文化交流、经贸洽谈等多重功能，为区域民间艺术产业发展提供助力和宣传展示平台。例如，潍坊风筝节、庆阳香包节、广灵剪纸节、南阳玉雕节、宝丰魔术节、吴桥杂技节、南宁民歌艺术节、长春民间艺术博览会等民间艺术展会的举办，提升了区域民间艺术的市场知名度，极大地推动了举办地民间艺术产业的发展。

从宏观角度讲，民间艺术会展开发有助于推动区域社会经济发展，提升城市综合竞争力。一方面，会展业是一种综合性、关联度非常高的行业，具有强大的产业关联带动效应。“按国际博览会联盟的估计，国际上展览业的产业带动系数大约为1:9，即展览会所创造的经济效益中，只有10%是展览会行业的，其余90%为相关行业所拥有。”[①] 民间艺术会展开发，除了给会展公司、会展场馆带来直接经济收益之外，还可带动旅游、交通、住宿、餐饮、通信、建筑、广告等相关产业的发展，促进招商引资，有力带动举办地社会经济的发展。另一方面，民间艺术会展开发还能产生巨大的社会效益，如推进市政基础设施建设、提高社会服务水平、促进对外经济、文化交流与合作等，有助于打造城市文化品牌，提升城市文化软实力。例如，“潍坊国际风筝节”经过近30年的精心培育，已成为享誉国内外的品牌展会以及潍坊一张响亮的城市名片，有力推动了风筝产业、会展产业及旅游、交通、住宿、餐饮、通信、建筑、广告等相关产业的发展，极大提升了潍坊作为“世界风筝之都”的知名度和美誉度。

2. 民间艺术会展开发的模式

根据展会的性质、内容、规模、时间及呈现形式等不同分类标准，民间艺术展会可以划分为不同的类型。从性质上分，可分为商贸性民间艺术展会与公益性民间艺术展会；从内容上分，可分为综合性民间艺术展会与专题性民间艺术展会；从规模上分，可分为国际性展会、国家性展会、地区性展会等；从时间上分，则有定期与不定期、长期与短期、传统与现代之分；从呈现形式上分，可分为传统民间艺术展会与虚拟民间艺术展会；等等。借鉴上述分类标准及分类成果，民间艺术会展开发主要包括陈列展览式、节庆集会式与会议式三大产业开发模式。

---

① 过聚荣：《会展概论》，高等教育出版社2010年版，第110页。

（1）陈列展览式

陈列展览式指以博物馆、美术馆、艺术馆、图书馆、档案馆、展览馆、陈列馆、会展中心等陈列展览场所为依托，围绕民间艺术的保护传承或开发利用主题，举办各类展览，向公众提供民间艺术的陈列、展演、展销等产品或服务，达到收藏、展示、宣传民间艺术的目的。如2011年在中国美术馆举办的“手艺农村——山东农村文化产业调研成果展”、2012年在北京全国农业展览馆举办的“中国非物质文化遗产生产性保护成果大展”、2018年在济南舜耕国际会展中心举办的“第五届中国非物质文化遗产博览会”等。

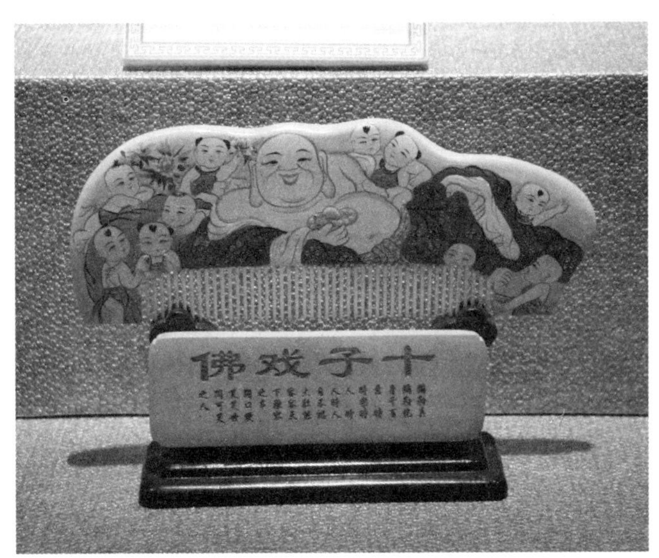

图5－12　工艺木梳·常州梳篦博物馆

其中，民间艺术博物馆汇聚了区域、民族民间艺术的精华，是民间艺术会展开发的重要载体。按内容划分，民间艺术博物馆可分为两类，即综合性民间艺术博物馆与专题性民间艺术博物馆。其一，综合性民间艺术博物馆。民间艺术展品不受地域、民族、种类的限制，具有综合性的特点。如中国民间文化艺术博物馆、上海宝山国际民间艺术博览馆及广东民间工艺博物馆等。其二，专题性民间艺术博物馆。民间艺术展品围绕某一专题内容展开，来源不受地域、民族的限制，具有专题性的特点。如扬州中国剪纸博物馆、常州梳篦博物馆、四川绵竹年画博物馆、中国西安皮影博物馆、河北吴桥杂技博物馆等（图5－12）。

（2）节庆集会式

节庆集会式指以传统节日、现代节庆、集市及庙会为依托，开发以民间艺术为主题或部分活动内容的节庆集会活动，具有文化交流、旅游、商贸交易等多重功能。根据节庆集会活动中民间艺术主题性程度高低的不同，可将其分为两类：以民间艺术为主题的节庆集会活动和以民间艺术为部分活动内容的节庆集会活动。

① 以民间艺术为主题的节庆集会活动。这既包括传统的，也包括现代的。其多为政府主办，旨在挖掘、整合地方民间艺术资源，提升地方民间艺术知名度，推动民间艺术开发利用工作，带动地方社会经济发展（表5－1）。

表5－1　　我国民间艺术主题类节庆集会活动例述表

民间艺术节庆类型	民间艺术主题类节庆集会活动代表性案例
民间造型艺术类	• 民间艺术节 中国·绵竹年画节、河北武强年画节、中国·杨柳青木版年画节、潍坊寒亭区风筝年画艺术节、秀洲·中国农民画艺术节、青海国际唐卡艺术节 中国（嘉祥）石雕艺术节、中国·青田石雕文化节、中国（东阳）国际木雕节、中国·黑龙江元丰国际木雕艺术节、中国（吴川）泥塑艺术节、山西吕梁岚县面塑艺术节、中国·南阳玉雕节、中国·东海水晶节、四川芦山根雕艺术节、中国（开化）根雕艺术文化节、哈尔滨冰雕节 景德镇国际陶瓷节、江苏宜兴陶瓷艺术节、中国（佛山）陶瓷节、中国德化国际陶瓷节 安徽阜南柳编艺术节、中国（苏州）刺绣文化艺术节、上海国际木偶艺术节、中国泉州国际木偶节、中国环县皮影艺术节、唐山国际皮影艺术节、中国（蔚县）剪纸艺术节、中国·桐庐民间剪纸艺术节、大同广灵国际剪纸艺术节、潍坊国际风筝节、中国庆阳香包民俗文化艺术节 • 民间艺术博览会 中国民间工艺品博览会、中国收藏及民间艺术品博览会、中国（长春）民间艺术博览会、中华（天津）民间艺术精品博览会、（江苏）东方工艺美术之都博览会、上海民间艺术博览会、中国（沈阳）民间艺术品博览会

续表

民间艺术节庆类型	民间艺术主题类节庆集会活动代表性案例
民间表演艺术类	• 民间音乐 南宁国际民歌艺术节、山西国际锣鼓节 • 民间舞蹈 中国秧歌节、吉林省二人转·戏剧小品艺术节 • 民间戏曲 苏州民间戏曲节 • 民间曲艺 中国（苏州）评弹艺术节、中国·宝丰魔术文化节 • 民间杂技 中国吴桥国际杂技艺术节
综合性 民间艺术节庆	中国国际民间艺术节、中国农民艺术节、海峡两岸民间艺术节、中国银川国际民间文化艺术节、山西太原国际民间艺术节、南京民间艺术节、（邯郸）中原民间艺术节

根据民间艺术自身特征和节庆集会活动形式的不同，又可以分为以下三种类型：

其一，以传统节日为依托的民间艺术节庆集会活动，即利用与传统节日相伴生的民间艺术举办的节庆集会活动。民间艺术作为民俗活动的载体，与除夕、春节、元宵节、清明节、端午节、七夕节、中秋节等传统节日如影随形，是这些节日不可或缺的文化载体。如秦淮灯会、自贡灯会、溱潼会船节、汨罗国际龙舟节便是依托南京、自贡两地春节期间的传统灯会、江苏姜堰清明时节的会船活动、湖南汨罗端午节龙舟赛发展起来的节庆集会活动。

其二，以某种民间艺术为主题的现代节庆集会活动，即以某种民间艺术为主题而举办的现代节庆集会活动。这种节庆集会活动在民众生产生活中原本并非一种固定或俗成的节日活动，而是在会展业发展过程中依托区域特色民间艺术专门开发而成，如民间艺术知名产地举办的年画节、风筝节、石雕（木雕、根雕、玉雕）节、泥塑（面塑）节、陶瓷节、刺绣节、木偶节、皮影节、剪纸节、香包节、民歌节、锣鼓节、芦笙节、秧歌节、魔术节、杂技节等。

其三，综合性民间艺术主题现代节庆集会活动。在该类节庆集会活动中，民间艺术的展演范围不受民间艺术地域、民族、种类的限制，集中展示某一区域、全国乃至世界范围的各类民间艺术。如中国国际民间艺术节、江苏东方工艺美术之都博览会、中国（长春）民间艺术博览会等。

② 以民间艺术为部分活动内容的节庆集会活动。在传统节日、庙会、集市、艺术节、文化节、旅游节、非物质文化遗产博览会、文化产业博览会、旅游商品交易（展销）会等节庆集会中，民间艺术的展销、表演及民间艺术作品和民间艺人的比赛、评奖等活动（图5－13），往往被作为节会活动内容的亮点与重头戏，既丰富、提升了节庆集会活动的内容与文化特色，又为民间艺术提供了重要的展示宣传平台，有助于民间艺术的保护、传承与弘扬。

图5－13　济南“兔子王”艺人周秉生及其作品·山东省文化产业博览交易会（2018）

（3）会议式

① 民间艺术会议开发的内涵。会议作为现代会展业的重要组成部分，是指“三人以上的群体为了研究问题、交流信息、获取知识、统一思想等目的中的一个或数个而在特定的时间聚集在特定的地点、按照一定的规则所进行的演讲、发

言、讲解、讨论、商议和交流等行为，从而集思广益、达成一定结论的活动”①。当前，会议业因其巨大的社会经济影响，被许多国家和地区视为一种重要的第三产业加以大力扶持和发展。

民间艺术的会议业开发，就是运用会议业态，通过举办以民间艺术的保护与开发利用等为主题的会议，或在会议活动中有机融入各类民间艺术的展演与考察活动，吸引人们参会，以此来促进民间艺术的保护、传承与发展，推动区域会议产业发展，并利用其产业关联作用拉动会议举办地相关产业发展的一种民间艺术会展开发方式。该种类型的会议大多具有非营利性的特点，故民间艺术会议开发往往需要以政府为代表的会议举办方给予政策、资金、人力等各方面的大力支持。

② 民间艺术会议开发的方式。概括而言，民间艺术会议开发主要存在如下两种方式：

其一，举办以民间艺术的保护与开发利用为主题的会议。特色会议主题的选定是会议成功举办的关键所在。文化强国战略实施背景下，举办各类以民间艺术的保护与开发利用为主题的会议，如各种非物质文化遗产保护论坛、文化遗产保护与旅游发展研讨会等，契合国家发展战略，往往能得到社会各界的热烈响应，取得良好的办会效果。

其二，将民间艺术展演及考察活动作为会议的活动内容。大型会议活动一般将相关文化活动列入会议的活动内容或者作为与会者自由活动时间的自选项目。会议举办期间，安排各类特色民间艺术展演与考察活动作为会议的一项重要活动内容，可极大提升与会者的参会满意度，提升会议吸引力。

③ 民间艺术会议开发的意义。民间艺术会议开发对于促进民间艺术的保护、传承与发展，推动区域会议产业发展，进而带动区域社会经济发展具有重要的现实意义。

其一，促进民间艺术的理论研究及实践发展。以民间艺术的保护与开发利用为主题的各类会议的举办，有助于促进民间艺术保护与开发利用等方面的理论研

① 来逢波：《会展概论》，北京大学出版社 2012 年版，第 64 页。

究，丰富相关理论研究成果，从而为民间艺术的保护与开发利用实践提供科学指导。对于民间艺术产业发展态势良好的会议举办地而言，民间艺术主题类会议的举办，可以起到通过经济建设搭建民间艺术学术研究平台，以理论研究促进民间艺术保护与开发利用实践的效果，有助于促进民间艺术保护与开发利用的理论研究与实践工作的互动发展。

其二，促进区域会议产业发展。民间艺术会议开发通过举办各种民间艺术主题类会议，有助于打造特色会议品牌，促进区域会议产业发展，提升区域会议产业竞争力。例如，非物质文化遗产保护论坛、文化遗产保护与旅游发展研讨会等各类民间艺术主题类会议的举办，云集了政界、业界、学界的精英人士，不但促进了民间艺术保护与开发利用的理论研究，还为区域会议产业发展提供了特色会议活动，带来了大量的会议消费群体，有力促进了区域会议产业的发展。此外，民间艺术作为地域、民族文化的精华，展现了独特的地域自然、人文风貌，是会议旅游的重要对象。会议期间，会议举办方为与会者安排的民间艺术展演与考察活动，有助于彰显会议主题，丰富会议活动内容，增加会议活动的吸引力。

当前，会议、展览、节事活动作为会展的三大组成部分，呈现出“你中有我，我中有你”的融合发展态势。相应地，民间艺术的陈列展览式、节庆集会式与会议式三种会展开发模式，也并非截然分离，而是彼此间存在交叉共融、互促互进的关系。如民间艺术节会活动的举办就常以各类展馆为载体，并举办各种展览、会议作为重要的辅助活动内容。笔者分类之目的是为了相对清晰、规范地阐释民间艺术会展开发的模式，以更好地把握民间艺术会展开发的规律，为民间艺术的会展开发实践提供科学指导。

3. 民间艺术会展开发存在的问题及对策

当前，我国民间艺术会展开发尚处于起步阶段，发展虽快，却也存在诸多问题，如办展手段单一落后，效益欠佳；低层次，重复性开发，品牌展会缺乏；经济利益至上，民间艺术关怀缺失；政府大操大办，市场化运作及民众参与程度低等，制约着我国民间艺术会展开发的可持续运营。政府、业界、学界及公众协调互动，采取措施解决好这些问题，是实现民间艺术会展开发可持续运营的关键。

（1）办展手段单一落后，效益欠佳

当前，很多民间艺术展馆及展会在展览内容、布展形式和经营理念等方面，缺乏对市场需求的考虑，导致展示效果差、效益欠佳、运作资金缺乏等问题。今后，民间艺术展览应根据市场需求，针对性地调整民间艺术的展示内容、布展形式及营销策略，改善民间艺术的展陈效果。具体措施如下：

其一，创新民间艺术博物馆经营理念，在保持民间艺术收藏、保存、展示、研究等传统功能的基础上，接轨市场，对民间艺术博物馆进行适度的产业运作。根据公众需求，创新服务理念，通过休闲观光功能的改善与提升、现代科技手段的运用、专题讲座的举办、各种民间艺术展演、展销和体验项目的设置、民间艺术体验室的安排、培训班的开设等方式，吸引游客、学校团体等多元化观众群体，提升观众体验满意度，发挥文化教育、休闲观光等多元社会功能。所创造的经济收益则可以为民间艺术博物馆的研究、展品保护或添置提供资金支持。

其二，运用现代科技手段，丰富民间艺术的展示、传播方式，将知识性与趣味性相结合，让民间艺术知识传递的过程更为丰富有趣，达到寓教于乐的效果。借助视、听等感官刺激与互动操作体验，如语音导游、多媒体与互动科技的应用，对民间艺术进行全方位、立体化的生动展陈与描述，克服实物展示、图片、文字介绍等静态展示手段的不足。如“潍坊世界风筝博物馆通过环幕影院重现历届潍坊国际风筝会的盛况，给观众系统地介绍中国潍坊的风筝发展、沿革及各流派的风筝制作技艺……触摸屏技术被应用于剪纸档案展览中，公众可以在电脑系统的引导之下自行学习和感受剪纸的艺术魅力”①，从而使观众以更加主动的方式认知所展示的民间艺术，有效提升了民间艺术的传播效果。

其三，通过空间提供、展览安排等措施，为民间艺人提供技艺展示空间及机会，增加民间艺术展销、展演及互动体验项目，吸引公众参与。如潍坊杨家埠木版年画博物馆和风筝博物馆，辟有专门的年画、风筝制作室，设置了年画的刻版

① 王云庆、陈建：《非物质文化遗产档案展览研究》，《档案学通讯》2012 年第 4 期，第 39 页。

与印刷、风筝扎制等展演项目，吸引了众多游客参与体验并购买相关产品（图5－14）。南京民俗博物馆中的“金陵工巧”展区则为南京市多位国家级、省级、市级非物质文化遗产传承人提供创作空间，供绒花、剪纸、空竹、核雕、彩绘葫芦等民间艺人在此制作表演民间艺术（图5－15）。2016年9月21日至25日，第四届中国（济南）非物质文化遗产博览会期间，展会主办方特别设置了非物质文化遗产的传承体验区，供观众亲身体验风筝及社火脸谱涂色、面塑、结艺、陶艺拉坯及雕刻等民间艺术的魅力，受到了观众的热情参与和一致好评。相较于实物展示、图片与文字介绍等静态展陈手段，上述互动参与性强的体验项目更具吸引力，能使观众更为直观、感性地了解民间艺术，并认识到保护民间艺术传承人的重要性。

图5－14　年画印制展示·杨家埠木版年画博物馆

图5－15　彩绘葫芦制作展示·南京民俗博物馆

（2）低层次、重复性开发，品牌展会缺乏

当前，我国民间艺术展会在繁荣表象的背后，存在着较为严重的低层次、重复性开发问题。除了少数品牌展会，木雕节、面塑节、秧歌节等民间艺术展会虽然不少，但主题、内容与形式趋同，举办时间缺乏连续性，规模及影响小，多数短寿或效益不佳。

民间艺术会展开发，应摒弃多而滥的数量扩张方式，走精品化、差异化的内涵式发展道路，打造品牌民间艺术展会。首先，从民间艺术资源的独特及富集程度、民间艺术产业发展状况、会展业发展水平、社会经济发展水平、区位交通状况、政策性资源等影响因素出发，在资源及市场调研的基础上，论证区域民间艺术会展开发是否可行。其次，基于民间艺术会展开发的可行性论证，确定特色展会主题。围绕展会主题，建立和完善民间艺术展会产品开发与创新体系，通过在展会内容、形式、招商、招展、项目管理等方面的创新，打造品牌民间艺术展会。最终，形成特色鲜明、互补性强的民间艺术展会地域分布格局，实现民间艺术展会空间布局的协同化，避免低层次、重复性开发所带来的巨大的人力、物力及资源浪费。

（3）经济利益至上，缺乏对民间艺术的人文关怀

民间艺术展会活动具有文化性和经济性的双重属性。一方面，民间艺术展会具有市场化的特征，即通过民间艺术展会的市场化运作，获取经济利润；另一方面，民间艺术会展开发又不仅以赢利作为其唯一目标，还应考虑民间艺术的保护、传承与发展等文化效益。

当前，在政府“GDP 主义”思想及企业逐利动机的驱使下，民间艺术会展开发存在着重经济效益、轻文化效益的现象，民间艺术沦为经济的附庸。表现为：其一，对民间艺术的形式化、碎片化滥用，缺乏对民间艺术深层内涵的挖掘与展示。其二，加入过多的商业炒作成分，如模特大赛、演唱会等大量与展会主题相关性不大的活动充斥其间，混淆了主次，损害了民间艺术展会的专业化与品牌化发展。

因此，民间艺术会展开发应摒弃上述短视行为，给予民间艺术以更多的人文关怀，注重民间艺术内涵的深层挖掘与展示，打造专业化的品牌展会，实现文化效益与经济效益的协调发展。当然，这有赖于包括政府考核机制改革、企业社会责任履行、媒体宣传、专家学者研究呼吁等在内的政府、业界、学界及公众的协调互动。

（4）政府大操大办，市场化运作及民众参与程度低

当前，我国民间艺术展会大多由政府一手操办，这往往导致：其一，市场化运作程度低。民间艺术展会运作过程中，政府行政手段的过多干预，排斥了市场化运作，往往造成展会活动运作成本高、财政负担重、经济效益差等“赔本赚吆

喝”的问题。其二，民众参与程度低。展会活动的本质就是公众广泛参与的活动，民间艺术展会根植于民众生活，更需要民众的广泛参与。而在“民艺搭台，经济唱戏”观念主导下，当前很多民间艺术展会都以领导发言和应景式的歌舞表演开闭幕，经贸洽谈活动往往成为展会的主要内容，民间艺术沦为华丽的噱头，民众更多的是作为冷眼的旁观者而非积极的参与者介入到展会活动中，民众参与度不足。

因此，发挥政府主导作用，建立民间艺术展会的市场化运作模式，提高民众参与度势在必行。一方面，鉴于民间艺术会展开发涉及的部门、行业和企业众多，组织工作复杂，今后一段时期内政府在民间艺术会展开发中仍将发挥主导作用，只不过工作重心将逐步转移到宏观调控、政策扶持、基础设施建设、市场宣传、组织协同等方面，具体的展会运作则交由专业会展公司完成。政府应发挥其引导、监督、协调、辅助作用，扶持并培育企业成为民间艺术展会的运作主体，按市场机制配置资源。另一方面，还会于民，根据民众需求，开发民众喜闻乐见的民间艺术展会活动，加大宣传力度，营造展会氛围，吸引民众参与，逐步形成“政府搭台、民艺唱戏、企业参与、百姓获益”的市场化运作机制。

（四）民间艺术的主题公园开发

1. 民间艺术的原生自然式旅游开发

民间艺术的原生自然式旅游开发，指以民间艺术资源典型、丰富、集中的村落、古镇、城市历史街区等为依托，以民间艺术及其原生地居民的日常生产、生活为核心，将民间艺术及其原生文化生态环境原汁原味地展现给旅游者的一种民间艺术旅游开发模式。旅游者既可以欣赏各种静态的古民居建筑、精美的民族民间工艺品，也可以观看并亲身参与到原生态的民族民间歌舞、戏曲等动态表演中，还可以参与其他相关的民俗文化旅游活动，获得深度旅游体验，故此种民间艺术旅游开发模式深受广大游客青睐。按照民间艺术原生地环境的不同，原生自然式旅游开发模式主要包括天然民俗（民族）村寨及古镇—历史（传统）街区等形式。

(1) 天然民俗(民族)村寨

民间艺术旅游开发的天然民俗村或民族村寨，在汉族地区被称为民俗旅游村，或者简称为“民俗村”，如山东安丘石家庄民俗村、山东潍坊杨家埠民俗村、安徽黟县西递村和宏村、福建永定客家土楼民俗文化村。在云南、贵州、广西、四川等地区，由于进行民间艺术旅游开发的村落主要是少数民族聚居的村寨，故称之为民族村寨，如广东连南县三排苗寨、贵州凯里市郎德苗寨、湖南吉首市德夯苗寨、广西龙胜各族自治县金竹寨等。

例如，山东潍坊杨家埠村作为我国著名的年画、风筝产地，其年画与风筝两项民间艺术均被列入首批国家级非物质文化遗产名录，是山东省知名的民俗旅游村。村内的渤海路沿线，集中分布有数十家风筝、年画店铺，多采用前店后坊式产销布局。杨家埠民间艺术大观园(国家 AAAA 级景区)作为杨家埠村的核心景区，以民俗文化为主题，以年画、风筝为主导，是集风筝、年画生产与民俗旅游功能于一体的民间艺术主题旅游景区(图 5－16、图 5－17)。园内设有风筝博物馆、绘制馆、扎制馆、年画博物馆、古店铺一条街、嫦娥奔月台以及杨家埠明清时期古村落、古槐等数十个景点和展厅。游客在此既可以体验扎风筝、印年画的乐趣，也可以参与乘马车、踩高跷、抬花轿等民俗文化活动，领略杨家埠的风土人情。杨家埠民俗旅游村以其独特的民间艺术风情、浓郁的乡土气息，吸引了大量国内外游客前来旅游，促进了风筝、年画的保护与传承，有力带动了杨家埠风筝、年画产业及旅游业的发展。

图 5－16　木版雕刻·杨家埠民间艺术大观园

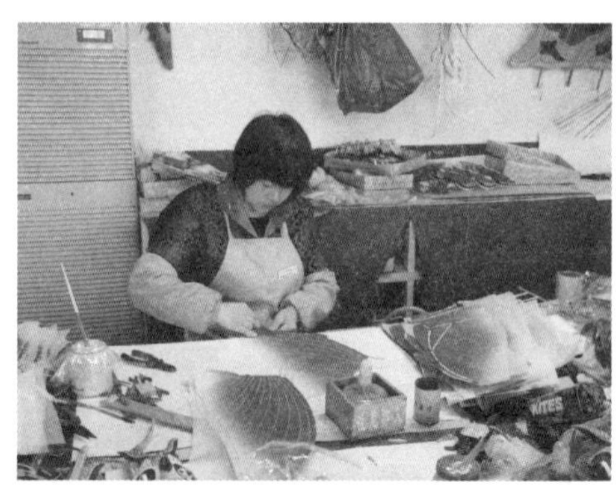

图 5－17　风筝制作·杨家埠民间艺术大观园

（2）古镇—历史（传统）街区

指民间艺术资源集聚度高、种类多、质量优、规模大的古镇或城市历史街区，是旅游者体验民间艺术及城镇市井民俗文化的重要载体。前者如周庄、西塘、乌镇等古镇，后者如上海老城隍庙、南京夫子庙、南京高淳老街、苏州山塘街、成都宽窄巷子、济南芙蓉街等城市历史街区。

例如高淳老街又称“淳溪老街”，位于南京市高淳区淳溪街道，有“金陵第一古街”之美誉，现为国家AAAA级旅游景区。高淳老街始建于宋代，兴盛于明清时期，现长350余米，宽4米左右。老街古建筑多为明清时期所建，是目前南京市保存最完好的古代商业街道建筑群。街道两旁店铺鳞次栉比，多为前店后宅、楼宇式双层砖木结构，建筑风格融苏南吴文化和皖南徽文化于一身，富有鲜明的地方风格（图5-18）。老街临街建筑的额枋、斜撑等木构件上都有精美的木雕，或人物，或花鸟虫鱼，栩栩如生，工艺精湛。老街主要有关王庙、高淳民俗馆、杨厅、新四军一支队司令部、高淳民俗馆、新四军驻高淳办事处旧址、乾隆古井、耶稣教堂遗址等景点，以展现古建筑、雕刻艺术及民俗宗教文化为主。老街地方特色旅游商品丰富，主要有老布鞋、羽毛贡扇、珍珠饰品、玉泉炻器、香干豆腐、风味糕点、云溪香鹅、固城湖螃蟹、淳溪老酒等（图5-19）。老街民俗文化节期间，民间文艺活动内容丰富，有跳五猖、打水浒、花台会、大马灯、小马灯、荡旱船、打莲湘、挑花篮、打锣鼓、蚌仙舞等民俗节目展演，吸引了大量当地民众及游客前来观览。

图5-18　高淳老街古建筑·南京高淳

图5-19　高淳老街鞋铺·南京高淳

民间艺术的原生自然式旅游开发，是一种原地保护型旅游开发方式。借此，旅游者可以深入民间艺术的原生地环境，直接感受民间艺术及其原生地居民的生产生活风貌，获得真实的旅游体验，这一点是人造景点所不可比拟的。民间艺术的原生自然式旅游开发可产生良好的社会经济效益，如促进民间艺术及其原生地自然人文环境的保护，传扬民间艺术，带动民间艺术原生地居民增收致富，促进地方社会经济的发展等。但是，外来旅游者的大量涌入，也往往会给民间艺术及其原生地的自然人文环境造成不同程度的冲击与破坏，如干扰地方居民正常生产生活，导致地方民俗文化的同化、淡化乃至庸俗化，造成环境污染等问题。旅游开发过程中地方民众利益分配不公所带来的各种矛盾冲突，也制约着民间艺术原生自然式旅游开发的良性发展。因此，人们须审慎对待此种民间艺术旅游开发方式。

2. 主题公园中民间艺术舞台化的时空模式

主题公园的产生源于人们在生产劳作之余对娱乐休闲的需求。1952 年，荷兰的马德罗夫妇为纪念在第二次世界大战中牺牲的独生子，兴建了一个缩微了荷兰 120 处风景名胜的马德罗公园（Madurodam），开创了世界缩微景区的先河，开业时即轰动欧洲，成为主题公园形式的先驱。随即，各种“童话乐园”“探险乐园”“野生动物园”“假日乐园”等相继在欧美等地发展起来。但真正现代意义上的主题公园则是 1955 年在美国洛杉矶建立的第一个迪士尼乐园。迪士尼乐园以当时人们普遍接受的迪士尼动画片内容为基础，作为一个塑造神话、编织幻想的人工的概念性旅游目的地，开创了作为创意产业的主题公园发展的新纪元，奠定了主题公园的概念内涵和表现形态。自此之后，主题公园风靡全球，类型日趋多样化。

结合中国主题公园实际，依照主题公园的主题内容和形式，大致可将其分为以下几类：以影视内容为主题的影视类主题公园（横店影视城）、主题乐园（深圳欢乐谷），以仿古建筑和历史文化为主题的主题公园（开封的清明上河园）、以缩微景观为主题的主题公园（深圳的世界之窗），以民族、民俗文化及其他文化为主题的主题公园（云南民族文化村），以海洋和动物为主题的主题公园（香港海洋公园），以教育为主兼带娱乐的主题公园（常州中华恐龙园），以工业和农业为主题的主题公园（开滦国家矿山公园）、会展功能衍生的主题公园（昆明世界园艺博览园）等。[①]

“主题公园（Theme Park），又称微缩园或人造景观，是指充分利用现代科学技术将自然、人文遗产、民族风情和文化以及各种可能溶入的景物融会在一起，以突出某一个或多个主题的人造景观。”[②] 在主题公园这一舞台化的旅游空间中，旅游者体验到的民间艺术其实是一种经过时空压缩与重组的文化创意产品。从民间艺术运用的时空组合关系角度，探讨主题公园中民间艺术舞台化的时空模式，一方面可为不同地域、类型的主题公园因地制宜地选择恰当的民间艺术开发模式提供参考。另一方面，通过对民间艺术舞台化不同时空模式优缺点的分析，有助于我们辩证地看待主题公园中民间艺术的舞台化问题，总结经验教训；就可能针对出现的负面问题，采取针对性的防治措施，为主题公园中民间艺术的舞台化实践提供科学指导。

（1）主题公园中民间艺术舞台化的价值

美国社会学家迪恩·马康耐（Dean MacCannell）借鉴戈夫曼（Erving Goffman）在社会结构分析中提出的“前台”与“后台”理论，将其引入旅游研究，提出了“舞台真实”理论。在旅游开发中，文化旅游产品被当作“真实”而被搬上了舞台，向游客展示，其目的是为了保护“后台”，即东道地人民的传统文化免遭破坏。[③] 也就是说，通过对原生地（后台）文化进行提炼、加工与包装，为旅游者设置一个舞台化的旅游空间（前台），再现真实性的文化，在满足旅游者真实性体验的同时，避免由于大量旅游者的涌入而对原生地（后台）传统文化所造成的冲击与破坏，以实现文化保护与旅游开发的双赢。

王宁在其《旅游体验的真实性反思》一文中，就旅游中“真实性”的内涵进行了系统客观的界定，为研究主题公园中民间艺术的舞台化问题提供了有益的理论启示。他将真实性分为客观真实（Object - related Authenticity）、建构性真实

① 参见赵抗卫：《主题公园的创意和产业链》，华东师范大学出版社 2010 年版，第 2 ~ 12 页。

② 杨振之：《旅游资源开发》，四川人民出版社 1996 年版，第 53 页。

③ 参见张晓萍主编：《民族旅游的人类学透视》，云南大学出版社 2009 年版，第 121 ~ 122 页。

(Constructive Authenticity) 或象征性真实 (Symbolic Authenticity)、存在性真实 (Activity - related Authenticity) 三类。[1] "客观真实" 即原生文化的真实性，"象征真实" 则是在原生文化基础上的建构性真实，"存在性真实" 就是特定旅游场景中旅游者主观体验的真实性。将其引申到 "舞台真实" 理论中，"客观真实" 可以理解为 "后台" 原生文化的真实性，"象征真实" 则类似于 "前台" 旅游产品的真实性。"前台" 的旅游产品是基于 "后台" 客观真实的原生文化，经过提炼、加工与包装而形成，具有 "舞台真实" 性意义。

"'娱乐第一、追求新奇、渴望参与' 这三大需求要素构成了现代主题公园最重要的市场价值取向。"[2] 主题公园中民间艺术的舞台化，就是主题公园经营者根据上述市场需求，挖掘、提炼民间艺术原生地（后台）现今或历史上具有代表性的、能够吸引旅游者的民间艺术元素，将其从原生环境中抽离出来，通过浓缩、突出、放大、重组、再现等手段，包装、加工成民间艺术产品，置于主题公园（前台）这一非日常化、舞台化的旅游空间中加以集中展示，供旅游者消费的过程。在此过程中，"客观真实" 的民间艺术资源经过提炼加工与时空重组，形成主题公园中 "舞台真实" 的民间艺术产品，进而带来旅游者对民间艺术的 "体验真实"（图 5 - 20）。

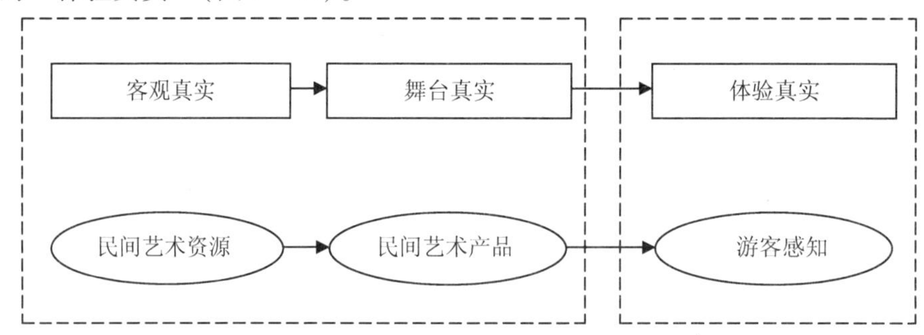

图 5 - 20　主题公园中民间艺术的舞台化示意图

---

① Ning Wang, "Rethinking Authenticity in Tourism Experience," *Annals of Tourism Research*, Vol. 26, No. 2 (1999), p. 352.

② 文立玲：《主题公园走向何方——二十一世纪中国主题公园发展论坛纪要》，《旅游学刊》2002 年第 4 期，第 78 页。

主题公园中民间艺术舞台化的价值主要体现在以下几个方面：

① 满足了旅游者“少旅多游”“求新、求奇、求异、求古”等旅游需求。旅游活动具有异地性、暂时性的特征，旅游者因之多有“少旅多游”“求新、求奇、求异、求古”等需求特点。但由于民间艺术在时空存在方面的散布性或已逝性，或因自然、人文等因素导致的地域、民族民间艺术传统特色的弱化或消失，或因日常生活中民间艺术活动固有时空节律的制约，或因某些具有神圣文化内涵的民间艺术活动不能随意对外展示等因素的影响，导致旅游者难以在有限的时空条件下领略到地域、民族民间艺术的精华。

同时，对文化真实性的理解与追求因旅游者的类型而异，除了少数追求深度旅游体验的旅游者对文化真实性的要求较高外，大众旅游者“对那些被证明是‘真实’的旅游产品感兴趣，而对具有‘真实’标记的东西容易感到满足。反之，如果没有这些标记，这些吸引物就被认为是不真实的而不值得去旅游，因此旅游成了一种‘真实符号的收集’”[①]。也就是说，来去匆匆、具有快餐式消费特点的大众旅游者对“他者”文化往往浅尝辄止，追求的是一种表层的、具有符号化意义的“象征真实”，以此来满足其对异文化的想象性体验。

主题公园通过民间艺术的舞台化，将本地或异域、现实或历史上星罗棋布、古往今来的民间艺术资源创意性地浓缩在主题公园内，加以集中展示，开发出反映了“客观真实”的“舞台真实”性民间艺术产品，有助于满足大众旅游者由于时间、资金等限制所具有的“少旅多游”“求新、求奇、求古、求异”等旅游需求，帮助其在较短的时间、较少的旅程中领略到古今内外地域、民族民间艺术的精华，丰富其旅游体验。

② 拓展了民间艺术的现代传播渠道与空间。民间艺术作为农耕文明的产物，口耳相传、行为示范与实物传播是其在传统乡土社会环境中三种主要的传播方式。[②] 社会经济转型期，随着传播环境的改变，民间艺术的传统传播方式受阻。

---

① 张晓萍、李伟：《旅游人类学》，南开大学出版社2008年版，第221页。

② 参见刘淑华：《文化产业与民俗艺术的现代传播》，《现代传播》2014年第1期，第163～164页。

主题公园中民间艺术的舞台化，以市场需求为导向，文化创意结合现代科技，通过对民间艺术的规模化、互动体验式开发，可以实现民间艺术在空间上的资源集聚与时间上的混融交叉。传统民间艺术以文化创意产品的形式得以展现，拓展了民间艺术传播的时空范围，丰富了民间艺术传播的内容、形式与手段，增强了民间艺术的吸引力。此外，主题公园中数量庞大、来源广泛的游客群体，也极大地扩大了民间艺术传播主体的数量及范围，提升了民间艺术的传播速率和效率，为民间艺术的挖掘、展示与传播提供了良好的载体。

③ 提升了主题公园发展的地域、民族文化特色。主题公园作为一种特殊的文化创意产业形态，其发展主要得益于两大因素，即科技创新与文化创意。2009年，国务院通过的《文化产业振兴规划》就特别提到："加快建设具有自主知识产权、科技含量高、富有中国文化特色的主题公园。"迪士尼乐园、深圳欢乐谷等主题公园中的过山车、跳楼机、四维影院等游乐项目，运用先进的高科技手段，为游客提供了新奇、惊险、震撼、刺激的畅爽体验，对旅游者的吸引力巨大，显示出现代科技在主题公园创新发展中的巨大作用。

而对历史文化类、民俗（民族）文化类主题公园而言，特色地域、民族文化的挖掘、整理与展示，则往往是其出奇制胜的关键。民间艺术作为地域、民族文化的典型代表，为主题公园的项目策划提供了独特的文化创意素材，如杂技、蹴鞠、木偶、皮影、年画、踩高跷、少数民族舞蹈等民间艺术制作、展演活动，往往成为主题公园中吸引游客的亮点项目，显现出其迷人的文化魅力。可见，主题公园中民间艺术的舞台化，是将民间艺术转化为旅游吸引物的有效途径，有助于将我国的民间艺术资源优势转化为主题公园的产品优势，丰富主题公园游乐项目的内容与形式，提升主题公园发展的文化内涵和品牌形象。

（2）主题公园中民间艺术舞台化时空模式的类型及地域分布

① 主题公园中民间艺术舞台化时空模式的类型。依据主题公园中民间艺术取材来源的时空组合关系（空间要素方面，主题公园中的民间艺术来源有本地和异地之分；时间要素方面，则有现实和历史之别），主题公园中民间艺术的舞台化可分为本地汇集、本地再现、异地移植、异地重建四种时空模式（表5－2）。

表 5－2　　主题公园中民间艺术舞台化的四种时空模式

空间 时间	现实	历史
本　地	本地汇集 （昆明云南民族村）	本地再现 （开封清明上河园）
异　地	异地移植 （深圳中国民俗文化村）	异地重建 （无锡水浒城）

其一，本地汇集。主题公园中民间艺术舞台化的本地汇集模式，适用于民间艺术资源丰富而独特的地区，指通过对散布于本地现存特色民间艺术资源的挖掘、整合与创新，将其浓缩于主题公园内，突破民间艺术制作或表演的时空局限，向游客集中展示区域民间艺术精华，如昆明的云南民族村、西双版纳民族风情园、桂林的漓江民俗风情园、台湾的九族文化村等。其中，云南民族村，占地 2000 亩，集云南各民族的民俗风情、建筑艺术、音乐舞蹈、宗教信仰、生活环境于一体，是反映和展示云南 26 个民族社会文化风情的窗口。民族村内为云南的 26 个民族各建一村，内有民族风味小吃、民族手工艺品展销、傈僳族上刀杆、景颇族目脑纵歌等民族歌舞表演项目。村内的服务和表演全部由土生土长的少数民族青年承担，游客在此可以大致了解云南一些少数民族的生活方式和风俗习惯。①

该模式的优点在于：游客花费较少的时间和行程，便能领略到区域民间艺术的精华，可满足大众旅游者“少旅多游”的旅游需求。缺点在于：使民间艺术脱离其原生环境，民间艺术的文化内涵与魅力因之折损不少，对一般的观光客而言尚可，对于那些旅游阅历丰富的游客则缺乏足够的吸引力。随着人们旅游阅历的不断丰富，走马观花式的旅游方式将日益式微，旅游者对文化原生地的深度旅游体验需求将日趋旺盛，此种模式所面临的经营风险也将愈来愈大。此外，该模式在民间艺术的提炼、复制、加工过程中会损失很多原有的文化信息，文化的原真性和完整性受损，如果开发利用态度与方式不够科学严谨，则可能会造成对民

① 参见杨旭恒、罗宁、佟海敬主编：《云南新旅游风物志》，云南美术出版社 2009 年版，第 117 页。

间艺术的歪曲滥用，损害民间艺术，误导旅游者对区域、民族民间艺术的认知。

其二，本地再现。主题公园中民间艺术舞台化的本地再现模式，即挖掘本地现已消逝的特色民间艺术资源，在建于本地的主题公园中加以复原、再现，延续历史文脉，弘扬地域、民族传统文化，如开封的清明上河园、杭州的宋城、西安的大唐芙蓉园等。其中，开封清明上河园以北宋画家张择端的《清明上河图》为蓝本建造而成，是一座集民俗风情、历史文化演绎和各种娱乐活动于一体的大型文化主题公园。清明上河园在仿建画卷里各式建筑的同时，通过一系列情景剧、民俗、民间绝活的挖掘和开发，再现了北宋时期的文化风情。园内荟萃了杂耍、气功、木偶、斗鸡、斗狗等民间绝活表演，并对糖人、木雕、琉璃画、葫芦画、木版年画等开封传统民间艺术进行了保护性开发。值得一提的是，公园通过文献记载，邀请历史学和艺术学专家进行挖掘创编，在国内首家挖掘恢复了失传400余年的宋代艺术——水上傀儡戏，成为该园独一无二的保留节目。①

该模式的优点在于："美国人类学家格雷本（Graburn）发现：越是濒临灭绝和消亡的东西，越吸引当今的都市旅游者。"② 主题公园中这种"时光倒流""复古再现"式的民间艺术舞台化方式，通过再现已逝民间艺术的实体景观场景，以及互动体验项目的开发，活化了历史，可有效克服民间艺术传统遗址、遗迹观光和博物馆静态展示手段的不足，让旅游者身临其境地体验逝去的文化，满足其求古、求奇、求异的旅游需求，丰富、提升了民间艺术的展示、宣传手段与效果。缺点在于：在民间艺术的挖掘、再现过程中，如果不够科学严谨，以戏说、歪说民间艺术的态度对其进行开发利用，则会歪曲民间艺术原本的历史面貌，误导游客对区域、民族历史文化的认知，不利于区域、民族文化的传承与弘扬。

其三，异地移植。主题公园中民间艺术舞台化的异地移植模式，即将主题公园所在地之外其他地区现存的特色民间艺术资源，通过浓缩、模仿等手段移植到主题公园中加以集中展示。如深圳的中国民俗文化村、北京的中华民族园等。其

① 参见王伟：《泥土有情》，河南大学出版社2007年版，第298~301页。

② 张晓萍：《文化旅游资源开发的人类学透视》，《思想战线》2002年第1期，第34页。

中，深圳的中国民俗文化村“是中国第一个荟萃各民族民间艺术、民俗风情和居民建筑于一园的大型文化旅游景区，内含22个民族的25个村寨。通过民族风情表演，民间手工艺展示，定期举办如华夏民族大庙会、泼水节、火把节、西双版纳风情月、内蒙古风情周等大型民间节庆活动，多方式、多角度、多侧面地展示出我国各民族丰富多彩的民风民情和民俗文化”[①]。

该模式的优点在于：对民间艺术而言，可扩大其传播的地域空间与范围，增进民众对其的认知与了解，有助于民间艺术的宣传和弘扬。对旅游者而言，可满足其“少旅多游”的文化猎奇需求。存在与本地汇集模式类似的缺点：由于异地移植模式中民间艺术与其原生环境的空间与文化距离更加遥远，这些缺点也就表现得更为明显与突出。

其四，异地重建。主题公园中民间艺术舞台化的异地重建模式，即将异地往昔的民间艺术资源以主题公园的形式加以恢复、再现。如无锡的唐城、三国城、水浒城，横店影视城等。其中，无锡水浒城位于无锡市太湖之滨，是中央电视台为拍摄电视连续剧《水浒传》而投资建造的主题公园式的影视拍摄基地。水浒城主体景观分为州县区、京城区、梁山区三大部分。州县区以紫石街为代表的宋代风格的民宅和商业建筑群营造了宋代浓厚的市井生活气息。京城区的清明上河街则是根据宋代画家张择端《清明上河图》所作，描绘了北宋都城汴梁和汴河两岸清明时节的市俗风情，比较生动地再现了宋代浓郁的民俗文化。[②]

该模式集本地再现与异地移植两种模式的优点于一体，对民间艺术而言，可丰富民间艺术的展示、传播手段，延续历史文脉，弘扬历史文化，扩大民间艺术的传播空间与范围。对旅游者而言，可满足其“少旅多游”“时光倒流”式的旅游需求。该模式存在与本地再现模式类似的缺点。

② 主题公园中民间艺术舞台化时空模式的地域分布。就主题公园中民间艺术四种舞台化时空模式的地域分布而言，本地汇集及本地再现模式多出现在我国

---

① 张晓萍主编：《民族旅游的人类学透视》，云南大学出版社2009年版，第66页。

② 根据“中视传媒无锡影视基地”官网（http：//www. ctvwx. com/）中“水浒城”相关资料整理而成。

中西部地区的主题公园当中，而异地移植与异地重建模式则在东部地区的主题公园中较为普遍，这主要是由我国民间艺术资源地域分布的不均衡引起的。由于自然、人文等方面的原因，我国中西部地区自然景观奇特、少数民族众多，有着丰富而独特的民间艺术资源，赋予了中西部地区民间艺术主题公园开发得天独厚的资源优势，适宜选择本地汇集或本地再现的舞台化模式，属于资源导向型的民间艺术主题公园开发模式。

我国东部地区，尤其是北京、深圳、无锡等城市与中西部地区相比，民间艺术资源的丰富度和特色度相对欠缺，这就决定了东部地区的主题公园大多不具备选择民间艺术本地汇集与本地再现舞台化模式的先天资源条件。但是，全球化时代，随着区域经济文化交流的日益频繁，文化创意产业发展过程中文化资源呈现出共享性的特征，美国动画片《花木兰》《功夫熊猫》的成功正源于此。因此，我国东部地区的主题公园凭借优越的区位、经济优势，丰富的人才、科技资源，具备走创意驱动型民间艺术主题公园开发模式的有利条件。深圳的中国民俗文化村、北京的中华民族园、无锡的三国水浒城等主题公园，就是以区域丰富的人才、资金、科技资源为后盾，通过异地移植或异地重建的方式实现了民间艺术的创意开发。

当然，主题公园中民间艺术舞台化的四种时空模式在实践运用当中并非截然分离，而是可以组合运用的，但须有所侧重，才能形成自身特色。笔者分类之目的是为了从理论层面，相对清晰、规范地阐释主题公园中民间艺术舞台化的时空模式，以更为细致地探析主题公园中民间艺术的时空组合运用规律，为民间艺术的主题公园开发实践提供科学指导。

（3）民间艺术时空组合运用中的过度舞台化

在民间艺术的时空组合运用过程中，主题公园经营者在经济利益的驱使下，为了迎合、刺激旅游者的文化猎奇心理，不尊重民间艺术的“客观真实”，对民间艺术进行各种歪曲丑化、臆造虚构、胡乱拼贴式的滥用，破坏了民间艺术及旅游者体验的真实性，如此，民间艺术便被过度舞台化了。这主要表现在以下几个方面：

① 民间艺术原生文化内涵的空洞化、歪曲化。日常生活中的民间艺术，作

为民众民俗生活的产物，往往在特定的时空条件下进行，并带有浓郁的民众集体情感与地域、民族文化意义。主题公园中舞台化的民间艺术，则是在商业意识主导下，为迎合旅游者需求，按照规模化、批量化、标准化的文化产业生产、消费模式进行的产物。通过时间、地点、内容、形式等方面的商业化改造，民间艺术固有的时空节律被打破，原有的情感因素、文化意义、功能也随之淡化或消失，蜕变为产业化语境中快速复制的文化商品。

其间，为了刺激旅游者的视听感官之娱，主题公园经营者往往漠视民间艺术固有的内容与形式，随意离弃甚至扭曲、篡改民间艺术的原生文化内涵，将过多的商业化因素植入民间艺术，使开发的民间艺术产品成为一种肤浅、庸俗的空洞艺术符号。如“把过去视为神圣的婚礼搬上了舞台，在表演传统婚俗的时候让游客去充当掏钱的‘新郎’，甚至在其中夹杂了色情的东西，使整个活动变味”①。这种过度舞台化的民间艺术产品，歪曲、丑化、亵渎了民间艺术，抹杀了民间艺术的文化魅力，终将遭旅游者厌弃。

② 民间艺术的随意嫁接拼贴与虚构杜撰。对民间艺术进行随意的嫁接拼贴与虚构杜撰，导致主题公园中张冠李戴、胡乱编造的民间艺术产品泛滥成灾。在主题公园的一些模拟民族村寨中，为了迎合旅游者的审美爱好，或因开发经营者民间艺术知识的缺乏，虚构臆造的民间艺术景观或活动内容比比皆是。从异地他族嫁接移植过来的传说、服饰、音乐和舞蹈等文化元素，被加以改头换面的拼装，导致“上穿苗家衣，下穿侗家裤”“神州处处图腾柱，图腾柱上傩面具”等现象层出不穷，制造出大量四不像的“伪民间艺术”图景，内容混杂不堪，难免会对游客造成误导。此外，“基于节约人力资本的考虑，‘跑场’现象在民俗村里非常普遍。‘跑场’主要指异族扮演，如哈尼族的小姑娘、小伙子跑到黎族跳竹竿舞、佤族的黑马王子主持傣族的泼水狂欢活动等”②。本族的民间艺术展演活动由他族的演员来完成，游客虽难辨真假或不以为意，但这种民间艺术展演

① 王培茗：《论民俗文化旅游产品的艺术真实性》，《贵州民族研究》2008 年第 5 期，第 117 页。

② 张晓萍主编：《民族旅游的人类学透视》，云南大学出版社 2009 年版，第 69 页。

抽离了文化的真实性内涵，割裂了“跑场者”的族群认同，成为一种过度舞台化的空壳表演，导致旅游者与民间艺术展演者之间的接触，成为一种异化、虚假的互动。

主题公园中民间艺术的过度舞台化是对民间艺术的一种开发式破坏，会割裂民间艺术展演者对自身文化的认同，开发出的民间艺术产品也会因文化内核的缺失而失去对旅游者的吸引力和生命力。此外，主题公园中过度舞台化的民间艺术产品，被当作“原汁原味”炒作，会引起旅游者对民间艺术的误读，破坏旅游者体验的真实性。尤其在现代传媒的推波助澜下，过度舞台化的民间艺术产品“假作真时真亦假”，当其成为公众日后到原生地体验民间艺术的参照标准，将会对原生地民间艺术的传承产生不利影响。这是主题公园中民间艺术舞台化实践广为学界诟病的重要原因。

因此，对待主题公园中民间艺术的舞台化问题，我们应注意两种倾向：一种倾向对民间艺术舞台化持全盘否定态度，认为这是一种“伪民俗”的制造行为，破坏了民间艺术的本真性，因而反对民间艺术的舞台化实践。另一种倾向则恰好相反，走向了另一个极端，即在商业意识和旅游者需求导向下，认为可以对民间艺术进行任意的商业化改造，导致民间艺术的过度舞台化。这两种倾向均有失偏颇，前者因噎废食，后者矫枉过正，均无益于主题公园中民间艺术舞台化实践的良性发展。

其实，主题公园中的舞台化“民间艺术”，已不再是完整意义上的原生民间艺术，而是通过民间艺术元素的借用，生产出来的具有民间艺术特色的文化创意产品，无须具备原生民间艺术所具有的全部文化信息。因此，我们不应对其求全责备，以原生民间艺术的真实性标准来苛求这些带有民间艺术特色的文化创意产品。但是，主题公园中民间艺术舞台化在讲求创意的同时，不能随意而为，应把握好一个度，即尊重民间艺术的“客观真实”，兼顾旅游者的符号化消费需求，使“舞台真实”的民间艺术产品反映出原生文化的精髓，最终带来旅游者对民间艺术的“体验真实”。如此，“舞台真实”的民间艺术产品才能与“客观真实”的民间艺术资源相得益彰，主题公园中民间艺术的舞台化实践方能避免误入歧途。

第二节 民间艺术的间接产业化

民间艺术间接产业化即民间艺术符号的产业化，就是将民间艺术的造型、图案纹样、色彩、音乐、舞蹈等艺术符号提炼出来，创意性地应用到设计业、动漫业、演艺业等产业的产品开发中，提升其文化附加值，并以这些工业化产品为载体，实现民间艺术元素的规模化生产与消费。

一、民间艺术间接产业化的内涵

（一）民间艺术符号

1. 民间艺术符号的内涵

德国哲学家恩斯特·卡西尔在其《人论》一书中把人定义为“符号的动物”。他认为：“符号化的思维和符号化的行为是人类活动中最富于代表性的特征。”[①] 人类的各种文化现象，如语言、宗教、神话、科学、艺术等，都是人通过符号化的活动所创造出来的。可以说，“符号是文化的载体，文化的创造和传承是以符号为媒介的。人是符号活动的主体，各种文化是符号活动的现实化、具体化”[②]。就艺术与符号的关系而言，美国符号论美学家苏珊·朗格认为：“艺术，是人类情感的符号形式的创造。”[③] 也就是说，艺术是人类思想情感活动的结晶，是艺术信息的物化和“符号化体”。因此，从符号学角度，可以把艺术理解为体现人们特定观念或情感的符号形式。

---

① ［德］恩斯特·卡西尔：《人论》，甘阳译，上海译文出版社 2004 年版，第 38 页。

② 仲富兰：《民俗传播学》，上海文化出版社 2007 年版，第 138 页。

③ ［美］苏珊·朗格：《情感与形式》，刘大基、傅志强、周发祥译，中国社会科学出版社 1986 年版，第 51 页。

就符号的构成要素而言，瑞士语言学家索绪尔从语言符号学的意义上，提出了符号构成的“二分法”。索绪尔认为，语言是一种表达观念的符号系统，语言符号是由音响形象和概念内涵两部分组成的。他将语言符号的要素分为“能指”和“所指”两个层面，分别替代语言的音响形象和概念内涵。[①] 索绪尔从语言符号学角度提出的“能指”和“所指”两个术语，为一般符号学的符号结构分析提供了方法论基础。概括而言，“符号是一种表示成分（能指）和一种被表示成分（所指）的混合物。表示成分（能指）方面组成了表达方面，而被表示成分（所指）方面则组成了内容方面”[②]。也就是说，符号是“能指”与“所指”，亦即形式与内容的统一体。“能指”是符号的外在形式，“所指”是符号所指代和表示的内容或意义。例如玫瑰，玫瑰的形象是能指，爱情内涵是其所指，两者合二为一就构成了表达爱情的玫瑰符号。

从符号学角度看，民间艺术作为民俗观念的载体，具有集体性、传承性、模式性、象征性等特征，是一种展现民俗观念的独特艺术符号，即民间艺术符号。民间艺术符号包括两个层面的内容：它既可以指某一具体的民间艺术品，又可以指民间艺术创作中使用的具有“能指”与“所指”二元关系的艺术符号，如造型、图案纹样、色彩、音乐、舞蹈等艺术符号。就后者而言，民间艺术符号的“能指”指民间艺术的造型、图案纹样、色彩、音乐、舞蹈等符号形式；“所指”则是指上述符号形式所蕴含的民俗观念。例如民间艺术作品中常使用的鸳鸯、龙凤、莲花、喜鹊、松鼠、葡萄、石榴、葫芦、仙鹤、方胜、盘长、如意、万字纹、牡丹、蝙蝠、老虎、狮子等符号形式是“能指”，“所指”则是蕴含其中的具有历史积淀性和集体认同性的祈子延寿、纳福招财、驱邪禳灾等各种功利性象征寓意。

2. 民间艺术符号的特征

民间艺术符号按其表现形式可分为民间艺术视觉符号、民间艺术听觉符号与

---

① 参见［瑞］费尔迪南·索绪尔：《普通语言学教程》，高名凯译，商务印书馆 2003 年版，第 101 ~ 103 页。

② ［法］罗兰·巴特：《符号学美学》，董学文、王葵译，辽宁人民出版社 1987 年版，第 35 页。

民间艺术视听综合符号。[①] 民间艺术符号作为民俗观念的载体，除具有集体性、传承性、稳定性、变异性等民俗性特征，还具有象征性、模式性等特性。

（1）模式性

民间艺术作为民俗观念的载体，是民众集体智慧的艺术结晶，凝聚着民众的集体记忆和情感。而“民俗一旦形成，大都具有相对的稳定性，并在稳定的发展中，又形成一定的模式之后，就按照这一模式代代相传”[②]。在群体性的传承过程中，民间艺术逐渐形成了约定俗成的、具有普遍共识性的主题内容和艺术语汇，呈现出内容和形式上的模式化特征。

主题内容方面，无论是年画、剪纸、木雕、泥塑等民间造型艺术，还是民歌、傩戏、秧歌等民间表演艺术，其中反复出现的主题内容，基本上都可以归入民众求生、趋利、避害的功利性主题范围之内。表现形式方面，民间艺术中有很多融汇了集体意识的、相对稳定的、普适性的象征艺术符号，如虎作为一种承载吉祥观念的符号，被大量运用于年画、剪纸、泥塑、鞋帽、木雕等民间艺术品的制作之中。色彩选用与搭配方面，则偏爱红、绿、黄等喜庆、明快的色彩，“红红绿绿，图个吉利”的设色口诀也体现出民众追求吉祥、喜庆、美满幸福生活的美好愿望。

（2）象征性

所谓象征是指：“通过某一特定的具体形象来暗示另一事物或某种较为普遍的意义，利用象征物与被象征的内容在特定经验条件下的类似和联系，使后者得到具体直观的表现。”[③] 黑格尔认为象征包含两个因素：“第一是意义，其次是意义的表现。意义就是一种观念或对象，不管它的内容是什么，表现是一种感性存在或一种形象。”[④] 苏珊·朗格认为，艺术是人类情感的符号形式的创造，也就是说，情感作为艺术作品的意义，通过艺术作品的形式来表现。而“……符号性、比喻性与暗示性，此三者构成象征的三个最基本的性能，是构成象征的三个

① 笔者主要就民间艺术视觉符号（民间造型艺术符号）的特征进行分析。

② 陶立璠：《民俗学》，学苑出版社 2003 年版，第 37 页。

③ 辞海编辑委员会：《辞海》，上海辞书出版社 2000 年版，第 569 页。

④［德］黑格尔：《美学》第 2 卷，朱光潜译，商务印书馆 1997 年版，第 10 页。

基本条件”[①]。民间艺术往往通过运用谐音、喻义等象征手法，通过图案纹样、色彩等艺术符号的运用，来表达民众的思想和情感。

首先，民间艺术常用借物以托意的喻义手法，利用某一物体、纹样符号或一组画面表达自己的思想与情感。如石榴、葫芦、葡萄、松鼠喻义多子多福，松、桃、鹤、龟喻义长寿，鸳鸯、双飞燕、并蒂莲喻义夫妻恩爱、永结同心，盘长纹喻义连绵不断，万字纹喻义绵长不断、吉祥万福，鲤鱼跳龙门喻义吉祥向上，抓髻娃娃喻义避邪招福等。

其次，借字的同音或近音，表达一定意义的谐音手法。如“耄（猫）耋（蝶）富贵”“五福（蝠）捧寿”“连（莲）年有余（鱼）”“马上封（蜂）侯（猴）”“六（鹿）合（鹤）同春”“富贵（桂）平（瓶）安”“喜上眉（梅）梢”“金玉（鱼）满堂”“吉（戟）庆（磬）如意”“瓜瓞（蝶）绵绵”等吉祥艺术图案，就是运用谐音的手法，将谐音“物象”与图案的象征意义巧妙地结合在一起，富有深厚的民俗文化底蕴。

再次，民间艺术中还有一些常见的图像，它们已经脱离了现实生活的原型，通过民众传承逐渐形成一种约定俗成的符号。如虎，用于避邪和护生，常用于制作年画、剪纸、虎头鞋、虎头帽等民间艺术品。狮，除邪祥瑞之兽，常用于民间建筑中装饰或作镇墓、镇宅、镇桥之物，春节等喜庆之日，亦多舞狮以庆吉祥。五毒，即蟾蜍、蝎子、蜥蜴（壁虎）、蜈蚣、蛇，借毒虫以毒攻毒，寓驱病消灾之意。蛇盘兔，流行于陕西、山西一带的剪纸纹样，当地有“若要富，蛇盘兔”的民谚，“蛇盘兔”纹样成为家庭吉祥富裕的象征。[②]

民间艺术的色彩通过与特定的文化观念相关联，被赋予了特殊的情感和思想观念，成为一种观念性的阐释和象征性的比附。民间艺术的色彩运用除了受中国传统哲学观念、宗教观念、伦理思想、宗法意识的影响制约外，大部分是以表达求生、趋利、避害的功利意义为主。民间艺人的设色口诀“红红绿绿、图个吉利”，便反映了民众追求红火热闹、求吉求喜的心理情感。如“陕西凤翔的泥塑

① 姚一苇：《艺术的奥秘》，漓江出版社 1987 年版，第 127 页。

② 参见左汉中：《中国民间美术造型》（修订本），湖南美术出版社 2008 年版，第 218 ~ 226 页。

挂虎其意义为镇宅禳灾、迎福纳祥和祈子延寿为目的，这种功利目的就是通过虎面造型的纹样和色彩来实现的。其中绿色寓意万年长青，红色寓意四季红火，而石榴、艾草、海棠、贯钱、蝴蝶、牡丹等图案也是寓意多福多子、富贵吉祥、驱邪避灾等意义”①。

总之，民间艺术这种象征性的图案纹样、色彩等艺术符号经过民众长期的传承和发展，形成了较为稳定的艺术表现程式，具有深厚的文化底蕴和美学意蕴。

（二）民间艺术符号的产业化

民间艺术符号具有集体性、传承性、模式性、象征性的特性，经过漫长的历史积淀，形成了趋同的、程式化、具有集体认同性的造型、图案纹样、色彩、音乐、舞蹈等艺术符号。这些民间艺术符号吉利祥瑞、通俗显达，具有高度的可解读性，可以附加到其他载体媒介之上，为文化产业发展提供取之不尽、用之不竭的创意源泉，从而为民间艺术符号的产业化奠定了资源与市场基础。

民间艺术间接产业化，就是将民间艺术中具有集体认同性、模式化的造型、图案纹样、色彩、音乐、舞蹈等艺术符号提炼出来，创意性地应用到设计业、动漫业、演艺业等产业域，开发出符合当今民众消费需求且富有民间艺术特色的衍生类产品，并以这些工业化产品为载体，实现民间艺术元素规模化生产与消费的过程。因此，只要存在广泛的市场需求，任何民间艺术都有可能借助间接产业化这条路径进行产业化运作，只不过是其元素符号的产业化而已。

值得注意的是，民间艺术间接产业化只是借用了民间艺术的某些元素符号，并将其创意性地附加到其他产品之上，旨在提升产品文化附加值，促进产品销售。通过这种产业化方式生产出来的产品，已不是“民间艺术”，而仅仅是带有民间艺术风格与特色的文化创意产品。从民间艺术的保护角度来讲，由于开发对象并非民间艺术本身，因此即便操作失败，民间艺术间接产业化也不会对作为创意源头的民间艺术本身的保护与传承造成直接的破坏与冲击。但是，民间艺术间

① 唐家路、潘鲁生：《中国民间美术学导论》，黑龙江美术出版社2000年版，第203～204页。

接产业化不能歪曲、滥用民间艺术符号，以免误导民众对民间艺术的认知。

二、民间艺术间接产业化的业态

民间艺术间接产业化应在充分了解当代受众消费需求的基础上，对民间艺术符号进行消化吸收后的再创造，并将其创意性地融入设计业、演艺业、动漫业等产业域的产品开发中，提升产品文化附加值，展现民间艺术的现代活力。

（一）民间艺术符号的设计业开发

民间艺术在漫长的群体性传承过程中形成了相对成熟稳定、程式化的艺术符号语言，稍加整理即可为设计业所用。设计师将民间艺术的造型、图案纹样、色彩等视觉艺术符号通过提炼、加工、重组，应用于视觉传达设计、产品设计、环境艺术设计等设计业领域的产品设计开发之中，有助于增强产品的地方、民族文化特色，提升产品的文化附加值，进而促进其销售。

1. 民间艺术符号在视觉传达设计中的应用

（1）广告设计

将民间艺术符号融入当代广告设计，能有效提高广告的表现力度、审美内涵和民族文化特性，使其因浓郁的地域和民族特色赢得消费者的喜爱，从而增强广告所传递商品信息的视觉功能和审美意义。如大阿福作为民间年画、泥塑中的经典造型形象，有镇邪、降福之意，是人们心中福气的象征。“宝洁公司恰当地利用了中华民族的这一传统习俗，在它的一款名叫伊卡璐颜丝的染发剂中，把四个可爱的小阿福额头上的一缕头发染上了各种时尚的颜色，看到阿福的新形象，令中国的消费者感到新鲜的同时发出会心的一笑。创意人员用中国文化为载体，成功地阐释、传播了一个外国品牌。”[①]（图 5－21）

① 张淑燕、沈华峰：《文化适应与文化转换——广告跨文化传播中的两条路径》，《吉林省经济管理干部学院学报》2008 年第 2 期，第 43 页。

图 5－21　中国宝洁公司伊卡璐颜丝染发剂宣传广告

（2）包装设计

商品包装在商品的生产、流通、消费过程中发挥着重要作用，如保护商品，向消费者传递商品信息，装饰、美化商品形象，提高商品文化附加值，诱导、激发消费者的购买欲望和兴趣，从而达到增强商品市场竞争力，促进商品销售的目的。如今，企业日趋重视商品包装在企业品牌形象塑造中的作用，我国商品包装设计也越来越重视本土文化的表现，呈现出本土化、民族化的发展趋势。

民间艺术作为传统文化的典型代表，其符号语言被越来越多地应用到商品包装设计中。民间艺术符号应用于包装设计，一方面可以使民间艺术借助商品包装这一独特的传播媒介得以传扬；另一方面，可以优化商品包装的造型结构，美化其外观形象，提升商品包装的文化内涵和艺术品质，赋予商品包装以浓郁的地域、民族特色，提升商品包装的文化附加值，树立商品的品牌形象，实现商品包装设计与民间艺术的双赢。例如“封侯挂印”月饼礼盒包装，剪纸常常采用寓意或谐音来传达人们的情感和审美情趣。该礼品包装借用了剪纸中的“封侯挂印”图为主体装饰图案。“封侯挂印”是传统寓意纹样，图案常以一猴子摘取枫树上的挂印为内容构成，利用“猴”与“侯”、“枫”与“封”同音，以示“封侯”，隐喻高升之意。选取这样的题材用于礼品包装的设计，形式与内容的结合

非常到位，令人印象深刻。该设计并未照搬这个题材的剪纸图案，而是对线条的表现加以改进，使图形更现代，可以说是传统与现代恰当结合的典型案例。① 再如山东聊城特产“一吊钱熏鱼”的礼盒包装设计（图5－22）。该礼盒包装设计运用了剪纸、年画等中常见的“连年有余”吉祥图案，既有助于有效传达礼盒内盛装熏鱼的商品信息，又有助于借助该图案的吉祥寓意表达人们“年年有余”的祝福之意。

图5－22　山东聊城“一吊钱熏鱼”礼盒

值得一提的是，相较于一般商品的包装设计，旅游商品包装设计的本土化、民族化发展趋势尤为明显。旅游者外出旅游很重要的一个动机就在于体验异地他族的特色文化，其在旅游过程中购买旅游商品（尤其是旅游纪念品）的目的主要是为了将其作为纪念品自己珍藏或作为礼品馈赠亲朋好友。因此，旅游商品作

① 谭嫄嫄、宁绍强：《民间剪纸艺术在民族化包装设计中的应用》，《包装工程》2008 年第 12 期，第 164 页。

为旅游者旅游经历的见证和物化保存，与一般商品相比，具有独特的地域性、民族性、纪念性和审美性特征。由此，旅游商品包装设计应从旅游地的自然、人文资源中选取代表性元素，将富有鲜明地域、民族文化特色的素材融入旅游商品包装设计，注重文化内涵的挖掘和艺术品质的打造，充分发挥特色旅游商品包装提升旅游商品附加值、促进旅游商品销售的功能。

但是，我国旅游商品包装目前普遍存在着雷同现象严重、粗制滥造、文化内涵和艺术品位缺乏等问题，究其原因则在于我国旅游商品包装设计还缺乏对于地域、民族文化艺术资源的深入挖掘、利用与表现，从而导致旅游商品包装设计地域、民族特色的缺失，严重制约着我国旅游商品业的健康发展。

民间艺术源发于民众的日常生活，地域、民族文化特色鲜明，为旅游商品包装设计提供了优质的创意元素，其艺术符号被越来越多地应用到旅游商品包装设计之中。例如旅游特产“张飞灯影牛肉”的包装，就是从皮影戏中选取的设计元素。灯影牛肉作为四川的特产，其特色就是牛肉脆薄透亮，能看到其自然肌理，体现了四川特色小吃色、香、味俱全的特色。“张飞灯影牛肉”包装的外观造型是一盏宫灯，犹如皮影戏的灯；包装的图案选择的是皮影戏中张飞的人物造型，既点题，又能体现商品的特色；包装的文字说明采用中国传统的竖排，成为构图要素，商品名称采用书法字体与色块的组合形式；包装的色彩亮丽明快；麻绳结节不仅方便携带，更具地方特色[①]，深受旅游者喜爱。

2. 民间艺术符号在产品设计中的应用

“所谓产品设计，即是对产品的造型、结构和功能等方面进行综合性的设计，以便生产制造出符合人们需要的实用、经济、美观的产品。”[②] 产品的功能、造型和物质技术构成产品设计的三个基本要素。将民间艺术符号应用于产品设计，既可以美化产品外部造型，提升产品文化附加值，又可以使传统民间艺术符号结合新的工艺、材料，借助新的产品载体有机融入民众现代生活，拓展民间艺术的

① 参见胡先明：《民间艺术对旅游商品包装设计的影响》，《装饰》2008 年第 3 期，第 137 页。

② 尹定邦：《设计学概论》，湖南科学技术出版社 2009 年版，第 188 页。

生活应用范围，获得与时代同步的鲜活生命力。

以年画为例，随着全球复古风潮的盛行，年画元素被越来越多地应用到服饰、家居用品等产品设计中。“上海20世纪的月份牌年画，已被香港陈幼坚作为设计元素应用到食品、化妆品、礼品的包装盒上，甚至服装、窗帘、床上用品、笔记本等诸多方面，带来丰厚的经济效益……同样，日本著名品牌老佛头在其服装设计上就经常采用深受桃花坞年画影响的日本浮世绘图案，产品不仅受到日本青年追捧酷爱，也受到一些去日本旅游的外国客人的青睐。”① 总之，剪纸、刺绣等民间艺术中的经典艺术符号被提炼出来，应用到现代服饰、家具、茶具、灯具、包具、鞋帽、书签、手机壳等生活用品之上（图5－23、图5－24），借此，民间艺术以一种新的方式走进民众的现代生活，从而拥有了广阔的当代传播空间。

图5－23　日照农民画抱枕

图5－24　剪纸灯具

此外，许多国外知名企业为开拓中国市场，在其产品设计中也大量运用中国传统的民间艺术符号，开发出既具时代感又具中国传统文化特色的产品。如法国著名品牌卡地亚（Cartier）为庆祝其150周年华诞，在1997年特别发行了一款香水“龙之吻”（Le Baiser du Dragon），该款香水将中国的寿字图案融入了香水瓶的创意设计之中（如图5－25）。“龙之吻”香水“以中国东方神韵作为香水的主题和卖点，这个玲珑剔透的玻璃瓶子是由一朵花的对称组合而成，瓶身与瓶盖

① 娄芸鹤：《以民族元素为文化产业开发的创意和构想——以苏州桃花坞年画为例》，《美术大观》2011年第1期，第51页。

就是把中国传统图案中的圆形‘寿’字寓为‘圆寿’或‘团寿’，作为主体视觉品牌形象。因为高素质的玻璃瓶工艺，加上精美的丝带旁衬，在黑色的瓶盖上凹凸效果组成‘寿’字图案，显得非常简洁高贵。”① 卡地亚将中国的传统图案应用的高雅、现代而富有东方文化气息，既成功塑造了其产品的品牌形象，也有效促进了中国传统文化的国际传播。

图5－25　饰有“团寿”图案的卡地亚香水瓶

3. 民间艺术符号在环境艺术设计中的应用

全球化、工业化时代，回归自然、渴望人文关怀和情感慰藉成为人们迫切的情感需求。在此时代背景下，现代环境艺术设计表现出生态化、本土化、民族化的发展趋势。民间艺术根植于民间，来源于生活，具有本元文化、母体艺术的特性，有着绚丽多彩的艺术符号语言，饱含高情感容量。从民间艺术中挖掘和提炼出精华元素，将其融入环境艺术设计，有助于丰富环境艺术设计语言，创造出富有地域、民族文化气息的生活环境，满足人们对生活环境的情感需求。

景观艺术设计作为环境艺术设计的重要组成部分，主要包括园林、庭院、广

① 韩秉华：《中国传统图形的善用与开新》，行间、何洁、靳埭强主编：《中国传统图形与现代视觉设计》，山东画报出版社2005年版，第172页。

场、街道、公园、道路、桥梁等室外空间环境的艺术设计。如今，包括民间艺术在内的传统文化元素被越来越多地应用到景观艺术设计之中，给人们营造了具有浓郁传统文化氛围的环境空间。景观艺术设计的构成要素，如绿化景观、景观小品、路面铺设等，除绿化景观中民间艺术可介入的空间不多外，景观小品、路面铺设的设计中，民间艺术都有广阔的应用空间。景观小品中的建筑小品，如在亭、台、阁、廊、牌坊、雕塑、壁画等的设计中，可以将砖雕、石雕、木雕、泥塑、年画、剪纸、皮影等民间艺术的造型、图案纹样、色彩等艺术符号，通过直接运用或元素组合的方式应用到建筑小品的设计之中。如潍坊杨家埠村、西安曲江池遗址公园中有提取杨家埠木版年画、秦腔皮影艺术元素设置的年画、皮影雕塑，通过传统民间艺术与现代雕塑的结合，以年画、皮影雕塑的形式展示了地方文化特色（图 5－26）。此外，如座椅、卫生设施、防护栏、照明设施、游憩健身设施等景观小品及路面铺设中，民间艺术中的吉祥图案都有大量运用，提升了环境的文化艺术品位。

图 5－26　年画主题景观小品·潍坊杨家埠

总之，现代环境艺术设计的宗旨是为人们提供理想的高品质生活环境空间。通过民间艺术符号的直接运用或组合应用，将民间艺术所蕴含的人文精神与情感融入环境艺术设计之中，既装点、美化了城市环境，提升了城市环境的艺术品质，满足了人们对现代环境艺术的情感和审美需求，又彰显了城市环境的地域和民族文化特色，并使传统民间艺术借助现代环境艺术品得以广泛传播。

（二）民间艺术符号的动漫业开发

随着社会的发展和科技的进步，动漫产品对人们生活的影响越来越大。动漫产业的内涵及外延随之不断扩展，成为“以‘创意’为核心，以动画、漫画为表现形式，包含动漫图书、报刊、电影、电视、音像制品、舞台剧和基于现代信息传播技术手段的动漫新品种等动漫直接产品的开发、生产、出版、播出、演出和销售，以及与动漫形象有关的服装、玩具、电子游戏等衍生产品的生产和经营的产业”①。当前，动漫产业在全球发展十分迅猛，已成为美国、英国、日本、韩国等国家和地区的重要支柱产业。

我国政府十分重视动漫产业的发展，各级政府纷纷出台相关扶持政策，如《国务院办公厅转发财政部等部门关于推动我国动漫产业发展若干意见的通知》（国办发〔2006〕32号）、《文化部发布关于扶持我国动漫产业发展的若干意见》（2008年8月13日）等，提出了推动我国动漫产业发展的一系列政策措施。近年来，我国动漫产业快速发展，国产动漫产品的数量大幅增长、质量不断提高，一批动漫企业和动漫品牌崭露头角，建立了一批国家动漫产业基地和区域性特色动漫产业园区，各种动漫艺术展会、动漫大赛也如雨后春笋般出现，中国动漫“走出去”步伐加快。但相较于美、日、韩等动漫强国，我国动漫产业发展相对滞后，在原创能力、人才培养、技术研发、产业链整合、行业管理、知识产权保护等方面仍存在诸多亟待解决的问题。其中，国产动漫产品大多缺乏对我国传统文化资源的深入挖掘与利用，导致本土原创动漫精品不足，大量“洋动漫”占据了中国的动漫市场，致使国产动漫产品的国内市场份额逐渐缩水，国际市场拓展步履艰难。

---

①《国务院办公厅转发财政部等部门关于推动我国动漫产业发展若干意见的通知》（国办发〔2006〕32号）。

民间艺术作为传统文化的重要组成部分，地域、民族特色鲜明，可为我国动漫产业发展提供创意研发的灵感源泉。其实，自20世纪50年代以来，我国老一辈动画人就已借鉴包括民间艺术在内的传统文化艺术元素，创作出了别具一格的水墨动画，如《小蝌蚪找妈妈》《牧笛》《山水情》等；戏曲动画，如《骄傲的将军》；折纸动画，如《聪明的鸭子》；剪纸动画，如《猪八戒吃西瓜》《渔童》《济公斗蟋蟀》《抬驴》等；皮影动画，如《张飞审瓜》；木偶动画，如《神笔马良》《孔雀公主》《阿凡提的故事》《曹冲称象》等动画艺术精品（图5－27）。它们以鲜明的中国风格在世界动画舞台上大放异彩，形成了独树一帜的“中国动画学派”。

图5－27　剪纸动画片《渔童》（1959）

例如，《大闹天宫》作为中国动画片的经典之作（图5－28），大量采用了民间艺术的造型及色彩艺术符号，民族风格浓烈。影片的色彩汲取了中国传统民间年画、玩具和民间刺绣的“五行”色彩样式，而不是依赖自然真实的写实色彩。影片浓墨重彩，绚丽辉煌。造型上，借鉴了我国古代青铜器纹饰、汉代画像石、六朝造像，以及民间皮影、年画、玩具等多方面元素，玉皇大帝的形象就源自于民间年画中的神像造型。表演风格上，运用了京剧的程式化动作，音乐上采用具有民族色彩的乐调，运用了戏曲的锣鼓打击乐来加强音乐的效果，使锣鼓点同人物动作和镜头的衔接、转换相得益彰，又使人物动作具有较强的节奏感，有起有伏，浑然成体，民族趣味浓郁，具有鲜明的民族风格和精湛的艺术技巧。①

图 5 – 28　动画片《大闹天宫》（1961）

我国动漫产业发展应继承和发扬老一辈动画人留下来的宝贵经验，从包括民间艺术在内的本土文化中找寻动漫产品的创意元素，结合现代科技，创造出符合当代民众消费需求的动漫产品。如今，我国动漫业已经涌现出一批此类动漫精品，体现出业界对传统民间艺术的日渐重视。例如百集偶形动漫电视剧《秦汉英杰》（图 5 – 29），该剧讲述了 2000 多年前秦末汉初发生在华夏大地上的一场分裂与统一的大决战，由上海电影艺术学院、无锡市偶形文化传播有限

① 参见栾伟丽：《动画造型与民间美术》，中国传媒大学出版社 2007 年版，第 143 ~ 149 页。

公司、漳州木偶剧团等携手合作，并由漳州木偶剧团承担导演、表演、木偶造型、舞美设计、服装设计主创工作。作为我国迄今规模最大的木偶电视连续剧，该剧将漳州布袋木偶与数字化的三维动画相结合，形成了令人耳目一新的偶形动漫，打造了具有民族文化特色的动画片。《秦汉英杰》作为中央电视台少儿频道2008年春节的“压岁剧”隆重推出的同时，该剧的DVD音像制品由有关部门同时出版，同步推向全国。日本中央电视台则买断了《秦汉英杰》在日本国内的播出版权。①

图5－29　偶形动画电视剧《秦汉英杰》(2008)

总之，民间艺术为动漫创作提供了优质的文化创意素材。将民间艺术符号融入动漫产品开发，一方面有助于增强我国动漫产业发展的原创性和民族文化特色，形成动漫产业发展的民族化风格，提升我国动漫产业的国际竞争力。另一方面，传统民间艺术通过创新利用，转化成现代动漫形象，借助符合现代人

① 参见蔡文原:《〈秦汉英杰〉昨起央视热播》，2008年2月1日《闽南日报》。

们审美需求的动漫产品的形式焕发出新的活力，有助于拓展其现代传播渠道与空间。

（三）民间艺术符号的演艺业开发

民间艺术符号的演艺业开发，就是将民间音乐、民间舞蹈、民间戏曲、民间曲艺、民间杂技等民间表演艺术中的艺术符号提炼出来，作为创作素材，根据民众的现代审美需求，结合现代科技手段，通过艺术化的加工、改编与创新，开发出既有传统民间艺术韵味又有鲜明时代气息的现代演艺产品。

例如广西民歌资源的产业开发。广西民歌资源丰富，素有“歌海”之美称。广西充分利用这一特色文化资源优势，通过市场化运作，民歌产业发展迅速，大型山水实景演出《印象·刘三姐》与“南宁国际民歌艺术节”便是其民歌资源产业开发的典型案例。《印象·刘三姐》通过融青山秀水、歌舞表演、民俗展示于一体的资源整合，将以“刘三姐”为代表的广西民歌资源，创意性地融入实景演出中。民歌产业开发的重点在于民歌精品的创作，广西民歌产业开发通过从传统民歌中汲取素材进行再度创作，在“不忘老民歌”的前提下，根据民众的现代审美需求，从演唱内容、演唱形式、演唱风格等方面入手，着力开发“新民歌”，创作出了一批融传统与现代于一体的民歌新品。比如“平果哈嘹乐队创作的《月亮》等歌曲，就利用嘹歌传统五声音阶的特色音调，同时又将现代摇滚技巧与之融合，既有民族性又有时代感”①。如此，则既保留了传统民歌的神韵，又因现代音乐元素的有机融入，克服了传统民歌在视听方面存在的“先天缺陷”，体现了传统与时尚的有机融合。

央视春节联欢晚会作为家喻户晓、闻名海内外的节日文艺大餐，汇集了中华民族各种艺术形式的高水平作品。其中，很多舞蹈作品都从传统民族民间艺术中汲取灵感，创作出了一个个舞台艺术精品，备受民众喜爱。如 2005 年春节晚会

① 马树春：《论民歌文化资源整体性保护模式》，《中南大学学报》（人文社会科学版）2009 年第 2 期，第 47 页。

舞蹈《千手观音》，将佛教文化与精致的舞台、服饰搭配，通过一群身残志坚的聋哑人舞者的精彩演绎，创造了一个艺术奇迹。2006 年春节晚会舞蹈《俏夕阳》，灵感源自民间皮影戏，《剪纸姑娘》则以剪纸这一民间工艺为出发点，舞台背景、演员服饰充满鲜艳精巧的剪纸图案，演员们的表演体现了欢乐与活跃的青春中国气象。2007 年春节晚会舞蹈《俏花旦》，将舞蹈、戏曲艺术与抖空竹这门传统的杂技艺术相结合，传统文化以一种新奇的方式登上舞台。2008 年春节晚会舞蹈《飞天》，更是从民间传说、佛教艺术里汲取了飞天的美妙形象，将服饰、颜色、造型等现代舞蹈因素与飞天轻盈飘逸、腾云驾雾、仪态优雅、裙裾飞扬的文化蕴涵相结合，成为 2008 年春节晚会上最受欢迎的歌舞节目之一。[①] 央视春节晚会系列舞蹈节目充分挖掘了我国民间艺术的精髓，使传统民间艺术与现代舞台艺术结合产生出特有的美。

例如皮影舞《俏夕阳》（图 5－30），该舞蹈吸收了唐山皮影戏的艺术造型和舞蹈音乐元素，并将其巧妙地融入到舞蹈形式中，运用现代舞美理念进行再创作，形成了别具一格的皮影舞，给人以耳目一新之感。舞蹈方面，借鉴传统皮影戏动作，经过提炼、改编，形成了“前弓后倚皮影步”的皮影舞蹈语言；音乐方面，在借鉴传统皮影戏音乐的基础上重新编曲，加入了许多舞蹈音乐的元素。“《俏夕阳》的舞蹈音乐以皮影音乐二性板过门乐曲为基调，吸纳了唐山一带的民间音乐文化，创造了清新流畅、节奏明快、婉转悠扬，具有浓郁皮影韵味的旋律。它将传统皮影戏音乐元素的精髓注入了皮影舞蹈中，又完全从专业的舞蹈音乐中脱化出来，实现了民间曲调与专业舞台音乐的有机化合。”[②] 服装方面，在服装造型上借鉴传统皮影戏中“皮影人”的服装样式。颜色方面，孩子们穿着象征朝气的红色服装，老人们身着象征青春色彩的绿色服装，红绿交替，老少交融，给人以感官上的视觉美感。2006 年，《俏夕阳》亮相央视春节联欢晚会，14 名唐山老太和 24 名孩童的精彩表演，获得了观众的一致好评，被评为“我最喜

① 参见张胜冰、屈小青、邹龙：《民族艺术与文化产业》，中国海洋大学出版社 2009 年版，第 41 页。

② 杨立元：《〈俏夕阳〉的美学追求》，2006 年 3 月 2 日《文艺报》。

爱的2006年春节联欢晚会节目”歌舞类一等奖。皮影舞《俏夕阳》以其鲜明的民间艺术韵味与时尚的现代艺术气息取得了民众的广泛认同，古老的皮影艺术以一种有别于传统样态的新面貌呈现于大众视野，展现了传统文化的魅力，为其他民间艺术的创新应用提供了可资借鉴的宝贵经验。

图5-30　皮影舞《俏夕阳》

此外，还有很多演艺产品，如《云南映象》《印象·丽江》《丽水金沙》《藏谜》等，均是从传统民族民间艺术中汲取营养而创作出的演艺精品。其中，由著名舞蹈家杨丽萍主创并领衔主演的大型原生态歌舞剧《云南映象》，可谓我国民间艺术产业化运作的典型案例（图5-31）。它以匠心独具的艺术创作与成功的市场化运作，实现了艺术与票房的双赢。首先，《云南映象》将云南少数民族的民间音乐、舞蹈元素融入舞台表演，启用来自云南当地民间、土生土长的业余演员，经过整合创新，创造出了一部融传统与现代于一体的舞台经典作品，展现了浓郁的云南传统民族风情。2004年，《云南映象》荣获第四届中国舞蹈“荷花奖”，获得业界一致认可。其次，从创作到演出，《云南映象》按照产业化的发展思路、企业化的经营管理模式和市场化的营销方式进行运作。2005年，“云南映象文化产业发展股份有限公司”成立，以“云南映象”命名的专业定点演出剧场、主题文化社区、旅游商品城、普洱茶等一系列文化产业项目相继启动，从而将“云南映象”品牌从民族歌舞剧拓展到旅游、饮料、房地产等多个领域，形成了多元化发展的产业模式。①

图 5－31　民族歌舞剧《云南映象》

第三节　民间艺术直接产业化与间接产业化的关系

民间艺术直接产业化是将民间艺术自身作为文化产品进行产业化运作，民间艺术间接产业化则是以民间艺术作为手段或形式提升其他产品的文化附加值，促进产品的生产和销售，两者之间具有明显的差异。但两者又共同指涉了下述事实，即民间艺术及相关产品生产的目的指向产品销售和资本增值，而资本增值的要求支配着民间艺术及相关产品的生产。与之相对的是民间艺术的非产业化，即民间艺术的传统生产方式。民间艺术进入产业化进程以后，由民间艺术直接产业化和间接产业化共同构成的民间艺术的产业化生产方式正在成为民间艺术重要的当代生产方式。这两者之间不是相互分离的，而是有着相互促进、相互支持的关系。

① 参见张京成、周学政主编：《创意为王：中国创意产业案例典藏》，科学出版社 2007 年版，第 139～146 页。

一、民间艺术直接产业化与间接产业化的区别

虽然民间艺术直接产业化与间接产业化的目的均指向产品销售和资本增值，但它们在民间艺术产业化的内容、方式等方面也存在着明显的差异。简言之，民间艺术直接产业化是将民间艺术自身作为文化产品进行产业化运作，民间艺术具有独立的物质形态，如年画、风筝、剪纸、香包、刺绣、泥塑、木雕、舞狮、秧歌、杂技等。民间艺术间接产业化则是将民间艺术的某些元素符号作为手段载体或表现内容，附加到其他产品之上，提升其文化附加值，从而促进相关产品的生产和销售。这些民间艺术符号往往没有独立的物质形态，而是渗透或附着在其他产品之上。

二、民间艺术直接产业化与间接产业化的联系

民间艺术直接产业化与间接产业化虽有不同，但两者又不是相互隔离的，而是有着相互促进、相互支持的关系。具体而言，民间艺术间接产业化渗透或是体现于民间艺术直接产业化之中，民间艺术直接产业化促进或是推动着民间艺术间接产业化；民间艺术直接产业化与间接产业化联合衔接，构建起民间艺术产业化完整的产业链条。

（一）民间艺术间接产业化渗透或是体现于直接产业化之中

民间艺术间接产业化的目的就是将民间艺术符号提炼出来，创意性附加到相关产品之上，提升其文化附加值，促进产品销售。这里的“产品”当然也包括民间艺术直接产业化语境中的民间艺术产品。如潍坊杨家埠风筝的制作，就吸取了年画元素、戏曲元素，生产出戏曲风筝、年画风筝，深受消费者喜爱。此外，提取民间艺术符号运用于民间艺术产品的包装设计，提升其文化附加值，也是民间艺术间接产业化渗透或是体现于直接产业化之中的现实表现。

以河南淮阳“泥泥狗”[1] 的产品包装设计为例。以泥土制作的淮阳“泥泥狗”（图5－32），目前销售基本处于无包装状态，售卖时往往用废报纸随便包裹后装入塑料袋中，或任意找一盒子，用大量废纸塞满，既不方便、不安全，也不雅观，给“泥泥狗”的流通造成诸多不便，不利于“泥泥狗”的品牌打造。针对淮阳“泥泥狗”包装缺失的问题，江南大学王安霞教授专门设计了“泥泥狗”的系列包装。在包装设计过程中，王教授“依据‘泥泥狗’的历史与文化内涵、地域特征和风俗习惯，采用了直接表现的设计手法，使包装和内容物相互呼应、相互衬托。以充满个性特征的图腾纹样作为切入点，从‘泥泥狗’的原始图形

图5－32　河南淮阳“泥泥狗”

---

① 淮阳，是传说中伏羲氏建都之地。淮阳城北有太昊陵，俗称“人祖庙”。太昊陵每年农历二月二至三月三为“人祖庙会”。太昊陵“人祖庙会”的原始主题是祭祀人祖伏羲氏和女娲，以求子孙繁衍。“泥泥狗”是淮阳泥玩具的总称，是原始先民图腾崇拜的产物。当地人说它是为伏羲、女娲看守陵庙的“神狗”（故又称“陵狗”），若购买“泥泥狗”赠送亲友，可以消灾、祛病，颇为神圣。淮阳“泥泥狗”造型古朴、怪诞，色彩艳丽，以黑色垫底，周身施以五彩纹饰。品种约有数百种，多为奇禽异兽或人、兽同体，如“人面猴”“人面兽”“猴头燕”“九头鸟”“人头狗”“双头狗”“多头怪”等。（参见孔玉芳主编：《经典河南·名产》，大象出版社2007年版，第66～69页）

中提取设计元素进行概括、再创造，并运用现代设计打散重组的方法，使包装设计保持了原有的神韵和情趣，彰显出独有的原始寓意性。在包装色彩的运用上，大胆地运用了具有神秘、远古寓意的黑色和带有传统喜庆意味的红色为主色调，并以彩绘五行色加以点缀，使整套包装对比强烈而稳重，充分体现了'泥泥狗'本身色彩的感觉，有着很强的民族特色和地方特色，更加吸引人对其产生浓厚的兴趣"①。"泥泥狗"包装设计，既有助于产品的保护，又突出了"泥泥狗"的艺术特征和地域文化特色，传统与现代有机结合，有助于提升"泥泥狗"的品牌形象，促进"泥泥狗"产品的销售、宣传和弘扬。

（二）民间艺术直接产业化促进或是推动着间接产业化

民间艺术间接产业化中所运用的民间艺术符号须在民众中具有较高的集体认同性和喜闻乐见性，方能融入产品开发设计，发挥其提升产品文化附加值、促进产品销售的功效。民间艺术直接产业化以市场需求为导向，通过对民间艺术自身的产业化开发，拓展了民间艺术的传播渠道与空间，提升了民间艺术的知名度和影响力。这些民间艺术形式会潜移默化地融入民众的意识层面和行为层面，进而影响其消费心理和消费选择行为。

将民间艺术直接产业化过程中具有较高市场知名度和民众认同性的民间艺术符号提炼出来，并将其附加于相关产品之上，将有助于产品的生产、销售，也就是民间艺术直接产业化对间接产业化具有促进或推动作用。如山西广灵剪纸产业、陕西华县皮影产业、福建木偶产业目前发展迅速，如若能发挥其剪纸、皮影、木偶的艺术特色，将其造型、色彩等艺术符号应用于动漫业的产品开发，制作出具有浓郁民间艺术特色的剪纸风格、皮影风格、木偶风格动画片，既弘扬了传统民间艺术，又增强了我国动漫产业的民族特色，有助于提升我国动漫产业的民族文化内涵和国际竞争力。

---

① 王安霞：《谈民间工艺品的包装设计——以淮阳"泥泥狗"包装设计为例》，《江南大学学报》（人文社会科学版）2006 年第 3 期，第 118 ~ 121 页。

（三）两者联合衔接，构建起民间艺术产业化完整的产业链条

民间艺术直接产业化着重于民间艺术自身的产业化运作，而民间艺术间接产业化则是将民间艺术符号创意性地应用到设计业、动漫业、演艺业等产业的产品开发之中。民间艺术直接产业化与间接产业化在民间艺术产业化层次上存在着内在的联合衔接关系，两者共同构建起民间艺术产业化完整的产业链条。

第六章

民间艺术产业化的影响

文化产业背景下，民间艺术产业化呈现出两条路径协同发展的态势，并对民间艺术的当代变迁与传播产生了巨大影响。直接产业化语境中，民间艺术呈现出由原生形态向市场形态转型的发展态势；间接产业化语境中，民间艺术呈现出符号化生存的传播态势（图6－1）。清晰认知并采取措施合理引导民间艺术产业化的路径实施与影响发挥，是实现民间艺术保护传承与产业开发和谐共赢的关键。

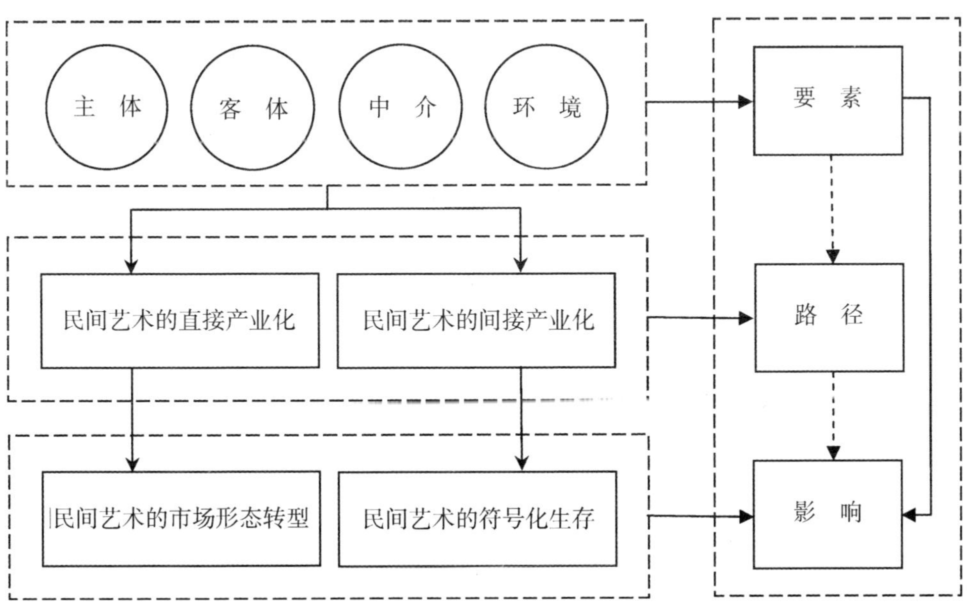

图6－1　民间艺术产业化的要素、路径及影响示意图

第一节　直接产业化语境中民间艺术的市场形态转型

民间艺术作为农耕社会的产物，具有活态性和变异性的特点，随其生存环境的变化而发展演变。只不过在漫长的农耕社会环境中，自给自足的小农经济一直占据着社会经济的主导地位，形成了超稳定的社会经济结构。生发于此土壤中的民间艺术，其功能、内容和形式虽然也一直在变，但变化比较缓慢，保持了较强的稳定性。全球化和现代化进程中，尤其是当前社会经济转型期，民间艺术的生存环境发生了巨大变化，其生产主体、消费主体及内容、形式也均随之发生了较大变化。直接产业化语境中，民间艺术主要存在两种表现形态，即原生形态民间艺术与市场形态民间艺术，且呈现出由原生形态民间艺术向市场形态民间艺术转型的发展态势。

一、民间艺术的原生形态与市场形态

（一）原生形态民间艺术

1. 原生形态民间艺术的内涵

原生形态民间艺术，指与传统农耕社会的生产生活方式相契合的民间艺术形态。原生形态民间艺术是民众日常生活和民俗文化的有机组成部分，为民众的生活提供物质便利和精神享受，集中体现了民众的观念、情感，是民众“集体无意识”的表征。生产目的方面，主要源于民众日常生活的直接需要，具有自足自用、自娱自乐等特点。生产主体及消费主体方面，以乡民为生产主体，消费主体为生产者自身或本乡本土的民众，消费主体的规模及范围有限，具有出本地化的特点。

当然，“原生态”只是一个相对的概念，随着社会时代的变迁，民间艺术的存在形态亦在不断变化。原生形态民间艺术绝非等同于民间艺术在悠远历史中某个时间点（段）上静止的、凝固的原始状态，而是一个动态性、相对性的概念。当代市场经济环境中，原生形态民间艺术主要指那些仍较多地保留了传统特性的民间艺术形态，主要存在于受现代文明影响较小的偏远、闭塞的农村及少数民族地区。例如，“黄河中上游青海大通上孙家寨出土的5000年前马家窑文化彩陶盆上，有5个手拉手的所谓‘舞蹈娃娃’的彩绘符号，在5000年后的今天，它依然在民艺巫俗剪纸中作为招魂辟邪的抓髻娃娃、生命之神‘五道娃娃’（东西南北中五方神），活跃在农村社会生活之中。在黄河中上游的陕北黄土高原的山沟，那里的农村老大娘进行剪纸、刺绣和面花的图案纹样有作为图腾保护神的全兽型的龟、蛇、鱼、蛙，半人半兽型的龟身人面、蛇身人面、鱼身人面、蛙身人面，以及全人型的人格化神‘抓髻娃娃’等等；在长江中游湖南、江西洞庭湖与鄱阳湖之间的江西萍乡农村，那里以古代人格化神‘盘古’作为‘傩面傩仪傩舞傩戏傩文化和头戴牛角人面面具’的纹样还很盛行”①。

2. 原生形态民间艺术的衰落

全球化和现代化时代背景下，人们的生产生活方式较传统农耕社会发生了巨大变化，根植于传统农耕社会土壤的原生形态民间艺术遭受到了空前强烈的冲击，逐渐丧失其赖以生存的农耕社会土壤，数量渐少，正处于衰落、消亡的过程之中。随着全球化和现代化进程的加快，其消亡速度亦呈加快之势。概括而言，原生形态民间艺术的衰落有以下两个方面的根本原因：

（1）生产方式的变革

原生形态民间艺术是传统农耕社会的产物，大多源于民众日常生活的实际所需，具有自足自用、自娱自乐的特点。民间艺术所依附的民俗活动也大多与农耕文化生活密切相关，小农经济的生产方式构成原生形态民间艺术的经济基础。自

---

① 徐习文、谢建明：《论民间艺术的形态类型》，《美与时代》2006年第8期，第20页。

20世纪始，中国开始了一场前所未有的社会转型，即从农业社会向工业社会的转型。20世纪50年代尤其是改革开放以来的40余年间，中国的社会转型进程加快，传统小农经济逐渐向市场经济转轨，小农经济的生产方式基本上被现代工业生产方式所取代。

现代化的工业大生产为人们提供了丰富的物质产品，商品经济的繁荣彻底打破了小农经济自足自用的生产方式，并对传统民间艺术产生巨大冲击，使一批传统的与印染、织造、烧制等相关的实用民间艺术迅速衰落，大批以此为生的农民、小手工业者失去原有的生活保障，纷纷改行换业。同时，相对于工业的崛起，农业的地位相对下降，人们对于土地的依附性日益弱化，伴随农耕生产方式的诸多民间信仰随之淡化乃至消失。原生形态民间艺术逐渐失去其赖以生存的农耕文化土壤。

（2）生活方式的变革

随着生产方式的变化，人们的生活方式也随之改变。原生形态民间艺术作为农耕生产方式的产物，亦是传统生活方式的产物。“农村是传统民间艺术生产的主要地区，在小农经济时代，即在以农业为主体的时代，不仅城市和乡村的生活方式差别不大，而且整个社会的生活方式是以农村生活方式为主导形式的。农村不仅包围城市，而且‘主导城市’，城市实际是乡村化的城市。传统民间艺术的形式实际上是乡村文化和艺术的形式。随着中国社会从农业社会向工业社会的转型，城市化的生活方式成为整个社会的主导生活方式，农村以城市生活方式为自己追求和模仿的对象，城市‘主导’着农村，农村成了准城市化的农村。”①

城市化发展进程深刻地影响和改造着乡村文化，改变了农民延续了几千年的农耕文化生活方式。农村道路交通及通讯条件的改善，彻底改变了农村交通、信息的闭塞状况，打通了农村与城市之间的交流屏障，同时也打破了原生形态民间艺术依存的农耕生活方式的平静。城市文明及西方文明的涌入，使得农村的生活方式日渐城市化，民间艺术则被视为又俗又土之物。同时，随着人们娱乐方式的

① 李砚祖：《作为文化工业的当代民间艺术》，《美术观察》2003年第12期，第79页。

多样化，封闭农村环境中具有自娱、娱他功能的民间艺术也逐渐失去了用武之地。因此，随着乡村文化在整个社会文化中主导性地位的衰落，原生形态民间艺术随着人们生活方式的日渐城市化而日益边缘化，呈现出整体性的衰落态势。

总之，自20世纪以来的100多年间，在由农耕文明向工业文明转型的现代化潮流中，随着我国政治、经济和文化的剧烈变革，以工业文明和城市文明为主导的现代社会格局逐渐形成，原生形态民间艺术受到了强烈冲击，其赖以生存繁衍的乡土社会环境和世代相传的精神文脉遭到空前的破坏与改造。20世纪70年代末改革开放以来，迅猛发展的市场经济进一步加快了我国工业化、城市化的进程，生产方式工业化、生活方式城市化使得原生形态民间艺术的整体性衰落表现得更加明显。

（二）市场形态民间艺术

1. 市场形态民间艺术的内涵

现代化转型过程中，原生形态民间艺术随着其赖以生存的农耕社会土壤的流失呈日渐衰落之势，生存危机日益凸显。在民间艺术的演变过程中，“与传统农业手工业生产方式和价值模式契合的原生形态的衰落，以及与现代文明发展水平相适应的蜕变形态的衍生，构成了本世纪中国民间美术随文化主流的价值调整而呈现的两种基本态势”[①]。市场经济环境下，尤其是民间艺术直接产业化过程中，适应当代民众需求的市场形态民间艺术随之而生，并以逐渐扩大之势日显生机，反映了民间艺术适应当代生存环境和社会需要的历史性转型。

所谓市场形态民间艺术，就是以原生形态民间艺术为基础，从直接产业化运作的要求出发，通过创意研发而生产出来的与工业社会及市场经济环境相适应的民间艺术形态，是当前民间艺术一种重要的蜕变形态。它以原生形态民间艺术为基础，从当代民众的审美需求和产业化运作的要求出发，借助现代科技手段，遵

① 吕品田：《衰落与蜕变——百年中国民间美术态势思考》，《文艺研究》2000年第2期，第96页。

循商业化的运作逻辑，在传统民间艺术中注入现代理念，通过保留、放大、强化民间艺术的某些文化元素特征，以展示民族或地域文化特色，并对原有的文化元素进行补充、整合，部分吸纳外来因素和当代元素，生产出适应当代民众需求的文化产品。

2. 民间艺术市场形态转型的可能

当前，我国正处于社会经济的转型时期。从社会层面看，是从计划经济向市场经济的转型，从传统农耕经济向现代经济的转型；从文化乃至文明的层面看，是由农耕文明向工业文明的转型。这种转型是社会发展的必然趋势，是不可阻挡的。随着赖以生存的社会经济条件的转型，民间艺术也面临着转型发展的问题。

张道一先生认为："民间艺术是源也是流，它是人民大众即时即地的艺术创造。从历史上看，虽然它的形式变化比较缓慢，实际上却一直在变化着。只是在现代的社会转型期，它一时不能适应，从长远的观点看，它也会逐渐'转型'的。""特别是对于那些带有实用性的民间艺术，当人们的物质条件和生活方式改变了，势必会引起很大的变化。这种变化，既有质的变化，也有量的变化，而且还有在应用上和形式上的'转化'，由过去的实用品转化为现在的欣赏品和'旅游纪念品'也是一种变化。"①

冯骥才先生认为，随着社会结构和人们生活方式再到审美观念的改变，作为生活应用性的民间美术也在做全方位的转型。至于民间美术的转型发展方向，他认为：首先，民间美术要为整个民间文化的弘扬服务。民间美术要在设法丰富和加强民俗生活中，重新找到自己的存在价值；其次，民间美术除了使用功能和审美功能，还应以一种历史遗产的形式保留下来，以遗产的形态重新回到我们今天的生活；再次，要将民间美术与旅游文化很好地结合。②

1996 年，《装饰》杂志召开了一个题为"当代社会变革中的传统工艺之路"的研讨会，旨在从文化的角度，探索当代社会经济格局下传统工艺的生存和发展

① 张道一：《张道一论民艺》，山东美术出版社 2008 年版，第 34 页。

② 参见冯骥才：《传统民间美术的时代转型——在杭州"中国艺人节"上的演讲》，《广西师范学院学报》（哲学社会科学版）2008 年第 2 期，第 3～8 页。

道路。与会专家学者及业界人士共同商讨，形成了《保护传统工艺 发展手工文化》的倡议书。该倡议书提到："中国手工文化及产业的理想状态应是：一部分继续以传统方式为人民提供生活用品，是大工业的补充和补偿；一部分作为文化遗产保存下来，成为认识历史的凭借；一部分蜕变为审美对象，成为精神产品；一部分则接受了现代生产工艺的改造成为依然保持着传统文化的温馨的产品。同时，还要建立适应现代生活的新手工文化。"①

由此可见，社会经济转型期，民间艺术转型发展主要面临两条路径：其一，某些民间艺术因生存土壤的缺失不可避免地要成为历史文化遗产，成为人们认识历史文化的依据。其二，某些民间艺术会继续在民众的生活之中发挥其实用功能或审美功能，当然这建立在民间艺术根据当代民众需求所进行的改造、调适的基础之上。

民间艺术源发于民众的生活需求，是一种生活性艺术，具有活态性。社会经济转型期，当民间艺术因丧失传统生存土壤而面临生存困境之时，我们不仅要通过博物馆珍藏以及专家学者通过文字、图片、音像等手段留存民间艺术文本资料等静态保护方式，保护、留存那些濒临消亡的、珍贵的民族文化基因。更重要的是，我们应该根据民间艺术的活态性和变异性特点，通过民间艺术自身应用方式和存在性质的时代转型，使其重新融入当代民众的生活之中，获得新的生存空间。

"民族民间艺术唯一的选择是在'用'中发展，这其中，除了加强对原生地'活形态'艺术的保护，面对欧美大众文化产品甚至日韩大众文化产品对文化市场的冲击，走向市场是实现民族民间艺术价值的必然的、主动的选择。在全球化时代，艺术的历史就是一部建立市场的竞争史，若要在市场取胜，就必须努力建立一个健康良性的市场，在市场的竞争中实现民族民间艺术多种价值的融合。"②大量实例也表明，那些能与市场建立互益关系的民间艺术，如潍坊杨家埠风筝、

---

① 杭间：《手艺的思想》，山东画报出版社2001年版，第49页。

② 樊华：《原生态艺术真实性刍议》，《云南师范大学学报》（哲学社会科学版）2009年第2期，第131页。

陕西凤翔泥塑、山西广灵剪纸、苏州镇湖刺绣、河南宝丰魔术、河北吴桥杂技等，走入市场，对接产业，获得了广阔的市场生存空间，呈现出与原生形态民间艺术衰势恰成对比的繁荣局面，迈出了时代转型的步伐。因此，市场经济环境下，民间艺术走入市场，发展民间艺术产业，通过民间艺术自身的转换适应和市场的调剂整合，可以实现民间艺术与当代民众需求的有效对接。将民间艺术资源转化为文化资本，通过适度的资本化运作，有助于实现民间艺术的当代文化价值和经济价值，进而推动民间艺术的市场形态转型，使其获得新的生存与发展空间。

比如，“近十多年来，天津的剪纸市场（天后宫剪纸）之所以蓬勃发展，主要是剪纸艺人千方百计与生活所需紧紧拉在一起。比如这两年，一种两三公分见方的福字很流行，它是专门贴在电脑屏幕上方的。别小看这小小的福字，它可以使数千年的情怀一下子将当代的生活点燃起来。它还使我们明白，在时代转型期间，其实不是人们疏离了传统，而是传统的情感无所依傍，缺少载体”①。随着我国传统民俗文化的复苏，民间艺术将会迎来更为广阔的市场发展空间。当然，民众的情感虽然如故，但满足民众传统情感的民间艺术载体，却应结合民众当代需求，通过改良、创新，一如那专门贴在电脑屏幕上方的小福字，方能重新承载民众的文化情感。

综上所述，民间艺术的存在形态是随着其生存环境的变化而改变的。随着我国由农耕社会向工业社会的转型，计划经济向市场经济的转轨，丧失了传统农耕生存土壤的民间艺术的原生形态逐渐远去。当前，在民间艺术的蜕变形态中，通过发展民间艺术产业而衍生出的市场形态民间艺术日渐显示出其当下的生存活力，并独具特色。市场形态民间艺术作为民间艺术的一种活态蜕变形态，我们如果因势利导，对其予以合理的引导和发展，不失为民间艺术转型发展的一条重要路径。

---

① 冯骥才：《传统民间美术的时代转型——在杭州“中国艺人节”上的演讲》，《广西师范学院学报》（哲学社会科学版），2008 年第 2 期，第 7 页。

二、市场形态民间艺术的特征

市场形态民间艺术虽依然带有原生形态民间艺术的某些形貌或风味，却因适应当代民众的消费需求，经历了一系列的适应性变化，呈现出迥异于原生形态民间艺术的特征。当然，不同的民间艺术在市场形态转型过程中，相较于其原生形态，变化的程度和特点会有所不同。但总体而言，相较于原生形态民间艺术，市场形态民间艺术表现出两个主要的整体性特征或变化趋势：文化疏离化与功能审美化，即民间艺术所指层面的地方民俗文化意义逐渐消解，能指层面的审美娱乐因素日渐突出；民间艺术的实用功能逐渐弱化，审美功能日渐突出。这与民间艺术原生民俗文化土壤的流失及消费主体的外来化有着密不可分的关系。

（一）文化疏离化

传统农耕社会，原生形态民间艺术源于民众的日常生活需求，其生产与消费动机通常与日常起居、岁时节令、人生仪礼等民俗活动密切相关，关联着复杂的社会生活意义。原生形态民间艺术通常是民俗活动不可或缺的有机组成部分，不具有游离其外的生态独立性，其生产与消费也往往具有一定的时空节律性，如“灯彩的扎制迎送，在中国南北地区多出于‘祈子’‘祈雨’社会要求和动机，并按约定俗成的方式进行。它于何时何地开展，它的每个程序环节、各种造型处理，以至活动中人们的具体反应方式，都紧扣着‘祈子’‘祈雨’中心意向，并以稳定持久的风俗形式固定下来。一方人士莫不遵循俗制，适时适地、合规合范地从事制作，开展活动”①。此外，就消费群体而言，原生形态民间艺术的消费主体基本为本乡本土的周边民众，消费主体具有本地化的特点。由于消费群体和生产群体有着共同的生活环境和文化背景，其对民间艺术的消费包含着对民间艺

① 吕品田：《衰落与蜕变——百年中国民间美术态势思考》，《文艺研究》2000 年第 2 期，第 99 页。

术蕴含的地方民俗文化的认同与接受，他们对民间艺术的消费实质上是对其功能及民俗文化意义的消费。

市场形态民间艺术则大多疏离了与原生形态民间艺术相伴随的民俗文化和情感意义，而成为民间艺术生产者获取经济利润的文化产品。如作为文化产品而存在的兔子王与中秋习俗逐渐脱离了干系，傩舞表演也丧失了其驱鬼逐疫、祭祀神灵的文化意义，壮族山歌也没有了青年男女传情示爱的民俗功用……总之，作为文化产品而存在的市场形态民间艺术，逐渐丧失了原生形态民间艺术所蕴含的民俗文化和情感意义，呈现出文化疏离化的特点。

总体而言，造成市场形态民间艺术文化疏离化的原因主要有两个。首先，民间艺术原生民俗文化土壤的缺失。社会变革使得原生形态民间艺术所依附的民俗文化土壤日渐消失，其原有的民俗文化意义也随之消解。其次，外来化的消费主体。文化产业背景下，市场形态民间艺术的消费主体呈现出外来化的特点。与原生形态民间艺术本地化的消费群体不同，这些外来消费群体与民间艺术原生地的生产群体通常有着不同的生活环境和文化观念，其购买、消费民间艺术的关注点有别于民间艺术的本地消费群体。以旅游工艺品为例，“在文化的‘我者’看来，民族工艺能唤起他对自己民族生活、意愿的真切感受，能激发自己民族的创造力和凝聚力。在‘他者’眼中，购买、消费民族工艺，关注的是民族工艺的形式能指本身，很少关注工艺的所指意义。少部分消费、购买者也可能关注工艺品本身的所指意义，但并不在乎这种意义的真实性，更多的是希望通过工艺品消费实现他们对异文化的一种想象性体验”①。

由此可见，外来消费群体作为民间艺术原生地文化的“他者”，由于生活环境和文化观念的不同，其购买、消费民间艺术时关注的更多的是民间艺术能指层面的形式，而非所指层面的民俗文化意义。如旅游者购买旅游工艺品或观看民间艺术表演时，其关注更多的是民间工艺品或民间艺术表演能指层面的质料、图

---

① 李炎：《再显与重构——传统民族民间工艺的当下性》，云南大学出版社2009年版，第244页。

形、色彩、声音旋律、舞蹈动作等外在艺术形式，而非其内在蕴含的地方民俗文化意义。

在外来消费群体这种审美化消费需求的引导下，民间艺术生产者往往会根据市场需求，注重对民间艺术形式层面的创作，而逐渐脱离其原有的民俗文化意义。在此过程中，民间艺术的民俗文化意义逐渐被消解。如此，市场形态民间艺术就逐渐成为疏离了民俗文化意义的文化产品。此外，民间艺术生产者基于追求经济利润的动机，往往根据市场需求和自身实际，相对自由地安排民间艺术生产活动的时间、地点、程序和规模，民间艺术的创作生产表现出较大的自主性和自由性。

因此，市场形态民间艺术生产、消费动机的“脱俗化”，使得符号化到民间艺术中的地方民俗文化意义逐渐疏离于市场形态民间艺术。许多原本民俗规定性很强的民间艺术，如泥泥狗、炕头狮、傩面具、春公鸡、狮舞、龙灯等，由此获得了很大程度的解放，可以不受时空条件的限制而融入当代民众的生活之中，从而增加了它们在当代社会的适应性。

当然，在民间艺术传统农耕生存土壤日渐消失及外来消费主体审美化消费需求的综合作用下，市场形态民间艺术的文化疏离化现象有其存在的合理性。但我们仍需审慎地对待市场形态民间艺术文化疏离化的问题，进而对其进行合理的引导与发展，谨防那些一味为了商业利益的追求，完全不顾民间艺术原有民俗文化意义，对其进行胡乱的嫁接拼贴，而对民间艺术进行的歪曲滥用之举。因为这样生产出来的民间艺术产品只能是缺失了文化灵魂支撑的空洞艺术符号，势必对民间艺术的保护、传承与发展造成冲击与破坏，民间艺术产业的可持续发展也就无从谈起。

（二）功能审美化

传统农耕社会，民间艺术与民众的日常生活紧密相连，具有很强的物质功利性和精神功利性，实用功能是其首要功能，在此基础之上衍生出审美功能、娱乐功能等其他功能。这种功利性通常与特定的民俗活动相关联，既包括作为衣食住

行所需器具等具有的物质功利性，也包括作为民间信仰载体所具有的精神功利性。

随着经济的发展、科学教育的普及、城市文明的渗透，人们的生产生活方式日趋现代化。工业文明给人们的生活带来了丰富多样的物质产品，科学教育的普及日渐蚕食着民间信仰的生存空间。民间艺术逐渐丧失了原有的民俗文化生存土壤，其原有的与传统生产生活方式相关联的物质功利性，以及与传统信仰相关联的精神功利性也随之弱化乃至消失。但作为一种具有浓郁地域、民族特色的艺术形态，民间艺术在其实用功能日渐弱化、萎缩之际，其审美价值却随着民众传统文化自觉性的提升而得以突显，并受到当代民众的喜爱。

许平先生在其《造物之门》一书中论及民间工艺的功能演变时认为：民间工艺作为民俗行为的物质载体，是民俗心理的物化形态。随着社会的变革，民间工艺的功能亦在不断变化，“当物质功能消失时，就调整为精神功能；当实用功能退化时，就调整为审美功能和文化历史功能，只有当这两种功能都消失时，它们才会完全退出历史舞台”。“今天的民间工艺，整体上都处于这样的调整期。现代工业生产水平和生活方式，已经将大部分民间工艺从生活必需品的位置上排挤。人们的生活习惯起了变化，衣食起居中的大部分器物都已由现代工业产品取而代之，传统的民间工艺品的内涵就在这新的时代背景中发生变化，人们喜欢它，眷恋它，已经不是由于它在日常生活中的实用价值，而是精神生活中的审美价值，或者是民族文化的认同心理需要，因此而改变着它的内涵，同时在外部特征上也随之发生了变化”。[①]

也就是说，在实用功能日渐弱化的同时，民间艺术通过其功能的审美化实现了自身价值的当代转型，获得了继续发展的生机。在民间艺术功能审美化的发展趋势中，“一些审美倾向原来较强，或其功利性侧重精神意愿而非物质功能的原生形态，其价值转型显得更为自然流畅，也更为现代人所钟情。这方面以年画、剪纸、刺绣、蜡染、挑花、编结、雕塑、玩具、灯彩等，表现得最为突出。它们

---

① 许平：《造物之门》，陕西人民美术出版社 1998 年版，第 279～282 页。

原来显强的装饰性和审美娱乐性，在当代被极大地强化和纯化。它们作为富有历史感和民族色彩的审美价值形态，构成艺术商品的特有魅力。它们与日俱增的商品价值，不仅激活了一些个体作坊，还启动了许多集约化的专业生产”①。

文化产业背景下，民间艺术的消费主体呈现出外来化的特点。异地他乡的消费群体与民间艺术原生地的生产群体通常有着不同的生活环境和文化观念，他们购买、消费民间艺术时关注的更多的是民间艺术能指层面的审美形式因素，而非所指层面的民俗文化意义。在外部市场这种消费需求的刺激下，民间艺术生产者更加注重对民间艺术审美形式因素的创作，民间艺术的审美、娱乐功能得以强化和纯化。市场形态民间艺术的功能结构呈现出实用功能弱化、审美功能强化的功能审美化的特点。如年画逐渐失去了年节祈福、烘托节日气氛的民俗功用，生产者通过对其审美功能的挖掘，开发出年画挂历、卷轴画、镶框装饰画等新产品形式，作为礼品、纪念品、收藏品出售。建筑雕饰构件失去了其原有的建筑构造功能而成为独立的环境装饰品。皮影被制作成各种具有欣赏价值的工艺品。傩面具由驱邪避祟的巫术道具演变为家居装饰物，傩舞也丧失了其驱鬼逐疫的精神功利性，变为供旅游者观娱的旅游表演。“在文化旅游当中，壮族民歌逐渐从与其相关的生活事项中脱离出来，其实用功能被大大减弱；与此同时，由于壮族民歌被转化为独立存在的文化样式展示给游客，其艺术性被加以强调，审美功能也就随之被加强，具有着观赏性。”②

---

① 吕品田：《衰落与蜕变——百年中国民间美术态势思考》，《文艺研究》2000 年第 2 期，第 100 页。

② 徐乐娜：《广西文化旅游之兴起对当地壮族民歌的影响》，《人民音乐》2007 年第 2 期，第 65 页。

例如云南鹤庆工艺村——新华村。[①] 该村生产的作为旅游商品而存在的民间工艺品尽管从表面上看，有不少还具有一定的实用功能，但大多数工艺品的实用功能已经大大削弱，产品的装饰功能、纪念功能、地方形象象征功能逐渐取代了民族工艺品的实用功能。新华村生产的银铜工艺品主要包括餐具类、酒具类、佩饰品、水杯和茶叶筒、装饰品和为藏族地区专门制作的佛教器具六大类100多个小类。从大类看，这些工艺品几乎都是日常生活的用具，但实质上大多数餐具、酒具的主要功能已经不再具有实用性。购买者购买的主要目的并不是将它们作为生活用具，更多的是把它们作为一种装饰性、纪念性的民族旅游工艺品。餐具和酒具类产品表面上仍具有实用功能，但实际上其实用功能已经被消解。一是这两大类工艺品基本上是用银和金制作的，材质的选用和高价位消解了这两大类工艺品的实用性功能。二是这些餐具和酒具进入的是购买者的艺术收藏架而不是餐柜或橱柜。[②]

由此可见，随着生产生活方式的变革，当代民众的审美化消费需求使得民间艺术的功能结构呈现出实用功能弱化、审美功能突显的功能审美化的现状及趋势。民间艺术产业化过程中，民间艺术外来化消费主体对其审美功能的市场需求，则进一步促进了民间艺术在审美功能方面的强化和纯化。因此，从功能上来讲，民间艺术已大多不能再从物质上满足当今民众的需要，但它却从另一个层

---

① 新华村坐落在云南省鹤庆县凤凰山下，是一个集田园风光、民居、民俗和民族手工艺品生产加工为一体的白族聚居村寨。新华村的手工艺制作有着悠久的历史。据《鹤庆县志》记载，早在明朝，新华村的村民就开始加工民族首饰等工艺品。如今，新华村因手工艺制作美名远扬，全村1100多户就有800多户从事手工艺品制作，是著名的“中国民间艺术之乡”“中国民俗文化村”。据统计，新华村每年手工艺品产值超过亿元，是鹤庆县的一大支柱产业。2004年底，收藏了唐宋至今2000多件银器手工艺品的中国第一个银器博物馆和融汇地方园林文化、汉藏白民族文化的“石寨子”广场在新华村建成，成为东南亚最大的民族手工艺品生产交易基地。如今，新华村平均每天要接待近200个旅游团队，凡是到大理、丽江旅游的游客，很多都会在新华村停留，购买这里独具民族特色的工艺品作为旅游纪念。（参见林庆：《民族记忆的背影：云南少数民族非物质文化遗产研究》，云南大学出版社2007年版，第178~180页）

② 参见李炎：《再显与重构——传统民族民间工艺的当下性》，云南大学出版社2009年版，第237~239页。

面，即人们的心理需求和审美需求去满足人们的需要，这是民间艺术产业能得到发展的根基所在。

此外，民间艺术外来消费群体的审美情趣有别于民间艺术原生地的民众。民间艺术生产者为迎合外来消费群体的审美需求，导致民间艺术的审美特征发生了一系列变化。以陕西凤翔泥塑为例，走向市场的凤翔泥塑“在获得广泛声誉的同时，也逐渐被抽离出原先生存的精神土壤，它原有的意义开始变异，日益转向商品化和艺术化，变成单纯的旅游纪念品、手工艺术品、家居陈列品，以及艺术收藏品、文化交流礼品等。制作泥塑可以为艺人们带来声誉和利益，受众却更多的是异乡人。这些异乡人用异质的眼光来审视它，仅仅把它作为一种具有形式美感的艺术品来欣赏。这一切都在通过对凤翔泥塑民俗意义的消解，而削弱它的美学个性，使它的功能意义敛缩为单纯的观赏性。艺人为迎合异乡人的口味而追求所谓的现代格调，以致作品在风格形式上日趋‘现代化’和‘卡通化’，这也是它‘去乡土化’的一种突出表征。如今的凤翔泥塑，主题内涵变得浮浅平淡，形式语言不像过去那么有民俗意义上的讲究，变得无序驳杂。更令人担忧的是，为了迎合市场、求新求变，一些凤翔泥塑已明显失去其独特的乡土风格，失去体现其独特价值的地域文化个性”①。可见，生产者如若一味地迎合市场需求，进而致使民间艺术失去独特的地方性、民族性文化特色，变得平庸无奇，就会对民间艺术的文化多样性造成冲击与破坏。

因此，市场形态民间艺术取得的市场成就并不意味着可与其艺术成就直接画等号。虽然前者通过推动民间艺术的价值转型给民间艺术带来了当下的生存活力与发展机遇，但若完全离弃地方民俗文化传统和功能，而一味地用一种外在于艺术的市场标准来决定民间艺术的发展走向，从长远来看，必将得不偿失。在提倡文化多元化的时代，经济的追求离不开对艺术的追求，两者是相辅相成的。在此意义上，市场形态民间艺术民族性、地方性、实用功能的缺失，并不在于责备无

① 杨萍：《陕西凤翔泥塑当代变迁的考察与研究》，方李莉主编：《西部人文资源考察实录》，学苑出版社 2010 年版，第 140 ~ 141 页。

处不在的现代市场经济，而在于要寻找到一种正确对民间艺术地方性传统的方法和心态。

综上所述，随着民众生产和生活方式的变化，民间艺术原有的实用功能逐渐为审美功能所取代，能指层面的形式因素虽然犹存，但所指层面的文化意义已被消解或置换。市场经济条件下，尤其是民间艺术直接产业化过程中，消费主体的外来化则进一步推进了民间艺术的这种文化变迁过程，使市场形态民间艺术呈现出文化疏离化与功能审美化的特征。一方面，市场形态民间艺术通过文化疏离化与功能审美化，适应了当代民众的消费需求，增加了其在当代社会的适应性，获得了广阔的市场生存空间。另一方面，由于市场的逐利动机，民间艺术产业开发过程中也出现了诸多对民间艺术的歪曲滥用之举，致使开发出的民间艺术产品成为空洞无物的艺术符号。而一味地迎合外来市场需求，也导致某些民间艺术逐渐失去了其独特的地域性、民族性的美学品格。当然，这并非市场形态民间艺术本身之过，而是民间艺术产业化实践操作者的功利性行为使然。遵循社会、文化、经济效益相统一的原则，以民间艺术的保护为前提，在此基础上进行科学有序的开发利用，才是民间艺术产业化的正途，也是保证市场形态民间艺术健康发展的关键。

三、市场形态民间艺术发展面临的困境

市场形态民间艺术作为文化产业的产物，规模化复制是其重要特征。但民间艺术生产者为利所惑，在规模化复制过程中，对民间艺术资源进行的各种不合理的开发利用行为，产生了诸多矛盾问题，严重制约着市场形态民间艺术的健康发展。

对造型类民间艺术而言，为了提高生产效率、降低生产成本，偷工减料、模仿抄袭等现象普遍存在，市场的无序竞争形成劣币驱逐良币的负面效应，致使市场上充斥着大量廉价的、雷同化的、粗制滥造的民间艺术产品。此外，生产过程中机械工具的大量使用，对传统手工技艺的传承造成了巨大冲击，文化的多样性因之受损。对表演类民间艺术而言，脱离原生语境，不分时间、地点和场合的过度频繁的重复表演，往往使民间艺术展演者心生倦怠，情感投入缺失，可能降低其对自身民

间艺术的文化认同。此外，民间艺术开发者为刺激和满足消费者的文化猎奇心理，不尊重或不理解民间艺术，对民间艺术做出各种歪曲丑化、胡乱拼贴、虚构臆造之举，生产出大量肤浅庸俗、虚假的“伪民间艺术”，破坏了民间艺术的文化真实性，会引起消费者对民间艺术的误读，不利于民间艺术的传承与传播。

总之，民间艺术生产者上述种种急功近利的短视行为，是对民间艺术的一种开发式破坏。长此以往，市场形态民间艺术必将失去对消费者的吸引力和生命力，民间艺术的市场形态转型也就无从谈起。相较于民间艺术的自然衰亡，民间艺术走向直接产业化道路之后，“如果变得面目全非，非土非洋，也就失去了自己——这是另一种消亡。一种在市场上的迷失后的消亡”[①]。这是民间艺术直接产业化实践饱受学界诟病的重要原因。此外，市场形态民间艺术的发展还面临着人才供给、资金投入、设施建设、政策配套、产品创新、品牌打造、行业管理等方面的一系列客观困难，也在很大程度上制约着市场形态民间艺术的可持续发展。

因此，对待直接产业化语境中民间艺术的市场形态转型问题，我们须注意两种倾向：一种倾向对市场形态民间艺术持全盘否定态度，认为市场形态民间艺术作为“文化工业”的产物，是一种“伪民间艺术”，破坏了民间艺术的本真性，因而反对民间艺术的市场形态转型。另一种倾向则正好相反，走向了另一个极端，即在商业意识和市场需求导向下，认为可以对民间艺术进行任意的商业化改造，导致民间艺术的开发式破坏。这两种倾向均有失偏颇，前者因噎废食，后者矫枉过正，均无益于市场形态民间艺术的良性发展。

其实，我们应辩证地、包容性地看待正处于萌芽及成长阶段的市场形态民间艺术，既要看到其在促进民间艺术活态传承等方面所具有的积极作用，又要对其特征及存在的各种问题保持清醒的认知，采取针对性措施引导、保障市场形态民间艺术的健康成长。如此，市场形态民间艺术的发展才能步入正轨，民间艺术的直接产业化实践方能避免误入歧途。

① 冯骥才：《传统民间美术的时代转型》，2008 年 2 月 14 日《光明日报》。

第二节　间接产业化语境中民间艺术的符号化生存

间接产业化语境中，民间艺术借助文化创意产品呈现出符号化生存的传播态势。作为民间艺术的一种现代传播方式，民间艺术符号化生存主要包括原始记录式与借用改良式两种模式。民间艺术的符号化生存方式具有“双刃剑”效用，我们在看到其对民间艺术传播及文化产业发展促进作用的同时，亦应对其可能产生的负面影响保持清醒的认识。

一、民间艺术符号化生存的价值

民间艺术符号化生存，指在民间艺术产业化过程中，民间艺术被转化为文字、图像、音频、视频等传媒符号，通过报刊、广播、影视、网络等大众传媒进行传播；或将民间艺术符号创意性地附加到演艺业、影视业、设计业、动漫业等产品之上，民间艺术符号借助现代文化创意产品得以广泛传播。民间艺术符号化生存作为文化创意和科技手段综合作用的结果，具有重要的现实价值，主要表现如下：

（一）拓展民间艺术的现代传播渠道与空间

传统乡土社会环境中，口耳相传、行为示范与实物传播是民间艺术三种主要的传播方式。民间艺术的传播媒介则主要有身体媒介和实物媒介两种。前者以人体自身的语言、声音、表情与动作为传播手段；后者则表现为不同形式的物质材料，以民间艺术作品为存在样态。[①] 社会经济转型期，随着传播环境的改变，民

① 参见孙发成、程波涛：《跨学科视角下的民俗艺术传播》，《北京理工大学学报》（社会科学版）2012 年第 5 期，第 130～132 页。

间艺术的传统传播方式受阻，民间艺术传播面临困境。民间艺术符号化生存作为文化产业语境中产生的一种新型民间艺术传播方式，借助大众传媒和文化创意产品，丰富了民间艺术传播的形式与手段，扩大了民间艺术传播的时空范围和受众群体；提高了民间艺术的传播速率和效率，有效弥补了民间艺术传统传播方式的不足；增强了民间艺术的吸引力，有助于普及民间艺术知识，提高民众对民间艺术的关注度与认知度，为民间艺术的保护与传承工作营造良好的社会环境。

（二）提升我国文化产业发展的地域、民族文化特色

科技创新和文化创意是提升文化产业附加值和竞争力的两大引擎。一方面，网络技术、数字技术等现代科技为文化产业发展提供了先进的技术手段，在促进传统文化产业的优化和升级、推动新兴文化产业的培育和发展等方面具有重要的支撑和引领作用。另一方面，以民间艺术为代表的传统文化资源，可为文化产品开发提供题材内容、艺术形式等方面的创意素材，如将剪纸、年画、木偶、皮影戏等民间艺术融入动漫产品，制作出剪纸动画、木偶动画、皮影动画等民间艺术风格的动漫产品，有助于形成我国动漫产业的民族化风格。可见，将民间艺术融入文化产品开发，有助于提升后者的文化附加值，将我国的民间艺术资源优势转化为文化产业优势，增强我国文化产业的整体实力和国际竞争力。

二、民间艺术符号化生存的模式

文化产业语境中，民间艺术符号化生存主要有两大模式，即原始记录式与借用改良式。

（一）原始记录式

原始记录式，指借助大众传媒对民间艺术进行相对忠实的记录与传播，即通过大众传媒将民间艺术制作转化为文字、图像、音频、视频等传媒符号，实现民间艺术信息跨时空的记录、保存、再现与传播。该模式可分为两种情况：

其一，大众媒体基于商业诉求，对民间艺术进行选择性的、蜻蜓点水式的记录和传播。这种记录方式多关注那些眼球效应强的民间艺术品类及其代表作，记录缺乏整体性、系统性和连续性，传播效果主要停留于受众对民间艺术的观赏和简单了解层面，如旅游类节目对地方民间艺术浮光掠影式的宣传介绍。其二，政府部门、学术团体等组织机构从保护民间艺术的角度出发，运用录音、录像、数字化多媒体等现代科技手段，通过建立民间艺术数据库、民间艺术数字博物馆、民间艺术网站等方式，对民间艺术信息进行真实、系统和全面的记录、保存与传播。

（二）借用改良式

借用改良式，指文化产业对民间艺术符号的借用和改良，即对民间艺术蕴含的造型、色彩、图案、音乐、舞蹈等艺术符号进行挖掘、提炼与加工，并将其附加到演艺业、影视业、设计业、动漫业等产品之上，借此实现民间艺术符号的大众化传播。

民间艺术符号是千百年来广大民众集体创造、传承并享用的文化成果，具有集体性、传承性与模式性等特点，其能指与所指间的对应关系约定俗成、相对固定。这既是民间艺术符号稳定传承的保障，也是其创新发展的障碍。如今，民间艺术符号作为农耕文明的产物，大多已不适应现代社会的需求。但“罗兰·巴特认为，符号的能指和所指的关系是建立在一定的文化结构上并获得存在的本源意义，二者的关系并非一一对应的固定关系，而是具有任意性，通过换喻或转喻方式可维持这种任意性的存在”①。这启示我们，民间艺术符号的能指与所指间的关系并非一成不变，而是随着时空环境的变化具有发展和演变的动态特征。因而，文化产业对民间艺术符号的应用，不能生搬硬套，对其进行简单的挪用与移植，而应根据人们的现代消费需求作适当的转换适应，突破民间艺术符号能指与

① 祝后华：《民间美术图形的符号化特征及其现代转换》，《文艺研究》2010 年第 7 期，第 162 页。

所指关系固有的规约性，增强民间艺术符号的时代性和生命力。

概括而言，文化产业对民间艺术符号的应用方式主要包括两种：

其一，民间艺符号的直接应用，即提取民间艺术中的典型艺术符号，直接应用到演艺业、影视业、设计业、动漫业的产品开发中。如大型原生态歌舞集《云南映象》，将云南原创乡土歌舞与民族舞重新整合，浓缩了云南原生民族歌舞的经典元素，展现了云南浓郁的民族风情。其70%的演员来自云南各村寨的少数民族，演出服装全部是少数民族生活着装的原型以及原生态的乐曲、歌曲和民族乐器等。质朴淳厚的土著舞者、原汁原味的真实服装道具、不加雕琢的唱腔和原始自在的舞蹈，将传统歌舞和新锐舞蹈、现代舞美完美融合[①]，形成了强大的艺术感染力，为弘扬云南民族民间艺术做出了卓越贡献。

其二，民间艺术符号的间接应用，即采用解构、重组等方法对传统民间艺术符号的能指形式进行再加工，赋予其新的时代内涵，加强或拓展民间艺术符号的所指蕴涵，实现民间艺术符号的创造性转化。如2008年北京申奥会徽“以传统的写意手法，将传统民间图形‘中国结’和‘太极拳’进行了意象式的组合，将中国特色、体育运动特点和奥运标识融合在一起。作者并没有直接借用或简单地挪用既有的传统图形，而是将能指的传统图形和现代意义的所指进行新的对应，以转喻的方式形成新的时代视觉符号”[②]。（图6－2）

图6－2　2008年北京奥运会申办标志

① 参见贾银忠：《中国少数民族文化产业发展概论》，民族出版社2012年版，第351页。

② 祝后华：《民间美术图形的符号化特征及其现代转换》，《文艺研究》2010年第7期，第162页。

三、民间艺术符号化生存的“双刃剑”效用

民间艺术的符号化生存方式具有“双刃剑”效用，我们在看到其对民间艺术传播及文化产业发展促进作用的同时，亦应对其可能产生的负面影响保持清醒的认识。

民间艺术符号化生存借助大众传媒，使民间艺术传播由“现实环境”进入“虚拟环境”①，在提供民间艺术信息共享平台的同时，隔断了“现实环境”中民间艺术传者与受者间的亲和关系，消解了受众对民间艺术的亲身感知与经验性接触。此外，文化产业从业者（编辑、记者、编导、艺术设计人员、演艺从业人员等）作为“虚拟环境”中民间艺术传播内容的控制者，或因民间艺术专业知识的缺乏，或在商业利益驱使下，为了迎合、刺激受众的猎奇心理，将民间艺术作片面、夸大、扭曲的甚至是虚构臆造式的信息选择、加工与移植，造成诸多问题，如对民间艺术的形式化、碎片化滥用以及民间艺术传播信息的错讹，会误导民众对民间艺术的正确认知，进而对“现实环境”中民间艺术的传承造成不利影响。

总之，民间艺术作为民俗文化的载体，要在民众的日常生活中以活态形式传承下去，根本还是在于“现实环境”中民俗文化的保护与传承。民间艺术的符号化生存尽管存在诸多问题，不能取代民间艺术在“现实环境”中的活态传承，却是民间艺术一种不可或缺的、具有重要辅助作用的现代传播方式。正确认识当今民间艺术存在的“现实环境”与“虚拟环境”两种传播环境，合理利用大众传媒，扬长避短，使民间艺术在“虚拟环境”中的符号化生存与“现实环境”中的活态传承相得益彰，才是民间艺术符号化生存的正途所在。

---

① 美国评论家 W. 李普曼在其名著《舆论学》中提出了“两个环境”理论，即人类生活在两个环境里：现实环境与虚拟环境。前者是独立于人的意识、体验之外的客观世界；后者则是被人意识或体验的主观世界。他指出，现代社会中“虚拟环境”的比重越来越大，而这主要是由大众媒介造成的。也就是说，现代人和现实环境之间插入了一个由大众媒介构筑的巨大的“虚拟环境”或“媒介环境”。（参见张国良：《传播学原理》，复旦大学出版社 2009 年版，第 56 ~ 57 页）

{附 录}

图表目录

续表

图　号	图　名	图片来源
3－5	济南兔子王	2018 年 9 月摄于第五届中国非物质文化遗产博览会（济南）
3－6	吉祥物“兔娃”	2014 年 10 月摄于第三届中国非物质文化遗产博览会（济南）
4－1	民间艺术产业化系统的构成要素	笔者自制
4－2	民间艺术资源保护与产业化的金字塔模型	笔者自制
4－3	街头的面塑艺人·开封	2010 年 10 月摄于开封
4－4	结义竹编店店主·江苏邳州土山古镇	2011 年 2 月摄于江苏省邳州市土山古镇
4－5	万盛画店·潍坊杨家埠	2011 年 3 月摄于潍坊杨家埠村
4－6	绒花艺人赵树宪·南京	2011 年 7 月摄于南京民俗博物馆
4－7	民间工艺大师杨洛书家·潍坊杨家埠	2011 年 3 月摄于潍坊杨家埠村
4－8	冯骥才先生题写的“万盛画店”匾额	2011 年 3 月摄于潍坊杨家埠村
4－9	民间艺术产业化过程示意图	笔者自制
4－10	潍坊天成飞鸢风筝有限公司	2011 年 3 月摄于潍坊杨家埠村
4－11	常州梳篦厂生产车间	2009 年 9 月摄于常州梳篦厂（孙发成）
4－12	潍坊“地一大道”民俗工艺品批发商城	2011 年 3 月摄于潍坊“地一大道”民俗工艺品批发商城
4－13	中国广灵剪纸文化产业园	“中国广灵剪纸文化产业园区”官网
4－14	江苏邳州宝石玉器城	2010 年 9 月摄于江苏邳州宝石玉器城

续表

图　号	图　名	图片来源
4－15	天津美术学院非遗传承人培训成果展	2016 年 9 月摄于第四届中国非物质文化遗产博览会（济南）
4－16	山东章丘铁锅	2018 年 9 月摄于第五届中国非物质文化遗产博览会（济南）
4－17	民间艺术产业化系统四要素的关系	笔者自制
5－1	菏泽巨野工笔牡丹画	2018 年 10 月摄于第七届山东文化产业博览交易会（济南）
5－2	侍女风筝·潍坊杨家埠	2011 年 3 月摄于潍坊杨家埠村万盛画店
5－3	柳编座椅·青岛星程民俗主题酒店	2011 年 6 月摄于青岛劈柴院星程民俗主题酒店
5－4	布老虎鞋·南京高淳老街梅家鞋铺	2010 年 3 月摄于南京高淳老街
5－5	彩绘挂虎·凤翔泥塑	https：//item. jd. com/34180245993. html（京东网）
5－6	青花瓷 U 盘·联通公司促销礼品	朗道礼品网（http：//www. langdao167. com/）
5－7	婚庆对梳·谭木匠	https：//item. jd. com/1007399780. html#none（谭木匠京东旗舰店）
5－8	中国结·南京紫峰大厦	2010 年 11 月摄于南京紫峰大厦
5－9	红灯笼·扬州 1912	2011 年 7 月摄于扬州 1912 卢氏古宅
5－10	戏曲人物面塑·南京博物院	2010 年 4 月摄于南京博物院
5－11	年画印制及拉坯体验	2016 年 9 月摄于第四届中国非物质文化遗产博览会（济南）
5－12	工艺木梳·常州梳篦博物馆	2009 年 9 月摄于常州梳篦博物馆（孙发成）
5－13	济南“兔子王”艺人周秉生及其作品	2018 年 10 月摄于第七届山东文化产业博览交易会（济南）

续表

图　号	图　名	图片来源
5－14	年画印制展示·杨家埠木版年画博物馆	2011 年 3 月摄于潍坊杨家埠木版年画博物馆
5－15	彩绘葫芦制作展示·南京民俗博物馆	2011 年 7 月摄于南京民俗博物馆
5－16	木版雕刻·杨家埠民间艺术大观园	2011 年 3 月摄于潍坊杨家埠村
5－17	风筝制作·杨家埠民间艺术大观园	2011 年 3 月摄于潍坊杨家埠村
5－18	高淳老街古建筑·南京高淳	2010 年 3 月摄于南京高淳老街
5－19	高淳老街鞋铺·南京高淳	2010 年 3 月摄于南京高淳老街
5－20	主题公园中民间艺术的舞台化示意图	笔者自制
5－21	中国宝洁公司伊卡璐颜丝染发剂宣传广告	http：//cszxj. ougz. com. cn/shm/bolechang/388chenjianfen/web/index/my% 20photoes/% D2% B3% C3% E6/% B1% A6% BD% E0% A1% B6% B4% F3% B0% A2% B8% A3% C6% AA% A1% B7_ jpg. htm
5－22	山东聊城“一吊钱熏鱼”礼盒	2018 年 11 月 5 日摄于济南“聊城铁公鸡”专卖店
5－23	日照农民画抱枕	2018 年 10 月摄于第七届山东文化产业博览交易会（济南）
5－24	剪纸灯具	2010 年 10 月摄于扬州中国剪纸博物馆
5－25	饰有“团寿”图案的卡地亚香水瓶	http：//luxury. pclady. com. cn/cartier/0711/214594_ 7. html
5－26	年画主题景观小品·潍坊杨家埠	2011 年 3 月摄于潍坊杨家埠村
5－27	剪纸动画片《渔童》（1959）	http：//www. xlysauc. com/results/xiaopai/xp2011cdm/2011－04－20/40863. html
5－28	动画片《大闹天宫》（1961）	http：//www. chdbook. cn/read－htm－tid－12418. html

续表

图　号	图　名	图片来源
5－29	偶形动画电视剧《秦汉英杰》（2008）	http：//www. gamfe. com/gza/content/2009－06－03/20090603150933. shtml
5－30	皮影舞《俏夕阳》	https：//www. zcool. com. cn/work/ZMTc0MTMzMTI＝. html?switchPage＝on
5－31	民族歌舞剧《云南映象》	2018 年 4 月摄于昆明云南艺术剧院
5－32	河南淮阳“泥泥狗”	http：//www. photophoto. cn/pic/09423152. html
6－1	民间艺术产业化的要素、路径及影响示意图	笔者自制
6－2	2008 年北京奥运会申办标志	https：//www. bilibili. com/read/cv1244728
表　号	**表　名**	**表格来源**
1－1	文化产业界定及其分类	周正兵：《文化产业导论》，经济科学出版社 2009 年版，第 34～35 页。
5－1	我国民间艺术主题类节庆集会活动例述表	笔者自制
5－2	主题公园中民间艺术舞台化的四种时空模式	笔者自制

｛参考文献｝

一、中文参考文献

（一）专　著

1. 中文专著（按作者姓氏拼音顺序排列）

[1] 白庚胜：《民间文化保护前沿话语——民间文化保护演讲录》，学苑出版社2006年版。

[2] 白庚胜、许柏林主编：《中国民间文化艺术产业建设研讨会论文集》，民族出版社2006年版。

[3] 包亚明：《文化资本与社会炼金术——布尔迪厄访谈录》，上海人民出版社1997年版。

[4] 陈勤建：《中国民俗学》，华东师范大学出版社2007年版。

[5] 陈瑞林编：《民俗与民间美术》，湖南美术出版社1990年版。

[6] 冯骥才主编：《鉴别草根：中国民间美术分类研究》，中州古籍出版社2006年版。

[7] 方李莉主编：《西部人文资源考察实录》，学苑出版社2010年版。

[8] 方李莉主编：《从遗产到资源——西部人文资源研究报告》，学苑出版社2010年版。

[9] 冯子标、焦斌龙：《分工、比较优势与文化产业发展》，商务印书馆2007年版。

[10] 顾江主编：《文化产业研究——文化软实力与产业竞争力：第二辑》，东南大学出版社2009年版。

[11] 过聚荣:《会展概论》,高等教育出版社2010年版。

[12] 管顺丰、陈汗青、杜娟等:《艺术管理》,北京大学出版社2008年版。

[13] 顾兆贵:《艺术经济原理》,人民出版社2005年版。

[14] 黄寰:《自主创新与区域产业结构优化升级》,中国经济出版社2006年版。

[15] 杭间:《手艺的思想》,山东画报出版社2001年版。

[16] 行间、何洁、靳埭强主编:《中国传统图形与现代视觉设计》,山东画报出版社2005年版。

[17] 侯水平主编:《四川文化产业发展报告:No.1(2006)》,社会科学文献出版社2006年版。

[18] 胡潇:《民间艺术的文化寻绎》,湖南美术出版社1994年版。

[19] 胡显章、曹莉主编:《艺术、科学与文化创新》,清华大学出版社2010年版。

[20] 贾银忠主编:《中国少数民族文化产业发展概论》,民族出版社2012年版。

[21] 孔玉芳主编:《经典河南·名产》,大象出版社2007年版。

[22] 刘昂:《民间艺术产业开发研究》,首都经济贸易大学出版社2012年版。

[23] 李宝元编著:《组织行为学通论》,清华大学出版社2008年版。

[24] 刘道广:《中国蓝染艺术及其产业化研究》,东南大学出版社2010年版。

[25] 来逢波:《会展概论》,北京大学出版社2012年版。

[26] 刘连旺:《民间艺术》,河南大学出版社2005年版。

[27] 林庆:《民族记忆的背影:云南少数民族非物质文化遗产研究》,云南大学出版社2007年版。

[28] 吕庆华:《文化资源的产业开发》,经济日报出版社2009年版。

[29] 吕勤、徐施:《旅游心理学》,北京师范大学出版社2010年版。

[30] 林日葵:《艺术经济学》,中国商业出版社2006年版。

[31] 栾伟丽:《动画造型与民间美术》,中国传媒大学出版社2007年版。

[32] 厉无畏主编:《创意产业导论》,学林出版社2006年版。

[33] 李心峰主编:《艺术类型学》,文化艺术出版社1998年版。

[34] 李向民：《中国文化产业史》，湖南文艺出版社 2006 年版。

[35] 李炎：《再显与重构——传统民族民间工艺的当下性》，云南大学出版社 2009 年版。

[36] 李迎丰：《中国地理标志产品集萃：手工艺品》，中国质检出版社 2016 年版。

[37] 刘志彪、王国生、安国良编著：《现代产业经济分析》，南京大学出版社 2001 年版。

[38] 刘志民：《农业高新技术产业化导论》，中国农业出版社 2004 年版。

[39] 牟延林、谭宏、刘壮主编：《非物质文化遗产概论》，北京师范大学出版社 2010 年版。

[40] 潘鲁生：《民艺学论纲》，北京工艺美术出版社 1998 年版。

[41] 潘鲁生、赵屹：《手艺农村——山东农村文化产业调查报告》，山东人民出版社 2008 年版。

[42] 邱扶东：《民俗旅游学》，立信会计出版社 2006 年版。

[43] 沈泓：《绵竹年画之旅》，中国画报出版社 2006 年版。

[44] 唐家路、潘鲁生：《中国民间美术学导论》，黑龙江美术出版社 2000 年版。

[45] 陶立璠：《民俗学》，学苑出版社 2003 年版。

[46] 汤莉萍、殷瑜、殷俊编著：《世界文化产业案例选析》，四川大学出版社 2006 年版。

[47] 陶思炎：《应用民俗学》，江苏教育出版社 2001 年版。

[48] 王宏刚等：《新时期的民间信仰》，黑龙江教育出版社 2013 年版。

[49] 吴琼：《常州梳篦》，化学工业出版社 2009 年版。

[50] 王伟：《泥土有情》，河南大学出版社 2007 年版。

[51] 王毅：《中国民间艺术论》，山西教育出版社 2000 年版。

[52] 王左艳、张安琪：《20 世纪现代文学概览》，山西人民出版社 2009 年版。

[53] 许传宏：《会展策划（第二版）》，复旦大学出版社 2011 年版。

[54] 徐赣丽：《民俗旅游与民族文化变迁——桂北壮瑶三村考察》，民族出版社2006年版。

[55] 许平：《造物之门》，陕西人民美术出版社1998年版。

[56] 尹定邦：《设计学概论》，湖南科学技术出版社2009年版。

[57] 严荔：《四川文化资源产业化开发研究》，经济科学出版社2010年版。

[58] 于平、傅才武主编：《中国文化创新报告2010 NO.1》，社会科学文献出版社2009年版。

[59] 叶取源、王永章、陈昕主编：《中国文化产业评论》（第一卷），上海人民出版社2003年版。

[60] 叶取源、王永章、陈昕主编：《中国文化产业评论》（第三卷），上海人民出版社2005年版。

[61] 杨旭恒、罗宁、佟海敌主编：《云南新旅游风物志》，云南美术出版社2009年版。

[62] 姚一苇：《艺术的奥秘》，漓江出版社1987年版。

[63] 杨振之：《旅游资源开发》，四川人民出版社1996年版。

[64] 张冬梅：《艺术产业化的历程反思与理论诠释》，中国社会科学出版社2008年版。

[65] 张道一：《张道一论民艺》，山东美术出版社2008年版。

[66] 仲富兰：《民俗传播学》，上海文化出版社2007年版。

[67] 张国良：《传播学原理》，复旦大学出版社2009年版。

[68] 左汉中：《中国民间美术造型（修订本）》，湖南美术出版社2008年版。

[69] 张京成、周学政主编：《创意为王：中国创意产业案例典藏》，科学出版社2007年版。

[70] 钟敬文主编：《民俗学概论》，上海文艺出版社1998年版。

[71] 赵抗卫：《主题公园的创意和产业链》，华东师范大学出版社2010年版。

[72] 张胜冰、屈小青、邹龙：《民族艺术与文化产业》，中国海洋大学出版社2009年版。

[73] 宗晓莲：《旅游开发与文化变迁——以云南省丽江县纳西族文化为例》，中国旅游出版社 2006 年版。

[74] 张晓萍、李伟：《旅游人类学》，南开大学出版社 2008 年版。

[75] 张晓萍主编：《民族旅游的人类学透视》，云南大学出版社 2009 年版。

[76] 朱希祥：《当代文化的哲学阐释》，华东师范大学出版社 2006 年版。

[77] 周一渤、陈锋：《绝世珍存之中国民艺》，青岛出版社 2007 年版。

[78] 朱怡芳：《传统工艺美术产业发展与政策研究——文化、社会、经济的视角》，北京理工大学出版社 2013 年版。

[79] 周正兵：《文化产业导论》，经济科学出版社 2009 年版。

[80] 张紫晨：《中国民间小戏》，浙江教育出版社 1996 年版。

[81] 钟志平：《旅游商品学》，中国旅游出版社 2005 年版。

2. 中文译著（按作者姓氏拼音顺序排列）

[1]［德］阿尔贝特·史怀泽：《敬畏生命》，陈泽环译，上海社会科学院出版社 1995 年版。

[2]［匈］阿诺德·豪泽尔：《艺术社会学》，居延安译编，学林出版社 1987 年版。

[3]［奥］贝塔朗菲、［美］拉威奥莱特：《人的系统观》，张志伟等译，华夏出版社 1989 年版。

[4]［德］恩斯特·卡西尔：《人论》，甘阳译，上海译文出版社 2004 年版。

[5]［瑞］费尔迪南·索绪尔：《普通语言学教程》，高名凯译，商务印书馆 2003 年版。

[6]［德］黑格尔：《美学（第二卷）》，朱光潜译，商务印书馆 1997 年版。

[7]［法］罗兰·巴特：《符号学美学》，董学文、王葵译，辽宁人民出版社 1987 年版。

[8]［日］柳宗悦：《工艺文化》，徐艺乙译，广西师范大学出版社 2006 年版。

[9]［英］马林诺夫斯基：《文化论》，费孝通等译，中国民间文艺出版社 1987 年版。

[10] [美] 苏珊·朗格:《情感与形式》,刘大基、傅志强、周发祥译,中国社会科学出版社1986年版。

(二) 期刊论文(按作者姓氏拼音顺序排列)

[1] 党岱:《河南南阳民间音乐产业化经营初探》,《重庆科技学院学报》(社会科学版)2011年第3期。
[2] 樊华:《原生态艺术真实性刍议》,《云南师范大学学报》(哲学社会科学版)2009年第2期。
[3] 冯骥才:《传统民间美术的时代转型——在杭州"中国艺人节"上的演讲》,《广西师范学院学报》(哲学社会科学版)2008年第2期。
[4] 付伟安:《泉城俗韵"兔子王"》,《走向世界》2016年第30期。
[5] 费孝通、方李莉:《关于西部人文资源研究的对话》,《民族艺术》2001年第1期。
[6] 光映炯:《旅游人类学视野中的民间艺术变异研究——以丽江大研镇纳西族东巴艺术为例》,《广西民族研究》2008年第3期。
[7] 高有祥:《非物质文化遗产的影像化生存》,《现代传播》2007年第6期。
[8]《红木家具收藏价值会放量增值》,《辽宁建材》2007年第11期。
[9] 胡先明:《民间艺术对旅游商品包装设计的影响》,《装饰》2008年第3期。
[10] 卢爱华:《民俗艺术产业化发展探析》,《东南大学学报》(哲学社会科学版)2011年第4期。
[11] 梁君:《非物质文化遗产产业化探析》,《江苏商论》2009年第6期。
[12] 凌继尧:《中国艺术学科建设的若干问题》,《艺术百家》2009年第4期。
[13] 吕品田:《衰落与蜕变——百年中国民间美术态势思考》,《文艺研究》2000年第2期。
[14] 李琦:《非物质文化遗产保护及其产业化经营探索》,《商业时代》2008年第24期。
[15] 刘淑华:《文化产业与民俗艺术的现代传播》,《现代传播》2014年第1期。

[16] 李昕：《论非物质文化遗产保护产业化运作的可能性——从非物质文化遗产的符号价值谈起》，《贵州民族研究》2008 年第 2 期。

[17] 刘锡诚：《“非遗”产业化：一个备受争议的问题》，《河南教育学院学报》2010 年第 4 期。

[18] 娄芸鹤：《以民族元素为文化产业开发的创意和构想——以苏州桃花坞年画为例》，《美术大观》2011 年第 1 期。

[19] 李砚祖：《作为文化工业的当代民间艺术》，《美术观察》2003 年第 12 期。

[20] 李砚祖：《物质与非物质：传统工艺美术的保护与发展》，《文艺研究》2006 年第 12 期。

[21] 马树春：《广西民歌产业化发展策略论——以〈印象·刘三姐〉和南宁国际民歌艺术节为例》，《广西民族研究》2006 年第 4 期。

[22] 马树春：《论民歌文化资源整体性保护模式》，《中南大学学报》（人文社会科学版）2009 年第 2 期。

[23] 裴蓉：《剪纸的世界 世界的剪纸——走进中国广灵剪纸文化产业园区》，《农产品加工》2010 年第 4 期。

[24] 孙发成：《民俗艺术符号及其现代传播》，《民族艺术研究》2011 年第 2 期。

[25] 孙发成、程波涛：《跨学科视角下的民俗艺术传播》，《北京理工大学学报》（社会科学版）2012 年第 5 期。

[26] 孙云春、姚周辉：《试论大众文化影响下的民俗文化》，《温州大学学报》（社会科学版）2007 年第 1 期。

[27] 田丽萍：《河北民间舞蹈文化产业现状及发展对策研究》，《河北师范大学学报（哲学社会科学版）》2010 年第 5 期。

[28] 陶思炎：《论民俗艺术学的研究》，《东南大学学报》（哲学社会科学版）2008 年第 1 期。

[29] 陶思炎、聂楠：《论民俗艺术的产业化》，《江苏行政学院学报》2010 年第 5 期。

[30] 谭嫄嫄、宁绍强：《民间剪纸艺术在民族化包装设计中的应用》，《包装工程》2008 年第 12 期。

[31] 王安霞：《谈民间工艺品的包装设计——以淮阳“泥泥狗”包装设计为例》，《江南大学学报（人文社会科学版）》2006 年第 3 期。

[32] 文立玲：《主题公园走向何方——二十一世纪中国主题公园发展论坛纪要》，《旅游学刊》2002 年第 4 期。

[33] 王培茗：《论民俗文化旅游产品的艺术真实性》，《贵州民族研究》2008 年第 5 期。

[34] 王秦：《从“原生态”到“市场态”：对中国传统女红技艺转型的探讨》，《上海工艺美术》2007 年第 4 期。

[35] 吴倩、宋维山：《艺术与市场整合：河北民间艺术产业化的发展路径》，《河北学刊》2009 年第 1 期。

[36] 王松华、廖嵘：《产业化视角下的非物质文化遗产保护》，《同济大学学报》2008 年第 1 期。

[37] 王廷信：《构建艺术学的新体系——国家“211 工程”“艺术学理论创新与应用研究”项目分析》，《艺术百家》2009 年第 4 期。

[38] 王伟：《民俗艺术产业化的路径研究》，《学术论坛》2010 年第 8 期。

[39] 吴晓：《乡村旅游语境中民间艺术的在场与形变——基于湘西德夯苗寨的个案研究》，《广西民族研究》2010 年第 1 期。

[40] 王云庆、陈建：《非物质文化遗产档案展览研究》，《档案学通讯》2012 年第 4 期。

[41] 王焯：《非物质文化遗产产业化原则的界定与模式构建》，《江西社会科学》2010 年第 8 期。

[42] 徐乐娜：《广西文化旅游之兴起对当地壮族民歌的影响》，《人民音乐》2007 年第 2 期。

[43] 徐习文、谢建明：《论民间艺术的形态类型》，《美与时代》2006 年第 8 期。

[44] 苑利、顾军：《非物质文化遗产的产业化开发与商业化经营》，《河南社会科学》2009 年第 4 期。

[45] 赵宝晨：《对文化产业的哲学思考》，《理论学刊》2006 年第 5 期。

[46] 张道一：《中国民艺的现状与未来》，《美术观察》1997 年第 2 期。

[47] 张福昌：《中国传统工艺产业的现状与设计振兴战略思考》，《美与时代》2010 年第 2 期。

[48] 祝后华：《民间美术图形的符号化特征及其现代转换》，《文艺研究》2010 年第 7 期。

[49] 张宏伟：《文化产业何以形成的理论探讨》，《经济经纬》2009 年第 3 期。

[50] 张来芳：《民俗文化产业化的构想》，《江西社会科学》2000 年第 5 期。

[51] 张淑燕、沈华峰：《文化适应与文化转换——广告跨文化传播中的两条路径》，《吉林省经济管理干部学院学报》2008 年第 2 期。

[52] 张晓萍：《文化旅游资源开发的人类学透视》，《思想战线》2002 年第 1 期。

[53] 张中波：《文化产业语境中民间工艺产业的细分市场》，《广西财经学院学报》2014 年第 1 期。

[54] 张中波：《论民间艺术的会展开发》，《艺术百家》2014 年第 4 期。

（三）博士论文（按作者姓氏拼音顺序排列）

[1] 卢爱华：《中国民俗艺术的应用研究》，东南大学博士学位论文，2009 年。

[2] 吕屏：《传统民艺的文化再生产——靖西旧州壮族绣球的传承研究》，中央民族大学博士学位论文，2009 年。

[3] 李昕：《非物质文化遗产的保护及其现代产业化运作》，中国民人大学博士学位论文，2007 年。

[4] 吴琼：《以现代工业设计理念振兴常州梳篦传统手工艺产业》，南京林业大学博士学位论文，2006 年。

（四）报刊及网络资料（按作者姓氏拼音顺序排列）

[1] 蔡文原：《〈秦汉英杰〉昨起央视热播》，2008 年 2 月 1 日《闽南日报》。

[2] 冯骥才：《传统民间美术的时代转型》，2008 年 2 月 14 日《光明日报》。
[3] 封寿炎：《章丘铁锅缘何蹿红又陨落》，2018 年 6 月 22 日《中华工商时报》。
[4] 王一博：《宝丰 5 万民间艺人年挣 3.8 亿》，2007 年 6 月 5 日《郑州日报》。
[5] 徐莹波：《"印象刘三姐"获中国驰名商标》，2011 年 6 月 1 日《桂林日报》。
[6] 杨立元：《〈俏夕阳〉的美学追求》，2006 年 3 月 2 日《文艺报》。
[7]《联合国推广"丽江模式"》，2009 年 10 月 2 日，http：//paper. wenweipo. com/2009/10/02/CH0910020082. htm。
[8]《绵竹年画：时代的最美印象》，2007 年 2 月 26 日，http：//gb. cri. cn/1321/2007/02/26/542@1468749. htm。
[9] 朱孔正：《山东省临沂市临沭县柳编产业带动扶贫大发展》，2017 年 11 月 22 日，http：//www. sd. xinhuanet. com/sd/ly/2017 –11/22/c_ 1121995902. htm。
[10] 张岩：《兔娃成第 3 届中国非物质文化遗产博览会吉祥物》，2014 年 8 月 14 日，http：//news. iqilu. com/yangmei/20140814/2103480. shtml。

（五）工具书

[1] 辞海编辑委员会：《辞海》，上海辞书出版社 2000 年版。
[2]《现代汉语词典》（2002 年增补本），商务印书馆 2003 年版。
[3] 中华人民共和国年鉴编辑部：《中华人民共和国年鉴（2003）》，中华人民共和国年鉴社 2003 年版。
[4]《中国大百科全书》总编辑委员会：《中国大百科全书·美术Ⅱ》，中国大百科全书出版社 2003 年版。

二、英文参考文献（按作者姓氏拼音顺序排列）

[1] Bascom, W, "Changing African art," in Graburn, N (eds), *Ethnic and Tourist Arts: Cultural Expressions From the Fourth World*, Berkeley and Los Angeles: University of California Press, 1976.
[2] Cheryl Ann Popelka, Mary Ann Littrell, "The Influence of Tourism on Handcraft Evolution," *Annals of Tourism Research*, Vol. 18, No. 3 (1991).

[3] Debra Connelly - Kirch, "Economic and social correlates of handicraft selling in Tonga," *Annals of Tourism Research*, Vol. 9, No. 3 (1982).

[4] Deitch, L, "The Impact of Tourism upon the arts and Crafts of the Indians of the Southwestern Unites States," in V. Smith (eds.), *Hosts an Gusts: The Anthropology of Tourism*, Philadelphia: University of Pennsylvania Press, 1989.

[5] Erik Cohen, "The heterogeneization of a tourist art," *Annals of Tourism Research*, Vol. 20, No. 1 (1993).

[6] Graburn, N (eds), *Ethnic and Tourist Arts: Cultural Expressions From the Fourth World*, Berkeley and Los Angeles: University of California Press, 1976.

[7] Jean Holder, "Tourism and the future of Caribbean handicraft," *Tourism Management*, Vol. 10, No. 4 (1989).

[8] Joseph E. Mbaiwa, "Prospects of basket production in promoting sustainable rural livelihoods in the Okavango Delta, Botswana," *International Journal of Tourism* Research, Vol. 6, No. 4 (2004).

[9] Mary Ann Littrell, Luella F. Anderson, Pamela J. Brown, "What makes a craft souvenir authentic?" *Annals of Tourism Research*, Vol. 20, No. 1 (1993).

[10] May, R, "Tourism and the artifact in Papua New Guinea," in Finney, B. and Watson, K. (eds), *A New Kind of Sugar: Tourism in the Pacific*, Honolulu: East - West Center, 1977.

[11] Naho U. Maruyama, Tsu - Hong Yen, Amanda Stronza, "Perception of authenticity of tourist art among Native American artists in Santa Fe, New Mexico," *International Journal of Tourism Research*, Vol. 10, No. 5 (2008).

[12] Ning Wang, "Rethinking Authenticity in Tourism Experience," *Annals of Tourism Research*, Vol. 26, No. 2 (1999).

[13] R. W. Dutton, "Handicrafts in Oman and their role in rural community development," *Geoforum*, Vol. 14, No. 3 (1983).

[14] Stanley Toops, "Xinjiang' s handicraft industry," *Annals of Tourism Research*, Vol. 20, No. 1 (1993).

{后 记}

本书是在我的博士学位论文的基础上修改而成。时光荏苒，转眼间，自我于2009年入东南大学读博至今已然十年。书稿搁笔掩卷之际，谨向十年来所有在学习、工作与生活上给予我关心、支持和帮助的老师、同学、同事、亲友表示衷心的感谢。

导师恩情，没齿不忘。自2006年拜读周门至今，在恩师周武忠教授的关怀、鞭策与指导下，我度过了自己人生中最为重要的一段求学历程。十余年来，恩师不弃学生驽钝，传道、授业、解惑；学生孜孜以求，勿敢懈怠，在学术道路上不断求索。恩师渊博之学识、敏捷之才思、坦荡之为人风范是我终生学习之榜样。

师长教诲，感激万分。衷心感谢周积寅教授、常宁生教授、李心峰教授、凌继尧教授、陶思炎教授、王廷信教授、徐子方教授、尹文教授、李倍雷教授、喻学才教授等各位老师在博士学位论文开题及答辩过程中给我提出的宝贵意见，助我学术研究水平不断精进。

同窗、同事情谊，永记于心。衷心感谢我的同窗好友，你们给了我宝贵、诚挚的友谊及学习、工作、生活中的相助和鼓励。衷心感谢济南大学的领导、同事多年来对我工作、生活的包容、关心和帮助，使我能静心科研、踏实做人。

家人亲情，笔墨难尽。父母一直以来默默的支持和期盼是我奋进的最大动力。妻子坚强、贤惠，多年以来，不辞艰辛，无悔相伴，感激之情，难于言表。

书稿虽已搁笔，但它仅是我对以民间艺术为典型代表的非物质文化遗产

产业化传承现象观察与思考的阶段性理论总结，限于个人的时间、精力和学养，书中个别问题分析尚未得到充分展开，有待于进一步的深化研究。主要如：其一，我国民间艺术产业化的历程梳理方面，资料占有不够充分，在政府相关政策的演变梳理、建议分析等方面稍显薄弱。其二，间接产业化语境中民间艺术的符号化生存探讨方面，有待于运用艺术学、传播学、民俗学等学科知识，对文化产业语境中民间艺术这一独特的现代传播方式展开系统深入的理论探讨。

在本书即将付梓之际，衷心感谢山东大学出版社的尹凤桐老师及相关工作人员，正是你们的耐心指导和辛苦工作，使得书稿更加完善、规范。此外，诚挚感谢所有为本书完成提供了指导与帮助的人们。

最后，希望本书的出版能为民间艺术研究的学术大厦增砖添瓦、贡献力量。但因个人学力所限，书稿中的疏漏乃至不确切之处在所难免，敬请学界同仁和广大读者不吝赐教，给予批评指正，促我在学术道路上能不忘初心、砥砺前行。

“书山有路勤为径，学海无涯苦作舟”——前路漫漫，以此自勉。

张中波

2019 年 3 月 4 日于济南大学